有效的自我管理让你脱颖而出

ZUORENZUOSHI
RUHEZIWOGUANLI ★ ★ ★ ★ ★

做人做事
如何自我管理

细节 心态 好习惯

做人 做事

齐东庭 编著

一本有效提升自身能力和价值的实用工具书

卓有成效的自我管理是实现成功人生必不可少的途径，
可以让你最大限度地激发自身潜能，实现人生的最大价值。

xijiexintaihaoxiguan

中国华侨出版社

图书在版编目(CIP)数据

做人做事如何自我管理 / 齐东庭编著.—北京:
中国华侨出版社,2010.9
ISBN 978-7-5113-0642-5

Ⅰ.①做… Ⅱ.①齐… Ⅲ.①自我管理学–通俗读物
Ⅳ.①C936–49

中国版本图书馆 CIP 数据核字(2010)第 168002 号

做人做事如何自我管理

编　　著 / 齐东庭

责任编辑 / 文　心

责任校对 / 胡首一

经　　销 / 新华书店

开　　本 / 787×1092 毫米　1/16 开　印张/21　字数/ 397 千字

印　　刷 / 北京溢漾印刷有限公司

版　　次 / 2010 年 11 月第 1 版　2010 年 11 月第 1 次印刷

书　　号 / ISBN 978-7-5113-0642-5

定　　价 / 35.00 元

中国华侨出版社　北京市安定路 20 号院 3 号楼　邮编:100029

法律顾问:陈鹰律师事务所

编辑部:(010)64443056　　64443979

发行部:(010)64443051　　传真:(010)64439708

网址:www.oveaschin.com

E-mail:oveaschin@sina.com

前　言

也许你初涉职场，辛苦打拼，却不见成效，不免茫然无措。

也许你勤勤恳恳，尽心尽责，却总是与升职加薪无缘，不免黯然神伤。

也许你没有激情与动力，不免感觉工作犹如鸡肋，食之无味，弃之可惜。

……

你之所以有这样的压力和感觉，是因为你未能对自己进行有效的自我管理。一个人若能对自己进行有效的自我管理，自然活得轻松、自在。

那么，做人做事如何进行自我管理呢？可以抓住三点，即：重视细节、拥有良好的心态、培养好习惯。

一、重视细节

成功人士之所以能有杰出的成就，主要是因为他们始终把细节贯彻始终。细节的竞争既是成本的竞争，工艺、创新的竞争，也是各个环节协调能力的竞争；从另一个层面上说，也就是才能、才华、才干的竞争。海尔总裁张瑞敏先生曾说："什么是不简单？把每一件简单的事情做好就是不简单；什么是不平凡？把每一件平凡的事情做好就是不平凡。"

一个人的价值不是以数量而是以他的深度来衡量的。成功者的共同特点，就是能做小事情，能够抓住生活中的一些细节。正所谓成也细节，败也细节。一心渴望伟大，伟大却了无踪影；甘于平淡，认真做好每个细节，伟大却不期而至。这就是细节的魅力。

二、拥有良好的心态

拿破仑·希尔说："人与人之间只有很小的差异，但是这种很小的差异却造成了巨大的差异！很小的差异就是所具备的心态是积极的还是消极的，巨大的差异就是成功和失败。"

很多人有太多的负面思想，凡事都喜欢往坏处想，也都有太多的负面言谈，每天不是批评这个，就是抱怨那个，不是认为自己这个不行，就是那个办不到。这也难怪，大部分人都过着不理想的生活，这就是原因所在。而对你来说，你必须每天问自己：我今天有哪些思想？我现在有哪些思想？这些思想会造成哪些后果？这种后果是不是我想要的？假如不是，那我要什么样的结果？我必须怎样想，才能得到我想要的结果？假如你能经常这样想，你的人生一定会有大的改变。

你可能无法改变人生，但你至少可以改变人生观；你可能无法改变风向，但你至少可以调整风帆；你可能无法左右事情，但你至少可以调整自己的心情。你的心态就是你的一切。

三、培养好习惯

培根说过："习惯是人生的主宰。"良好的个人习惯的形成对一个人的成长和发展是极为重要的。不良的习惯会让你终生受其害。古今中外许多成功人士并非因为他们有特别的智商，而是良好的个人行为习惯成了他们成功的助推器。

成功人士都有一个共同的特点，那就是拥有雷打不动的良好习惯，比如喜欢阅读、不睡懒觉、整洁条理、每天做笔记、遇事爱思考、对人有礼貌等等。这些习惯看上去很简单，但是如果养成了这样的好习惯，对于一个人的成功会有很大帮助。

习惯成自然，自然成人生。播下一个行动，你将收获一种习惯；播下一种习惯，你将收获一种性格；播下一种性格，你将收获一种命运。

每一个人的人生经历、生活品质各不相同，与其一味地埋怨别人、逃避压力，还不如努力地加强自我管理，充分发挥自己的才能，以获得进一步成长和发展的机会。

本书为你提供拥有良好心态、重视细节、培养好习惯的方法和技巧，希望你读后有所感、有所悟，祝愿你拥有成功的智慧，并能在人群中脱颖而出。

书中谬误之处，敬请批评指正！

目 录

第三部分　好习惯

第一部分　细　节

写在前面的话

现代人的智商差距越来越小，对自我的认识也越来越自信。这无疑是社会的进步。但另外一个极端又出现了，或正日益显现出来，那就是，人们过于相信自己，藐视一切细节。

不论什么事，实际上都是由一些细节组成的。我们综观成功人士的成功之道，其之所以能有杰出的成就，主要是始终把细节贯彻始终。细节的竞争既是成本的竞争，工艺、创新的竞争，也是各个环节协调能力的竞争；从另一个层面上说，也就是才能、才华、才干的竞争。海尔总裁张瑞敏先生曾说："什么是不简单？把每一件简单的事情做好就是不简单；什么是不平凡？把每一件平凡的事情做好就是不平凡。"一个人的价值不是以数量而是以他的深度来衡量的。成功者的共同特点，就是能做小事情，能够抓住生活中的一些细节。正所谓成也细节，败也细节。那些看来微不足道的事情，在成功者的眼里，却蕴藏着巨大的秘密。

一个青年来到城市打工，不久因为工作勤奋，老板将一个小公司交给他打点。他将这个小公司管理得井井有条，业绩直线上升。有一个外商听说之后，想同他洽谈一个合作项目。谈判结束后，青年邀请这位也是黑眼睛黄皮肤的外商共进晚餐。晚餐很简单，几个盘子的食物吃得干干净净，只剩下两只小笼包子。青年对服务小姐说，请把这两个包子打包，他要带走。外商当即站起来表示明天就同他签合同。

因为将吃剩下的两个小笼包子带走这样的细节感动了外商，使外商顺利地与他签订了合同，由此我们可以看出细节的威力。

有一个女孩到外企应聘，招聘主管看过她的简历后，婉言拒绝了女孩的请求。女孩收回自己的材料，用手掌撑了一下椅子站起来，觉得手被扎了一下，原来椅子上有一只钉子露出了头。女孩见桌子上有一块镇纸石，于是拿来用它将钉子敲平，然后转身离去。但几分钟后，招聘主管派人将这个女孩追了回来，她被聘用了。

这个女孩为什么会被聘用？原因就是：在一件很细小的、与自己无关的事情上也能体现出对别人体贴、关心的人，总是受到幸运女神的青睐。

在一些不经意中流露出来的"小节"往往能反映一个人深层次的素质。

我国内地有家工厂，为了能从美国引进一条生产无菌输液管的先进流水线，曾做了长期艰苦的努力，并终于说服了对方，且美方代表已经来到中国，就要在引进合同上正式签字了。可就在签字的那一天，在步入签字现场的一刹那，我方厂长突然咳嗽了一声，一口痰涌了上来，他看看四周，一时没能找到可供吐痰的痰盂，便随口将痰吐在了墙角，并小心翼翼地用鞋底蹭了蹭。那位精细的美国人见此情景不由得皱了皱眉。显然，这个随地吐痰的小小细节引起了他深深的忧虑：输液软管是专供病人输液用的，必须绝对无菌才能符合标准，可西装革履的中方厂长居然会随地吐痰，想必该厂工人素质不会太高。如此生产出的输液管，怎么可能绝对无菌？他于是当即改弦更张，断然拒绝在合同上签字——我方工厂将近一年的努力也便在转眼间前功尽弃！

成有成的道理，败有败的原因。"成也细节，败也细节"的提法自有其合理之处。既然如此，无论在大事情上，还是小事情上，都需要做到"滴水不漏"、"一丝不苟"。只有这样，才能真正地稳操胜券。

一 感悟细节的实质

细节最容易为人所忽视，也最能反映一个人的真实状态，因而也最能表现一个人的修养。正因为如此，透过细节看人，逐渐成为衡量、评价一个人的最重要的方式之一。

企业用人是有标准的，平时一些不经意的细节小事，并不是用标准就能衡量得出来，但它却能反映出一个人真实的东西——修养。

细节的成功看似偶然，实则孕育着成功的必然。细节不是孤立存在的，就像浪花显示了大海的美丽，但必须依托于大海才能存在一样。所以智慧的人总能捕捉到一些细节，并以此来鉴定他人的品格。

1.平时一些不经意的细节,能反映一个人的修养

鱼和水的距离多么亲近:失去水,鱼儿无法生存;没有鱼,水则少一分灵动。鱼与水想必是"心心相印"的。弱柳扶风,引发的是对春的感悟;渔舟唱晚,传递的是对夜的依恋。刻意的举动并不能让两颗心靠近,更不能让它们产生共鸣。唯有在不经意间,于细微处,共同感知生命的本真和善良,体会相互关爱的战栗和快乐,心灵的距离才会缩短,相知相依才不是梦幻。

——《男人的战争》

我们靠什么提高竞争力?就是要从细节入手,扎扎实实地提高自身修养。有良好的修养,我们会成长得更快、更强。

细节最容易为人所忽视,也最能反映一个人的真实状态,因而也最能表现一个人的修养。正因为如此,透过细节看人,逐渐成为衡量、评价一个人的最重要的方式之一。现在,有些用人单位在招聘时,还专门针对细节下些工夫。

有一个流传很广的关于应聘的故事:

有家招聘高级管理人才的公司,对一群应聘者进行复试。尽管应聘者都很自信地回答了考官的简单提问,可结果都未被录用。这时,有一位应聘者,走进房间后,发现干净的地毯上有一个纸团,他一声不响地弯腰捡起了纸团,准备将它扔到纸篓里。这时,考官说话了:"你好,朋友!请看看你捡起的纸团吧!"这位应聘者打开纸团,只见上面清楚地写着:"热忱地欢迎你到我们公司任职。"后来,这位应聘者成了这家公司的总裁。

扔纸团,显然是招聘公司用来考察求职者是否关注细节的,那些对纸团视而不见的应聘者无疑是不及格的,不及格自然铩羽而归,而那位弯腰捡纸团

的应聘者正是招聘公司寻求的对象。在这里，一个不经意的细节就决定了面试的成败。

又有这样一个故事：南非有一个高尚而富有的企业家建了一所女子学院。在那里女孩子们能受到良好的英文教育，还能学习怎样自立。企业家需要一个负责人兼教师。学校董事会给企业家推荐了一位年轻妇女，董事会各成员对这位年轻女士的学识、修养、完美的风度大加赞扬，认为她是这一职位的唯一人选。于是，那位企业家感到自己很幸运，他立刻就邀请这位女青年来见自己。百闻不如一见，这位女青年名副其实地具备所有需要的素质。然而，企业家最终却莫名其妙地拒绝给她任何机会。很久以后，当有朋友问起，为什么不可思议地拒绝雇用一个如此能干的教师时，企业家回答说："那是因为一个小细节，一个像蝌蚪文字一般隐伏着重大意义的小细节。那个女青年来我这儿时，穿着昂贵的时装，戴的手套却肮脏破烂，鞋上的扣子近一半已掉了。一个邋遢的女人不适合做任何女孩的老师。"那位应聘者或许永远都不会知道她落选的原因，因为无论从其他任何方面讲她都非常适合这个工作，然而她忽视了衣着的细节，所以错过了这次就业的机会。

企业用人是有标准的，平时一些不经意的细节小事，并不是用标准就能衡量得出来，但它却能反映出一个人真实的东西——修养。

不夸张地说，细节有时候可以决定命运。曾经有一位女大学生在谈到婚姻爱情这个话题时说，假如有个男同胞在她面前打个嗝，哪怕他再优秀，也绝无同他发展下去的可能。这话多少有点孩子气，也近乎苛刻了，但有时候，这样的细枝末节还真能左右人的选择。

一个小伙子经人介绍认识了一位才貌并不出众的姑娘，第一次见面后他决定继续保持联系的重要理由就是：当他们在看电影的时候，那个女孩吃完了手中的冰淇淋后，把包装纸缠在木棒上始终拿在手里，直到走出影院才投进垃圾箱。女孩做得十分自然，不像是故意做出来的。仅此一个细节，体现出了她自身良好的教养；仅此一个细节，他们终于喜结连理。

对于细节的敏感不仅仅体现在婚姻恋爱的选择上，很多时候，人们对于一个人的评价，也时常要受到一些细节的影响。平时，我们展示完美的自己很

第一部分
细节·感悟细节的实质

难，因为这需要每一个细节都完美；但毁坏自己很容易，只要一个细节没注意到，就会给自己带来无法挽回的影响。

细节的成功看似偶然，实则孕育着成功的必然。细节不是孤立存在的，就像浪花显示了大海的美丽，但必须依托于大海才能存在一样。所以智慧的人总能捕捉到一些细节，并以此来鉴定他人的品格。

1917 年 1 月 4 日，是蔡元培先生担任北京大学校长的日子。这天，一辆四轮马车驶进北京大学的校门，校园内的马路早有工友恭恭敬敬地站在两侧，向他们的新校长鞠躬致敬。蔡元培见此情景，赶忙走下马车，摘下他的礼帽，向这些杂工们鞠躬回礼，和他们亲切地打着招呼。

在场的人都惊呆了：校长和工友打招呼、鞠躬回礼在北大是前所未有的事情，北大是一所等级森严的官办大学，校长是内阁大臣的待遇，以前从来就不把工友放在眼里。像蔡元培这样地位崇高的人向身份卑微的工友行礼，在当时的北大乃至全国都是罕见的现象。这不是件小事，北大的新生由此细节开始。他的这一行为，是一面教学子们如何做人的旗帜。

2.在日常生活中,细节能显示一个人的真正想法

我强调细节的重要性。如果你想经营出色，就必须使每一次最基本的工作都尽善尽美。

——麦当劳创始人克洛克说

齐国有一位名叫隰斯弥的官员,住宅正巧和齐国权贵田常的官邸相邻。田常为人深具野心,后来欺君叛国,挟持君王,自任宰相执掌大权。隰斯弥虽然怀疑田常居心叵测,不过依然保持常态,丝毫不露声色。

一天,隰斯弥前往田常府第进行礼节性的拜访,以表示敬意。田常依照常礼接待他之后,破例带他到高楼上观赏风光。隰斯弥站在高楼上向四面瞭望,东、西、北三面的景致都能够一览无遗,唯独南面视线被隰斯弥院中的大树所阻碍,于是隰斯弥明白了田常带他上高楼的用意。

隰斯弥回到家中立刻命人砍掉那棵阻碍视线的大树。正当工人开始砍伐大树的时候,隰斯弥突然又命令工人立刻停止砍树。家人感觉奇怪,于是请问究竟。隰斯弥回答道:"俗话说'知渊中鱼者不祥',意思就是能看透别人的秘密,并不是好事。现在田常正在图谋大事,就怕别人看穿他的意图,如果我按照田常的暗示,砍掉那棵树,只会让田常感觉我机智过人,对我自身的安危有害而无益。不砍树的话,他顶多对我有些埋怨,嫌我不能善解人意,但还不致招来杀身大祸,所以,我还是装着不明不白,以求保全性命。"

在日常生活中,许多细节往往显示一个人内心的真正想法,我们可以通过察言观色来揣摩对方的心理行为,也可以通过观察对方的举止言谈,捕捉其内心活动的蛛丝马迹;更可以通过揣摩对方的状态神情,探索引发这类行为的心理因素。

范文程是清王朝的开国元勋,著名的谋略家,宋朝名臣范仲淹的后代,祖

辈移居沈阳。他原是明朝落第秀才,满腹经纶,有智谋,有远见。努尔哈赤兴起后,范文程在抚顺谒见他,对策论学,纵横古今,受到努尔哈赤的重视。在清初复杂、动荡而又至关重要的时期,范文程活动了 50 年,经历了努尔哈赤、皇太极、多尔衮、福临(顺治帝)三朝四代统治者。他的活动,对清初的国家统一作出了重要贡献。在处理各项军国大政中,范文程特别重视延揽人才,尤其致力于为皇太极网罗汉族人才。他有身为汉人的特殊条件和重才爱才之心,以及说转铁石心肠的特别才干,故而善于劝降明朝将官。

崇德七年(公元 1642 年),明朝大将洪承畴在松山战败被俘。清人极力劝其投降,但洪承畴誓死不降,骂不绝口,表示只求早死。皇太极无可奈何,只得请范文程前往劝降。

范文程去看望洪承畴,且不提起劝降之事,只是天南海北、说古道今地随便闲谈,从中察言观色。说话中,梁上积尘落在洪承畴衣襟上,洪承畴这个决意将死之人,却几次轻轻地将落尘拂去。这个下意识的动作,他人不会留意,却逃不脱明察秋毫的范文程的目光。他由此判定洪承畴必可说降。他向皇太极满有把握地报告说:"我看洪承畴是不会死的。他连自己的衣服都那么爱惜,更何况自己的生命呢!"

皇太极闻报十分欣喜。事情果然不出范文程所料,后经巧妙而耐心地劝说,一向信誓旦旦表示要以死报国的洪承畴终于俯首帖耳地投降了皇太极。范文程观察入微,料事如神,善于把握劝说对象的心理活动规律,真达到了绝妙的程度。同时从这一事例中,我们也能看出,从一个人的细微动作中,可以认识到他的心理活动。

1.手插裤兜者

双脚自然站立,双手插在裤兜里,时不时取出来又插进去,这种人的性格比较谨小慎微,凡事三思而后行。在工作中他们最缺乏灵活性,往往用老办法来解决很多新问题。他们对突如其来的失败或打击心理承受能力差,在逆境中更多的是垂头丧气,怨天尤人。

2.双手后背者

两脚并拢或自然站立,双手背在背后,这种人大多在感情上比较急躁,但他与人交往时，关系处得比较融洽，其中较大的原因可能是他们很少对别人说"不"。当过兵的人对双手后背这种习惯动作很熟悉。尽管部队规定在正式场合不许袖手和背手，但还是可以看到在非正式场合一群新兵聊天的时候，突然老班长来了，他往往就是背握着手，昂起下巴，在新兵中走来走去。把老班长这种动作换成语言来表示，就等于他在说："我是老兵，我是班长，你们得听我的。"这是相当自信的姿势。

3.经常摇头者

经常"摇头"或"点头"以示自己对某件事情看法的肯定或否定。他们在社交场合很会表现自己，却时常遭到别人的厌恶，引起别人的不愉快。但是，经常摇头或点头的人，自我意识强烈，工作积极，看准了一件事情就会努力去做，不达目的誓不罢休。

4.吐烟圈者

这种人突出的特点是与别人谈话时，总是目不转睛地看着对方，支配欲望强，不喜欢受约束，为人比较慷慨，哥们儿义气重，因此他们周围总是包围着一群相干和不相干的人。吐烟圈还能看出此人对某个状况是积极的还是消极的态度，那就是看他把烟圈是朝上吐还是朝下吐。一个积极、自信的人多半会把烟向上吐。相反，消极、多疑的人多半会朝下吐烟。若是朝下吐，而且是由嘴角吐烟时，表示出此人非常消极或诡秘的态度。

5.拍打头部者

拍打头部这个动作多数时候的意义是表示对某件事情突然有了新的认识，如果说刚才还陷入困境，现在则走出了迷雾，找到了处理事情的办法。拍打的部位如果是后脑勺表明这种人敬业，拍打脑部只是为了放松一下自己。时常拍打前额的人是个直肠子，有什么说什么，不怕得罪人。

6.拍打掌心者

与人谈话时，只要他动嘴，一定会有一个手部动作，比如相互拍打掌心、摊开双手、摆动手指等等，表示他对说话内容的强调。这种人做事果断、雷厉风行、自信心强，习惯于把自己在任何场合都塑造成"领袖"人物，性格大都属于外向型，很有一种男子汉的气派。

7.言行不一者

当你给某人递烟或其他食物时,他嘴里说"不用"、"不要",但手却伸过来接了,显得很客气的样子。这种人比较聪明,爱好广泛,处事圆滑、老练,不轻易得罪别人。

8.触摸头发者

这种人个性突出,性格鲜明,爱憎分明,尤其疾恶如仇。他们经常做一些冒险的事情,喜欢挤眉弄眼,爱拿人当调侃对象。这些人当中有的缺乏内涵修养,但他特别会处理人际关系,处事大方并善于捕捉机会。

9.抖动腿脚者

喜欢用腿或脚尖使整个腿部颤动,有时候还用脚尖磕打脚尖或者以脚掌拍打地面,这种人很能自我欣赏,性格较保守,很少考虑别人。然而当朋友有困难时,他会经常给朋友提出一些意想不到的好的建议。

10.手摸颈后者

当一个人习惯用手摸颈后时,是出现了恼恨或懊悔等负面情绪。这个姿势称为"防卫式的攻击姿态",在遇到危险时,人们常常不由自主地用手护住脑后,但在防卫式的攻击姿势中,他们的防卫是伪装,结果手没有放到脑后,而是放到了颈后。女人伸手向后,撩起头发,来掩饰自己的恼恨情绪,并装作毫不在意的样子。

11.摊开双手者

大部分的人要表示真诚与公开的意愿,便是摊开双手。意大利人毫无约束地使用这种姿势,当他们受挫时,便将摊开的手放在胸前,做出"你要我怎么办"的姿态。当他做的事情出现了坏的现象,别人提出来,而他摊开双手,表示他自己也没有办法解决,一副无可奈何的样子。摊开双手,有时耸肩的姿态也会随之而来。演员常常用到这个姿势,他们不只是表现情绪,即使不说话,也能显示出这个角色的开放个性。

12.解开外衣钮扣者

这种人的内心真诚友善,他在陌生人面前表达这种思想时,最直接的动作便是解开外衣的钮扣,甚至脱掉外衣。在一个商业谈判会议上,当谈判对手开始脱掉外套，领导便可以知道双方正在谈论的某种协定有达成的可能；不管气温多么高，当一个商人觉得问题尚未解决，或尚未达成协议时，他是不会脱掉外套的。那些一会儿解开钮扣，一会儿又系上钮扣的人，做人较优柔寡断，意志不坚定，犹豫不决。

13.拍案击节者

这有两种情形。一种情形是，谈话时，一个人以手在桌上叩击出单调的节奏，或者用笔杆敲打桌面，同时脚跟在地板上打拍子，或抖动脚，或用脚尖轻拍，这种节奏并不中途停止，而是不断地嗒嗒作响，这些都是在告诉你他已经对你所讲的话感到厌烦了。另外一种情形是，一个人在看书、读报、看电视，尤其是看球赛之类节目时，突然拍案击节，表示他对故事情节或运动员的某个动作表示赞赏。这种人性格乐观，对烦恼不记挂于心。

14.双手叉腰者

这种人希望在最短的时间内经过最短的距离以达到自己的目标，他突然爆发的精力常是在他计划下一步决定性的行动时，看似沉寂的一段时间内所产生的。这个姿势，就像 V 字代表胜利的符号一样，成为他的特征。不飞则已，一飞冲天；不鸣则已，一鸣惊人，就是这个意思。

3.注意细节是一种功夫,这需要长期的培养

每个人的素质提高一小步,整个民族的素质将提高一大步。

——一位美国航天员说

注意细节是一种功夫,这种功夫是靠日积月累培养出来的。

1.探入纸杯的手指

有位医学院的教授,上课的第一天对他的学生说:"当医生,最要紧的就是胆大心细!"说完,教授便将一只手指伸进桌子上一只盛满尿液的杯子里,接着再把手指放进自己的嘴中,随后教授将那只杯子递给学生,让这些学生学着他的样子做。看着每个学生都把手指探入杯中,然后再塞进嘴里,忍着呕吐的狼狈样子,他微微笑了笑说:"不错,不错,你们每个人都够胆大的。"紧接着教授又难过起来:"只可惜你们看得不够细心,没有注意到我探入尿杯的是食指,放进嘴里的却是中指啊!"

教授这样做的本意,是教育学生在科研与工作中都要注意细节。相信尝过尿液的学生会终生记住这次"教训"。

2.海的颜色

1921 年,印度科学家拉曼在英国皇家学会上作了声学与光学的研究报告,取道地中海乘船回国。甲板上漫步的人群中,一对印度母子的对话引起了拉曼的注意。

"妈妈,这个大海叫什么名字?"

"地中海!"

"为什么叫地中海?"

"因为它夹在欧亚大陆和非洲大陆之间。"

"那它为什么是蓝色的？"

年轻的母亲一时语塞，求助的目光正好遇上了在一旁饶有兴趣倾听他们谈话的拉曼。拉曼告诉男孩："海水所以呈蓝色，是因为它反射了天空的颜色。"

在此之前，几乎所有的人都认可这一解释。它出自英国物理学家瑞利勋爵，这位以发现惰性气体而闻名于世的大科学家，曾用太阳光被大气分子散射的理论解释过天空的颜色。并由此推断，海水的蓝色是反射了天空的颜色所致。

但不知为什么，在告别了那一对母子之后，拉曼总对自己的解释心存疑惑，那个充满好奇心的稚童，那双求知的大眼睛，那些源源不断涌现出来的"为什么"，使拉曼深感内疚。作为一名训练有素的科学家，他发现自己在不知不觉中丧失了男孩那种到所有的"已知"中去追求"未知"的好奇心，不禁为之一震！

拉曼回到加尔各答后，立即着手研究海水为什么是蓝的，发现瑞利的解释实验证据不足，难以令人信服，决心重新进行研究。

他从光线散射与水分子相互作用入手，运用爱因斯坦等人的涨落理论，获得了光线穿过净水、冰块及其他材料时散射现象的充分数据，证明水分子对光线的散射使海水显出蓝色的机理，与大气分子散射太阳光而使天空呈现蓝色的机理完全相同。进而又在固体、液体和气体中，分别发现了一种普遍存在的光散射效应，被人们统称为"拉曼效应"，为 20 世纪初科学界最终接受光的粒子性学说提供了有力的证据。

1930 年，地中海轮船上那个男孩的问号，把拉曼领上了诺贝尔物理学奖的奖台，成为印度也是亚洲历史上第一个获得此项殊荣的科学家。

3.一节实习课

医学院三年级，学生们开始临床实习，给病人看病了。

他们心情都有点紧张，口袋里装满了各种医疗器具。但是老师让他们把自己的听诊器放在护士办公室了。

他们站在第一位病人的床头边。"这位病人是成先生,"指导老师说,"我已把我们的实习安排向他作了解释,他不会介意的,只要你们需要,尽可以听听他的心脏。他患的是心脏僧帽瓣硬化症,非常典型。"

关于心脏僧帽瓣硬化症,他们早就学过,知道这种病的心跳规律是先有一声清晰的强音,接着是两下微弱的杂音。

指导老师把听诊器递给他们。"你们要认真听听。成先生的心跳杂音很明显。"

他们一个接一个地拿过听诊器,集中精力听诊。

"噢,没错,听得很清楚。"大家都点点头,人人都是一脸轻松的表情。

这节实习课结束后,他们来到护士办公室。"你们都听清楚了吗?"指导老师问。他们点点头。只见指导老师从口袋里取出一个小镊子,用它夹出塞在听诊器里的一团棉球。

原来这是一个失效的听诊器,根本不可能用它听清什么心脏杂音的。

"再也不要这么干了,"指导老师说,"如果你们听不到什么声音,就直说好了。如果你们不理解别人在讲什么,就告诉他你确实不明白。本来糊涂却假装清醒,也许能欺骗你们的同事,但对你们自己——还有你们的病人,一点好处也没有。"

一时间,学生们都尴尬万分。

4.金表不是金制的

某皮箱行由于其出售的产品货真价实,生意兴隆,引起了同行的嫉妒。有人想出一条诡计,蓄意敲诈。他先派人向皮箱行订购了 5000 只皮箱,价值人民币 50 万元。合同写明一个月取货,逾期不按契约交货,由卖方赔偿损失 50%。

一个月之后,该皮箱行如期交货时,对方却说,因为皮箱中使用了木料,所以就不算是真正的皮箱,违背了合同规定。对方因此向法院提出诉讼,要求按照合同的规定赔偿损失。

该皮箱行委托律师林伟出庭辩护。开庭时,法院有意偏袒对方,企图判该皮箱行犯有诈骗罪,形势对其极为不利。这时,林律师站起来,从口袋里取出一只大号金怀表,高声问法官:"法官先生,请问这是什么表?"

法官答："这是一只金表。可是，这与本案有何关系？"

"当然有关系。"林律师高举金表，面对法庭上所有的人问道："这是金表，没有人反对吧？但是，请问这只表除表壳镀金之外，内部的零件全都是金制的吗？"

旁听席上的人都异口同声回答："当然不是。"

林律师趁热打铁，继续问道："那么，人们为什么又叫它金表呢？"他稍稍停顿了一下，理直气壮地说："由此可见，这件皮箱案，不过是原告的无理取闹，存心勒索而已！"

法官在大庭广众之下，只得以原告犯诬告罪，判其罚款 5000 元结案。

4.细节隐藏机会,机会来了就要抓住

在任何一块土地上挖掘,你都会找到珍宝,不过你应该以农民的信心去挖掘。

——纪伯伦

1.只接待女人的女人酒店

英国有一段时间曾经发生过这样的事,如果一个女人单独入住酒店往往会惹来怀疑的眼光,而且经常要受到酒店恶劣的服务。酒店的大堂里不是挤满男人,大呼小叫,乱作一团,就是充斥男男女女,混浊不堪,这一切对一个有修养的女人来说,会觉得很不自然,很不舒畅。这些女客的不便,早被精明的旅馆酒店的老板们看得一清二楚,他们觉得它还算是可以利用的机遇。可是,他们没有真正认清这个机遇的潜力,不是担心弄不好会影响酒店里的生意,就是觉得用了也不会有多大的好处。因此,这个机遇一直没有利用起来。

卡露曾是英国的一名女教师。作为一名有较高文化层次的白领女性,她对英国社会女人的生存状态和心理状况都有着比较全面和深刻的认识,自身对此也有着独到的体验。从自己身为女人的生活中,她也体察到了那些情况。而且,一位身为酒店商务管理者的朋友曾经向她介绍过这方面的情况。两方面的情况,一经她综合分析,她便认准了这里的机遇大可利用,其潜力无穷,效果、收益都将十分巨大。为了抓住这次机遇,卡露特意做了一次调查,她所接触过的很多女客人都说,她们入住那些男女混杂的酒店时,通常是单独在房间进餐的。由此,卡露受到了启发,她知道了该怎样利用机遇。不久,卡露在伦敦开了家只接待女人的女人酒店——丽芙酒店。这幢4层高的维多利亚时代建筑物,就此成为英国唯一的女人酒店。

卡露身为女人,她了解女人的不便,理解女人的苦衷,希望那些单身女人入住丽芙酒店时,得到一种安全感,不受到任何骚扰。她的好意得到了女士们的热烈回报,单身女人为了自身形象与安全,都愿意光临丽芙酒店。该店的生意异常红火,名声也大振。一个不被业内人士所重视的机遇就这样被卡露利用起来了。看到丽芙酒店红红火火的生意,那些酒店老板们真是后悔不已,他们也不得不佩服卡露的才能。

2.人心的存折

有一年夏天,何小姐作为某公司职员从深圳去美国纽约参加家用产品展览会。午餐就在快餐厅里自行解决,当时人很多,何小姐刚坐下,就有人用韩语问:"我可以坐在这里吗?"何小姐抬头一看,是一位白发长者正端着饭站在面前。她忙指着对面的位子说:"请坐。"接着起身去拿刀、叉、纸巾之类的东西,担心老人家找不到,便帮他也拿了一份。一顿快餐很快就吃完了,老人临走时递来一张名片,说:"如果以后有需要,请与我联络。"何小姐一看,哟,原来老人是韩国一家大公司的董事长呢。

一年以后,何小姐自己注册了一家小公司。生意做了不到一年,客户突然不做了,而这时,新一年的生产计划已经定了,连样品都做好了,更何况,这是她唯一的客户!怎么办?真的一起步就要破产吗?她忽然想起那位韩国老人来,就抱着一线希望去了一封简短的电邮,说不知您是否还记得我,我现在自己开了一家小公司,如果您来深圳希望能来看一看。信发出后一星期,就收到了回信,老人说即日启程来深圳。两天后,他真的来了,还带来了六七个公司职员。他们拿出样品让她试加工,在肯定了产品和质量之后,当场下了足够何小姐做一年的大订单。

何小姐惊喜地问:"您在韩国有很多大客户,而我这里只是个小公司,您真的信得过我吗?"老人从皮箱里拿出一本书来,名字叫做《人心的存折》,说:"当初你在纽约给我小小的帮助时,你并没有想到会有这样的回报。就像我在书中所写的'人心就像一本存折,只有打开来才知道到底有多少收益。'每本人心的存折正是用一点一滴的善去积累的。"

3.一把雨伞的问候

某一个下雨天的下午,有位老妇人走进美国匹兹堡的一家百货公司,漫无目的地在公司内闲逛，很显然是一副不打算买东西的态度。大多数的售货员只对她瞧上一眼，然后就自顾自地忙着整理货架上的商品，以避免这位老太太去麻烦他们。

其中一位年轻的男店员看到了这位老太太，立刻主动地向她打招呼，很有礼貌地问她，是否有需要他服务的地方。这位老太太对他说，她只是进来躲雨罢了，并不打算买任何东西。这位年轻人安慰她说，即使如此，她仍然很受欢迎。他并且主动和她聊天，以显示他确实欢迎她。当她离去时，这名年轻人还陪她到街上，替她把伞撑开，这位老太太向这名年轻人要了一张名片，然后径自走开了。

后来，这位年轻人完全忘了这件事情。但是有一天，他突然被公司老板召到办公室去，老板向他出示一封信，是位老太太写来的。这位老太太要求这家百货公司派一名销售员前往苏格兰，代表该公司接下装潢一所豪华住宅的工作。

这位老太太就是美国钢铁大王卡内基的母亲，她也就是这位年轻店员在几个月前很有礼貌地护送到街上的那位老太太。

在这封信中，卡内基夫人特别指定这名年轻人代表公司去接受这项工作。这项工作的交易金额数目巨大。这名年轻人如果不是好心地招待这位不想买东西的老太太，那么，他将永远不会获得这个极佳的晋升机会了。

二　强化细节的观念

　　未来最终改变我们这个世界、影响人们生活的，不在宇宙，乃在毫微。小的不仅仅是美好，而且关键时刻它孕育一种与命运相关的改变。

　　无论在公司或组织中，就是因为你设立这样一个完美的目标，可以提升每一个人对品质的意识，使每个人做事都变得非常认真，因为每个人都在研究，要怎样把事情做得更完美。

　　工作细节不容忽视。注意细节所做出来的工作一定能抓住人心，虽然在当时无法引起人的注意，但久而久之，这种工作态度形成习惯后，一定会给你带来巨大的收益。

1.细节决定成败,小事决定大事

太多的人,总不屑一顾于小事和事情的细节,太自信于"天生我材必有用,千金散去还复来"。

——当今社会的现实情况

历史记载的许多胜者为王败者为寇,兴兴衰衰朝代事,感人的都是那些生在枝枝杈杈间曲环交错的细节。有些片段,当时看着无关紧要,后来事实上却牵动了大局。人类历史上因细节而导致失败的事情太多了。

国王理查三世准备与敌军决一死战,因为这场战斗的胜者将统治英国。

战斗进行的当天早上,理查派马夫去备好自己最喜欢的战马。

马夫对铁匠说:"快点给它钉掌,国王希望骑着它打头阵。"

铁匠回答:"你得等等,我前几天给国王全军的马都钉了掌,现在我得找点儿铁片来。"马夫不耐烦地叫道:"我等不及了,敌人正在向我军推进,我们必须在战场上迎击敌兵,有什么你就用什么吧。"

铁匠埋头干活,钉了三个掌后,他发现没有钉子来钉第四个掌了。"我需要一个钉子,"他说,"得需要点儿时间砸出一个。"

马夫急切地说:"我告诉过你我等不及了,我听见军号了,你能不能凑合一下?"

"我能把马掌钉上,但是不能像其他几个那么结实。"铁匠说。

"能挂住吗?"马夫问。

"差不多能,"铁匠回答,"但我没太大把握。"

"好吧,就这样,"马夫叫道,"快点,要不然我们得挨罚的。"马掌钉好后,马夫将战马牵到国王面前。

两军交锋,理查国王冲锋陷阵,鞭策士兵迎击敌人:"冲啊,冲啊!"

他还没走到一半，突然，一只马掌掉了，战马跌翻在地，理查也被掀倒在地上。

国王没有再抓住缰绳，惊恐的战马就跳起来逃走了。理查环顾四周，他的士兵们见国王倒下了，便纷纷转身逃跑。敌人的军队包围了上来。不一会儿，敌人的士兵俘获了理查，战斗结束了。

从那时起，人们就说：少了一个铁钉，丢了一只马掌；少了一只马掌，丢了一匹战马；少了一匹战马，败了一场战役；败了一场战役，失了一个国家。

这次战斗的损失都是因为少了一个马掌钉。

细节决定成败，小事决定大事。百姓开门七件事，柴米油盐酱醋茶，没有一个是经国大计，却为任何一个当政者不能忽视。一颗马掌钉决定了一场战争的胜负就是最好的例子。

任何庞然大物，都不忽略小，只有小，才是最具繁衍力的。近代尽人皆知的重大发明、发现，从苹果落地发现地心引力，到开水冒气引发的蒸汽机的利用，无不是由偶发思端的小事影响整个世界的。正是由于近代科学发现了最小的物质颗粒——电子、质子、中子、光子，人类才浩荡地走过 20 世纪，快速发展到今天。微电子技术的诞生和发展，是从最初集成电路只包含几个、几十个元器件，发展到一个小小硅片上可以制作出几十万个、上百万个元器件，形成微型电子电路的。正是这个微型电子电路，带来当今世界飓风般的各种生产方式大规模乃至超大规模变化。

可见，未来最终改变我们这个世界、影响人们生活的，不在宇宙，乃在毫微。小的不仅仅是美好，而且关键时刻它孕育一种与命运相关的改变。

有一位女孩大学毕业后，去应征秘书的工作，被公司录取了，由于公司里暂时没有秘书的缺，经理就暂时分配她做泡茶的工作，领秘书的薪水。

刚开始，她很乐意，认为泡茶的工作简单，又可以领秘书的薪水，于是很安心地为公司同事泡了一段时间的茶。过了一年多，她心里开始不平衡了，自己是堂堂大学毕业生，老是做低三下四的泡茶工作。她很不甘心，泡出的茶渐渐地也很难喝了。

有一天，经理喝了一口茶就吐了出来："堂堂大学毕业生连茶都泡不好，干

脆辞职算了。"女孩听了很伤心，决定当天下午就辞职。正在这时候，公司有位重要客户来访，经理便叫她泡茶招待客人。女孩擦干眼泪，心想："这可能是我在这家公司泡的最后一壶茶了，不如好好地泡，不要让人觉得连茶也泡不好。"

她专心地将茶泡好，用灿烂的微笑端茶出去，客户只喝了一口就说："呀，好久没喝过这么好的茶了。能把茶泡得这么好的人，做任何工作都是可以胜任的。"经理也喝了一口，这同样的茶叶泡出来的茶水和早上已经完全不同。

结果，公司做成一笔大买卖，女孩立刻调任秘书的工作。

在工作上，无论大事、小事，都要认真对待。往往一个小小的细节，就决定着你的成败。

2.追求细节上的完美，你就会获得赏识

当我们做对了，没有人会记得；当我们做错了，没有人会忘记！
——某研究所敦促员工尽力完善工作的口号

评判事情的好坏并没有一定的标准。在工作过程中，只要尽了力，不安于"还可以"、"差不多"这样的结果，自然会引起注意，得到赏识。

成功的标准，就是追求细节上的完美，这是成功者的要求，也是成功者的想法。如果你能这样想，无论你做什么，品质都很好，都不会自满。因为很少有东西是完善的，即使是最好的产品都有缺陷。

然而，无论在公司或组织中，就是因为你设立这样一个完美的目标，可以提升每一个人对品质的意识，使每个人做事都变得非常认真，因为每个人都在研究，要怎样把事情做得更完美。

只要你追求细节上的完美，就可以保证你成功。而世界上为人类创立新理想、新标准，扛着进步的大旗、为人类创造幸福的人，就是具有这样追求完美无缺素质的人。无论做什么事，如果只是以做到"还可以"为满意，或是半途而废，那就很难成功。

在工作中应该追求完美、满分。不完整的工作成果只会使别人麻烦，对自己也没有成长的好处。

人类的历史有不少悲剧，都是那些工作不可靠、不认真的人苟且作风所造成的。无知与轻率所造成的祸害，不相上下。许多青年人的失败，就在这"轻率"的一点上。他们念念不忘的，是想寻得较高的位置，较大的机会，使自己有"用武之地"。他们常对自己这样说："我们在平凡、渺小的职务下，枯燥、机械的工作，有什么意义呢？那真是不值得去拼搏！"因此，他们的工作，往往需要

他人的审查、校正。这样的人，难于升到优异的位置上。

但是，凡是出类拔萃的青年，对于寻常、细微的每件事，都能认真思考，不肯安于"还可以"或"差不多"，必求其尽善尽美。他们能在简单、平凡的工作岗位中，看出与造成大机会来。他们比一般人更敏捷，更可靠，自然能吸引上级的注意，博得领导的赏识。他们每办完一件事，都能勇敢地对自己说："对于这份工作，我已尽心尽力，可以问心无愧。我不但做得'还好'，而且在我能力范围内做到了'最好'。对于这份工作，我能够经得起任何人的检查批评。"

巴尔扎克有时一星期时间，只写成一页稿纸，但他的声誉，却远非近代的某些不严肃的作家所能企及。狄更斯不到预备充分时，不肯在公众前读他的作品。这些都是人们务求尽善尽美的美德。然而不少人对职务、工作苟且、潦草，借口时间不够，这是不对的。因为，时间足够使我们把每件事情办得更好。

追求完美的过程，不可能一步到位，因此不能急于求成。不管任何事，任何人都无法一次做到尽善尽美，要反复、一次又一次地实践，不要老顾盼自己离"完美"还有多远，现在可以打多少分，这样不好。成功需要靠时间和努力的点滴积累，把"完美"当作一种目标装在心里，然后埋下头，专注于自己的工作。在达到完美境界的过程中，有许多人为的不利因素，也有很多现实生活中不能克服的障碍。但是，如果我们无法坚持不做自己不清楚的工作的基本信念，就会因为工作量或处理产品件数的增加，而顾此失彼。现在某些公司就因非常坚持这个原则而大有发展。这类公司只要自己的产品有点瑕疵，不管是谁订的，或订的是什么货，在什么状况下，都不会贸然出货。即使因此使同行抢先了一步也没有关系，这是他们坚持的方针。换句话说，就是希望自己的货都是完美的。

做事干净利落，不拖泥带水，该做的事尽早去做，该了结的尽快了结，有这种工作和生活习惯的人，处处会受到别人的信赖和喜爱。

3.要想出类拔萃,就应学会在细节处下工夫

不放过任何细节。

——松下幸之助

　　兵临城下之际,大家都会以最佳状态小心应战,而日常琐碎细节,则是一个人的天性、本质、修养的自觉流露。这些地方将人的言谈举止反映得更客观更全面。

　　成功者与失败者之间到底有多大差别? 人与人之间在智力和体力上差异并不是想象中的那么大。很多小事,一个人能做,另外的人也能做,只是做出来的效果不一样,往往是一些细节上的功夫,决定着完成的质量。

　　要想在工作中出类拔萃,就应学会在细节处下工夫。

　　有时候,公司老板或业务员要出差,便会安排员工去买车票。这看似很简单的一件事,却可以反映出不同的人对工作的不同态度及其工作的能力,也可以大概测定一下今后工作的前途。有这样两位秘书,一位将车票买来,就那么一大把地交上去,杂乱无章,易丢失,不易查清时刻;另一位却将车票装进一个大信封,并且,在信封上写明列车车次、号位及起程、到达时刻。后一位秘书是个细心人,虽然她只做了几个细节处,只在信封上写上几个字,却使人省事不少。按照命令去买车票,这只是"一个平常人"的工作,但是一个会工作的人,一定会想到该怎么做,要怎么做,才会令人更满意,更方便,这也就是用心,注意细节的问题了。

　　工作细节不容忽视。注意细节所做出来的工作一定能抓住人心,虽然在当时无法引起人的注意,但久而久之,这种工作态度形成习惯后,一定会给你带来巨大的收益。这种细心的工作态度,是由于对一件工作重视的态度而产生的,对再细小的事也不掉以轻心,专注地去做才会产生效果。会成为大人物的

人,即使要他去收发室做整理信件的工作,他的做法也会跟别人有所不同。这种注重细微环节的态度,就是使自己发展的营养剂。

老子曾说:"治大国若烹小鲜。"老子将治理国家比作烹调小鱼一样,不急躁,不乱动,这样煮出的鱼才色鲜味美。如火候不对,调味不对,心浮气躁,鱼下锅后急于翻动,最后煮出来的东西就会色、香、味什么都没有了,肉也碎了。可见,细微之处方见真功夫。

一部名为《细节》的小说,其题记为:"大事留给上帝去抓吧,我们只能注意细节。"作者还借小说主人公的话做了注脚:"这世界上所有伟大的壮举都不如生活在一个真实的细节里来得有意义。"

细节,就是小节,它不仅具有艺术的真实,而且更具有生活的真实。也许是生活的真实造就了艺术的真实,我们读小说时,总被作家笔下的细节,如人物的心理、动作、语言所感动。

生活就像无限拉长的链条,细节如链条上的锁扣,没有锁扣,哪有链条?历史就像日夜奔腾的江河,细节如江河边的支流,没有支流,哪有江河? 回味生活,翻阅历史,我们为什么不从真实的细节做起? 我们头上三尺如果真有神灵的话,它或许绝不只把大事留给自己,而把细节留给人类。因为大家都知道,没有细节,哪有大事?

4.小处着眼，小处着手

做事不贪大，做人不计小。　　　　——一句人人都应放在桌上的座右铭

美国标准石油公司曾经有一名员工叫阿基勃特。他在出差住旅馆的时候，总是在自己签名的下方，写上"每桶4美元的标准石油"字样，在书信及收据上也不例外，签了名，就一定写上那几个字。他因此被同事叫做"每桶4美元"，而他的真名倒没有人叫了。公司董事长洛克菲勒知道这件事后说："竟有员工如此努力宣扬公司的声誉，我要见见他。"于是邀请阿基勃特共进晚餐。后来，洛克菲勒卸任，阿基勃特成了第二任董事长。

西方有句充满激励的谚语说得很好："只要你不嫌弃那是一块泥土，你就能让它变成黄金。"让泥土变成黄金的关键点不是幻想，也不是魔法，而是你面对它的时候所持的态度。

我国有句耳熟能详的俗语："大处着眼，小处着手。"但是有些人虽然做到了前半句的"大处着眼"，却忘记了后半句的"小处着手"。毕竟，大处着眼式地梦想着美好的未来，令人愉悦，面对必须流血流汗的小处着手，却令人心烦。现在流行管理理论强调企业要有质量，不少企业也因而以大处着眼的方式制订愿景，却不知如何从小处着手地往愿景迈进。所以我们要从"大处着眼，小处着手"的想法中，再往前走一步，做到"小处着眼，小处着手"。

一所著名大学有一位领导，他在做系里的团支部书记的时候，每周都要参加一个各系的团委书记的例会。有一次，他提前几分钟到达会议的现场，发现会场的地上很不干净，桌子上和椅子上也落了一层灰。他想，反正自己没有事情，闲着也是闲着，不如搞搞卫生，把开会的地方弄得干净一些。这样想过之后，他果然动起手来。不一会儿，人们到齐后，看到干净的会场，不禁都称赞起

这位领导来。他一笑了之。以后，他每次都提前来几分钟，在众人到达之前把屋子收拾干净，这个习惯坚持了很久，即使他后来当上了学校的团委书记也是如此。如今，他已经升任这个学校所在市的团委副书记，而且据说马上就要提升为正职。

也许这位书记的升迁与这些小事没有什么必然的联系，比如说他的业务工作能力很强等等，但可以肯定的是，他有正确的做人做事态度，分内事也好，分外事也好，只要有利于大家，多做点没关系。

我们常常寄托做一些轰轰烈烈的大事来提高自己的地位，但我们没有想到，许多小事情却会改变我们。如阿基勃特总在签名的时候署上"每桶 4 美元的标准石油"，这是一件非常小的事，严格来说，它不在阿基勃特的工作范围之内，但他一直坚持着，并把它做到了极致。尽管遭到了同事们的嘲笑，他也没有放弃。在嘲笑他的人中，肯定有不少人的才华和能力在他之上，可是最后只有阿基勃特当上了董事长。这就是在"小处着眼，小处着手"的收获。

许多人轻视小事，认为小事不值得做，尤其是在一个集体环境中，许多小事情甚至是琐碎的事情，明明大家都知道该怎么做，可就是大家都懒得去做，所以我也不做。在这样的心理驱使下，使一些明明只是举手之劳的小事，竟然变成"我是否会吃亏"的大事而斤斤计较，因此为自己的工作留下了隐患。

工作中无小事。在小处着眼，小处着手时，我们会感到比较踏实。虽然说做好小事未必能成功，但总比连小事都做不好的人强一些。老子说："治大国若烹小鲜。"小处着眼，小处着手的意义也正在于此。也唯有如此，恢宏的事业才有可能成为真实。

5.抓住细节,用心观察

对微小事物的仔细观察,就是事业、艺术、科学及生命各方面的成功秘诀。
——英国作家塞缪尔·斯迈尔斯

观察是指人们通过感觉器官感受外部的各种刺激,逐步形成对外部事物与现象的印象,了解各种现象之间的关系。这实际上是一种知觉活动。古人云:"细思曰观。"还说:"察谓泛吟用心恃度之也。"可见,观察即边看边想的意思。

只有善于观察的人,才能善于发现问题,才能在不知不觉中前进。观察不仅仅要看表象,有时还要进一步挖掘隐藏在表象之后的更深层含义。观察要讲求方法,同时更要注意细节。人类很多的发明与创造都离不开细致的观察。

1.达尔文的科学观察

著名生物学家达尔文十分重视科学研究中的观察和实验。为了写成《植物界中异花受精和自花受精的效果》,他选择了 57 种植物,精心培植,细心观察,整整花费了 11 年的试验时间。为了给《人类和运动的情感和表情》的论著提供充分的根据,他从大儿子出生的第一天起,就开始观察并记录其各种表情。他还喂养了两只小狗,作为观察之用。

2.第谷:这位星学之王整整观察了 20 年

丹麦天文学家第谷从小喜欢观测星星。1560 年 8 月,观象台预报 21 日可以看见日食,14 岁的第谷用仪器果真看到了日食。此后,每当夜深人静,他便拿出自己制造的仪器去观察天上的星星。1572 年 11 月 11 日夜晚,第谷肉眼发现仙后座出现一颗新星,经仔细观察,确证是颗新星,轰动天文学界。此星被定名为"第谷新星",第谷也被称为"星学之王"。1576 年,丹麦国王腓特烈要他编制一个新的星表,第谷便进行了长期的天文观测。他观测的精密度令人惊叹,几乎达到肉眼观测的极限,大大超过同时代其他人的水平。第谷整整工作了 20 年,积累了大量精确可靠的资料,为行星三定律的划时代发现奠定了基础。

3.雷奈克和听诊器

雷奈克是法国的医学家,听诊器的发明人。在听诊器发明之前,人们一直采用直接听诊的方法:即医生直接用耳朵贴上去听,这既不卫生,又不准确。雷奈克一直在思考如何改进听诊的方法。一次,他在散步时见到一群小孩在一根大圆木旁玩,一个孩子用铁钉在圆木的一端轻轻滑动时,几个无意间用耳朵贴在另一端的孩子高兴地跳了起来,因为他们听到了滑动的声音。这给雷奈克极大的启发,这不是可以解决直接听诊的缺点吗?经过反复实践,不断改进,他终于在 1819 年发明了听诊器,代替了不大科学的直接听诊的方法。

4.垃圾堆里发现的材料

不锈钢是从垃圾堆里发现的。在第一次世界大战时,英国科学家亨利·布里尔利受英国政府军部兵工厂委托,研究武器的改进工作。那时,士兵用的步枪枪膛极易磨损。布里尔利想发明一种不易磨损的合金钢。1913 年,他往钢中加了各种各样的元素,做了好多试验,都没有成功。他失望地把它们抛进了垃圾堆。过了很久,奇怪的现象发生了,垃圾堆里大部分废钢都生锈了,只有几块含铬的钢仍旧是亮晶晶的。布里尔利经过继续的观察与研究,终于研制出了不锈钢。

5.名画《少校求婚》的诞生

俄罗斯画家菲多托夫的名画《少校求婚》以生动的形象,深刻揭示了贵族与商人为了各自的利益而联姻的丑态。为了画好这幅画,画家经常去商场转悠,观察商人的相貌体态、生活习性乃至举手投足,还注意观察他们住宅的格局及其陈设。经过较长时间的观察,他找到了一位理想的原型,并设法和那人认识并进行交往。通过这一系列的努力,画家才成功地画出了这幅名画。

6.亚历山大抓住烈马的一个弱点

马其顿帝国著名的国王亚历山大 15 岁时,他父亲腓力二世获得一匹烈马,许多优秀的骑士做了种种努力,但没有一个人能跨上马背。亚历山大便跟父亲说:"只要您允许,我就能驯服它!"腓力二世答应后,亚历山大走过去。开始,他和别人一样,也是慢慢拉过缰绳,轻轻抚摸马体。就在这时,他突然间把马转向太阳,趁马略显慌乱之际,一跃跨上去。马竖起前蹄,飞起后腿,又就地转来转去,可亚历山大却面不改色,镇定自若,终于驯服了这匹烈马。

那么,亚历山大是怎样跨上马背的呢?原来别人驯马时,他仔细观察,发现马害怕自己的影子,所以他把马转向太阳,马看到自己的影子就胆怯、软弱,亚历山大趁机出击,因此获得成功。

7.勤于观察市场,打造"金利来"名牌

曾宪梓出生于广东梅县,在中山大学生物学专业毕业后,20 世纪 60 年代初到泰国曼谷与家人团聚,开始帮助父亲做一些日用小商品的生意。他天生勤于观察,善于思考。从穿各自喜爱的西装上,特别留意点缀的领带。领带体积不大,花钱不多,特别易于别人接受,他预见到领带市场所具有的巨大发展潜力。他说干就干,开始做起倒领带的小本生意。20 世纪 60 年代中期,他来到香港开拓事业,凭着一把尺子、一把剪刀以及一架缝纫机,制造出一条条、一打打、一盒盒的领带,然后去挤巴士,穿街入巷地推销。

曾宪梓就是这样,凭着一个开拓型的头脑,一双精巧的手,一双勤快的腿,打出了一个响当当的品牌——"金利来"领带。

三　注意细节的积累

　　人，能一心一意地做事，世间就没有做不好的事。这里所讲的事，有大事，也有小事，所谓大事小事，只是相对而言。很多时候，小事不一定就真的小，大事不一定就真的大。关键在做事者的认知能力。

　　人们看待问题的方法是有局限的，我们必须从内部去观察才能看到事物真正的本质。有些工作只从表象看也许索然无味，只有深入其中，才可能认识到其意义所在。

　　栽什么树苗，结什么果儿；播什么种子，开什么花儿。积累耕耘的经验就成为农夫，积累砍削的经验就成为工匠，积累贩卖货物的本领就成为商人。这种积累，既是痛苦的，又是快乐的。

1.做别人不愿意做的小事，是成功的秘诀

那些真正伟大的人物从来不蔑视日常生活中的各种小事情。即使常人认为很卑贱的事情，他们也都满腔热情地去干。

——塞缪尔·斯迈尔斯

一心渴望伟大，追求伟大，伟大却了无踪影；甘做凡人小事，认真做好每个细节，伟大却不期而至。这就是细节的魅力，是水到渠成后的惊喜。

我们身边有太多的人，总不屑一顾于小事和事情的细节，太自信于"天生我才必有用，千金散尽还复来"，总是盲目地相信"天将降大任于斯人也"。殊不知，能把自己所在岗位的每一件事做成功就很不简单了。不要以为美国总统比村民组长好当，有其职就有其责，有其责就有其忧。如果力有所不及，才有所不逮，必然祸及自身，导致混乱，所以，重要的是做好眼前的每一件事。

人，能一心一意地做事，世间就没有做不好的事。这里所讲的事，有大事，也有小事，所谓大事小事，只是相对而言。很多时候，小事不一定就真的小，大事不一定就真的大。关键在做事者的认知能力。那些一心想做大事的人，常常对小事嗤之以鼻，不屑一顾。然而，连小事都做不好的人，大事是很难成功的。

老师们教孩子，勿以善小而不为，勿以恶小而为之，就是因为老师们明白，"小事正可于细微处见精神。有做小事的精神，就能产生做大事的气魄"。不要小看做小事，不要讨厌做小事。只要有益于工作，有益于事业，人人都从小事做起，用小事堆砌起来的事业大厦就是坚固的，用小事堆砌起来的工作长城就是强硬的。

有位女大学生，毕业后到一家公司上班，只被安排做一些非常琐碎而单调的工作，比如早上打扫卫生，中午预订盒饭。一段时间后，女大学生便辞职不干了。她认为，她不应该蜷缩在厨房里，而应该上得厅堂。

可是一屋不扫,何以扫天下?一个普通的职员,即使有很好的见解,通常被重用,也要煎熬一段不短的时间,最重要的是努力做到有让别人倾听自己意见的资格和成绩,在别人眼里,你才是举足轻重,不易被人忽视。

因此,从小事做起的工作,年轻时就应努力去做好。

中关村一家公司的人事部经理曾感叹道:每次招聘员工,总碰到这样的情形:大学生与大专生、中专生相比,我们也认为大学生的素质一般比后者高。可是,有的大学生自诩为天之骄子,到了公司就想唱主角,强调待遇。别说挑大梁,真正找件具体工作让他独立完成,却往往拖泥带水,漏洞百出。本事不大,心却不小,还瞧不起别人。大事做不来,安排他做小事,他又觉得委屈,埋怨你埋没了他这个人才,不肯放下架子干。我们招人是来工作、做事的,不成事,光要那大学生的牌子干吗? 所以有时候,大学生、大专生、中专生相比之下,大专生、中专生反而更实际,更有用。

现在,社会上有的企业急需人才,而有的大学生却被拒之于门外,不受欢迎,不被接纳,对此现象,这位人事部经理的一番感叹还是有所启迪的。

美国有一位图书馆馆长,每天早上 8 点,总是亲自为自己的图书馆开门,然后对第一批踏进图书馆大门的读者致意,再巡视一番后,才去自己的办公室。有人告诉他,馆长不必做这些小儿科之事,而他却极认真地回答:"我来开门,是因为这是我一天做的事里唯一能对图书馆真正有用的。"

一个打毛衣的女人是美丽的,一个劈柴的男人是帅气的,一只正下蛋的母鸡是动人的,一只采蜜的蜂儿是美好的。人生价值真正的伟大在于平凡,真正的崇高在于普通,最平凡、最普通却又最伟大、最崇高。从普通中显示特殊,从平凡中显示伟大,这才是做人做事之道。

小事,一般人都不愿意做。但成功者与一般人最大的不同,就是他愿意做别人不愿意做的事情。一般人都不愿意付出这样的代价,可是成功者愿意,因为他渴望成功。

别人不愿意端茶倒水,你就要更加端出水平;别人不愿意洗刷马桶,你就要更加洗刷得明亮;别人不愿意操练,你就要更加自我操练;别人不愿意做准备,你就多做准备;别人不愿意付出,你就多付出。

只要你每件事都多做一点，每一件别人不愿意做的小事，你都愿意多做一点，你的成功率一定会提高不少。

　　同事不愿做的事情，你愿意去做；别人不想做的事，你愿意去做。只要你能做别人不愿意做的事情，只要你能做别人不想做的事情，你就可以成功。

　　因此，成功最重要的秘诀，就是去做别人不愿意做的小事。

　　因此，做事不可以被大小限制，被时间限制，被空间限制。人生三不朽，曰立德、立功、立言。因而，需要具有超越自我、超越时空的观念，跳出大小的圈子。成功最普通而又最特殊，最平凡而又最高尚，最渺小而又最伟大。

　　不因小而损害大，不因少而损害多。抛弃大小的竞争，抛弃高下的念头，抛弃富贵的欲望，而一心一意从小事做起，就是洗厕所、扫大街，也会比别人打扫得更干净。

　　越是那种埋怨自己工作价值渺小的人，真正给他们一份困难的工作时，他们越是退缩而不敢接受。具有十成力量的人，去做仅仅需要一成力量的工作，其中有生命的意义和悠闲的心情。在长远的人生中，这种生命的意义和悠闲的心情对于健康人格的形成与扩展，有决定性的帮助。

2 不要轻视小事，每件小事都值得认真去做

对于敬业者来说，凡事无小事，简单不等于容易。

——应该大力倡导花大力气做好小事情，把小事做细的精神

法国卢浮宫收藏着莫奈的一幅画，描绘的是女修道院厨房里的情景。画面上正在工作的不是普通的人，而是天使们。一个正在架水壶烧水，一个正在优雅地提起水桶，另外一个穿着厨衣，伸手去拿盘子——即使日常生活中最平凡的事，也值得天使全神贯注地去做。

行为本身并不能说明自身的性质，而是取决于我们行动时的精神状态。工作是否单调乏味，往往取决于我们做它时的心境。

人生目标贯穿于整个生命，你在工作中所持的态度，使你与周围的人区别开来。日出日落、朝朝暮暮，它们或者使你的思想更开阔，或者使其更狭隘；或者使你的工作变得更加高尚，或者变得更加低俗。

每一件事情对人生都具有十分深刻的意义。你是砖石工或泥瓦匠吗？可曾在砖块和砂浆之中看出诗意？你是图书管理员吗？经过辛勤劳动，在整理书籍的缝隙，是否感觉到自己已经取得了一些进步？你是学校的老师吗？是否对按部就班的教学工作感到厌倦？也许一见到自己的学生，你就变得非常有耐心，所有的烦恼都抛到九霄云外了。

在日本，有一位少女，她进入社会的第一份工作就是在酒店洗马桶。刚开始，她非常不习惯，每当将抹布伸进马桶里时，她就会恶心得想吐，她觉得她不能再做这份工作了，她受不了。有一天，她在洗马桶的时候又想呕吐，于是就将抹布抛到一边，伤心地想，为什么自己一定要做这种工作？

这时，有位前辈走了过来，拿起抹布，一遍又一遍地擦着马桶，直到把马桶

擦得光亮照人，然后，她拿来一只杯子，舀了一杯马桶里的水，仰头一饮而尽，就像喝可口可乐一样。这位前辈没有说一句话，却让那位少女受到了极大的震撼，她没想到一件小事也可以做得如此完美。

从此以后，她时时用前辈的行为来鼓励自己，做好每件看似微不足道的事情。这位少女最后成为日本的邮政大臣，也就是邮政部门的最高长官，名叫野田圣子。

我们在做任何事情的时候，不论是大是小，都应该尽心尽力，满腔热情，锲而不舍。

如果只从他人的眼光来看待我们的工作，或者仅用世俗的标准来衡量我们的工作，工作或许是毫无生气、单调乏味的，仿佛没有任何意义，没有任何吸引力和价值可言。这就好比我们从外面观察一个大教堂的窗户。大教堂的窗户布满了灰尘，非常灰暗，光华已逝，只剩下单调和破败的感觉。但是，一旦我们跨过门槛，走进教堂，立刻可以看见绚烂的图画。

由此，我们可以得到这样的启示：人们看待问题的方法是有局限的，我们必须从内部去观察才能看到事物真正的本质。有些工作只从表象看也许索然无味，只有深入其中，才可能认识到其意义所在。因此，无论幸运与否，每个人都必须从工作本身去理解工作，将它当作人生的权利和荣耀——只有这样，才能保持个性的独立。

他是名牌大学的毕业生，在一家省级机关上班。踌躇满志，一腔热血，不料上班以后才发现，每日无非是些琐碎事务，既不要太多的智慧，也看不出什么成果，便不知不觉散漫了下来。

一次系统开大会，处里彻夜准备文件，他的工作是装订和封套。处长一再叮嘱："一定要做好准备工作，别到时措手不及。"

他心里很是不快，想初中生也会的事，还用得着这样嘱咐？似乎是不相信自己一样。文件终于完成，交到他手里。他开始一件件装订，没想到只订了几十份，订书机的钉子用完了。他漫不经心地抽开订书钉的纸盒。脑海里"嗡"的一声：里面是空的。所有的人都在翻箱倒柜，却连半颗钉子也找不到。此时已是深夜十二点半，而文件必须在明早八点大会召开之前发到代表手中。处长

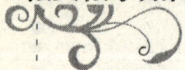

咆哮道:"不是叫你做好准备的吗？连这点小事也做不好，大学生有个屁用啊！"他无言以对，脸上滚烫。

后来几经周折，才找到一家通宵服务的商务中心。终于赶在开会之前，将文件整齐漂亮地发放到了代表手中。

事后，他灰头灰脑等着训斥，平时被他认为是严厉而不近人情的处长，却只说了一句话："你要记住，工作面前人人平等。"

每一件事都值得我们去做。不要轻看自己所做的每一件小事，即使是最普通的事，也应该全力以赴、尽职尽责地去完成。小任务顺利完成，有利于你对大任务的成功把握。一步一个脚印地向上攀登，便不会轻易跌落。通过工作获得真正的力量的秘诀就蕴藏在其中。

3.积累小事情,问鼎大成功

小事成就大事,细节成就完美。　　　　　　　　——惠普创始人戴维·帕卡德

人的一生由许许多多的偶然的和必然的事件组合而成,有时一次偶然的事件使某个人变成了大人物,有时一次偶然的事情使某个人变成了小人物。在常人看来,大人物总是和大事件联系在一起,小人物总是和小事件联系在一起。有的人一辈子也不会做成一件大事。但是,无论大人物还是小人物,都会和一件又一件必然的小事发生关系。因此说,小事情是人一生中最基本的内容。

大事能检验一个人的智慧、才能和品格,小事也能。如果每一件小事都做得漂亮、舒心,那你也能得到极大的快乐和对自我的肯定。小事虽然微不足道,但不做也是不能成功的,那些常常游手好闲的人,他的成就肯定不会超过常人多远。忽视小事,专做大事的人,他的成就往往不如做小事的人。这是什么原因呢? 因为小事来得频繁,办事所花的时间也多,积累起来数量也就大;而大事来得稀少,积累起来数量也就小。

积累,一件又一件小事地去积累,直到有一天,你会惊讶地发现,自己是一个多么了不起的人。比如雷锋,他并没有做什么惊天动地的大事,但他珍惜每一件小事,把每件小事都当作一个新的出发点,当作一件大事来看待,倾注全部的生命和热情,谁又能怀疑他的伟大呢——伟大的,其实也是平凡的。

每一年积累,不如每季度积累;每季度积累,不如每个月积累;每个月积累,不如每一天积累。

一天不是一周,一周不是一月,一月不是一年。一周需要七天才能构成,一月需要四周才能构成,一年需要十二个月才能构成。一件事情会影响一个人

的声誉,几件事情会改变一个人的一生,无数事情会决定一个人的命运。从搬运工到哲学家,从奴隶到将军,从凡人到伟人,这不是一天、一月、一年就可以达到的,它需要经过长期的努力,长期的追求,长期的积累,长期的磨炼才能达到。

也许一个穷人,会因为某种机遇而一夜之间成为富翁,腰缠万贯,但一个搬运工成为一个哲学家,一个凡人成为一个伟人,绝不是某个机遇的缘故。不断地追求,才有不断的进步;不断地实行,才有不断的成就;不断地积累,才有不断的提高。

栽什么树苗,结什么果儿;播什么种子,开什么花儿。积累耕耘的经验就成为农夫,积累砍削的经验就成为工匠,积累贩卖货物的本领就成为商人。这种积累,既是痛苦的,又是快乐的。

美国社会工作者海伦·凯勒的老师安妮·沙利文说过,人们往往不了解,即便是取得最微不足道的成功,也已经迈过了许许多多蹒跚艰难的脚步。

你希望一口吃个胖子,夺取成功就像迈一下脚步那样简单,你或许常这样想:"我真希望自己是个完美无缺的人。假如我有好的天资,是个大智者的话,我就会每天干什么事情都永远不会失手,我会马上把吸烟、赌博的恶习戒除掉。"

这是幼稚的懒汉成功逻辑。你以为成功者都有遗传得来的特殊天赋,有把事情做得尽善尽美的诀窍。按这种逻辑,成功者每做一件事情都是轻松愉快的,易如反掌。懒汉们认为,成功者都是无师自通的天才,学了第一课,就能够一下子成为专家。你这种"马上如愿"的思想,是导致失败的最大原因。

无疑地,那种希望"马上如愿"的人还是存在的,像婴儿。婴儿都是要求父母即刻满足他们的意愿的。他们一想撒尿,不管是在大人怀里还是睡在床上,即刻就把衣服尿湿,把被子尿湿。对婴儿的这种行为,父母无可指责,并不会对婴儿提出从发育角度来说不现实的要求。不幸的是,如果你一生当中总保持着这种马上如愿的要求,那么,你要走向成功是不可能的。

举个例子。你是一个抱着"马上如愿"思想做事的人,你决定当一个画家,你期望自己一下子就能画出像达·芬奇《蒙娜丽莎》那样的杰作,期望自己一夜成名。但你不知道自己是该先画蒙娜丽莎的秀发还是先画蒙娜丽莎的额头，你便认为绘画很艰难，情绪陡变，顿时扔掉画笔，长叹创作之难。因为你相信的是：如果一个人有出息，有才干，想要做什么事，都能一下子如愿以偿，用不着像达·芬奇那样天天画鸡蛋苦苦地做单调乏味的努力，用不着一点点地积累经验，用不着花费多少时间锻炼基本功。这种想法，终将你抛向失败之谷底，不堪回首。

　　上天就是这样捉弄人，你越希望即刻如愿的，越难以即刻如愿。成功，不是直线，而是曲线。成功，是一个缓慢的积累过程，缓慢的学习过程。攀登珠穆朗玛峰，需要从脚下第一步开始，没有一下子就能跃上山顶取得成功的。

4.如果想比别人优秀,就要每天多做一点点

我的成功并不是我很天才,但我知道每当太阳升起的时候,我不能睡懒觉。生命就是不停地奔跑,不停地奔跑。——著名数学家陈永川谈成功心得

一个成功的推销员用一句话总结他的经验:"你要想比别人优秀,就必须坚持每天比别人多访问 5 个客户。""每天多做一点",这几乎是事业成功者高于平庸者的秘诀。

真正的成功是一个过程,是将勤奋和努力融入每天的生活中的过程。当亨利·瑞蒙德在美国《论坛报》做责任编辑时,刚开始时他一星期只能挣到 6 美元,但他还是每天平均工作 13 至 14 小时。往往是整个办公室的人都走了,只有他一个人在工作。"为了获得成功的机会,我必须比其他人更扎实地工作,"他在日记中这样写道,"当我的伙伴们在剧院时,我必须在房间里;当他们熟睡时,我必须在学习。"后来,他成为美国《时代周刊》的总编。

美国著名出版商乔治·W·齐兹 12 岁时便到费城一家书店当营业员,他工作勤奋,而且常常积极主动地做一些分外之事。他说:"我并不仅仅只做我分内的工作,而是努力去做我力所能及的一切工作,并且是一心一意地去做。我想让我的老板承认,我是一个比他想象中更加有用的人。"

有时,你甚至不必比别人多做许多,只需一点点,就可以从众人中脱颖而出。这是著名投资专家约翰·坦普尔顿通过大量的观察研究,得出的一条很重要的真理:"多一盎司定律"。他指出,取得突出成就的人与取得中等成就的人几乎做了同样多的工作,他们所做出的努力差别很小——只是"多一盎司"。一盎司只相当于 1/16 磅。但是,就是这么微不足道的一点点区别,却会让你的工作大不一样。

有几十种甚至更多的理由可以解释，你为什么应该养成"每天多做一点"的好习惯——尽管事实上很少有人这样做。其中两个原因是最主要的：

第一，在建立了"每天多做一点点"的好习惯之后，与四周那些尚未养成这种习惯的人相比，你已经具有优势。这种习惯使你无论从事什么行业，都会有更多的人明确要求你提供服务。

第二，如果你希望将自己的右臂锻炼得更强壮，唯一的途径就是利用它来做最艰苦的工作。相反，如果长期不使用你的右臂，让它养尊处优，其结果就是使它变得更虚弱甚至萎缩。

身处困境而拼搏能够产生巨大的力量，这是人生永恒不变的法则。如果你能比分内的工作多做一点，那么，不仅能彰显自己勤奋的美德，而且能发展一种超凡的技巧与能力，使自己具有更强大的生存力量，从而摆脱困境。

社会在发展，公司在成长，个人的职责范围也随之扩大。不要总是以"这不是我分内的工作"为由来逃避责任。当额外的工作分配到你头上时，不妨视之为一种机遇。

提前上班，别以为没人注意到，老板可是睁大眼睛在瞧着呢！如果能提早一点到公司，就说明你十分重视这份工作。每天提前一点到达，可以对一天的工作作个规划，当别人还在考虑当天该做什么时，你已经走在别人前面了！

想成为一名成功人士，必须树立终身学习的观念。既要学习专业知识，也要不断拓宽自己的知识面，一些看似无关的知识往往会对未来起巨大作用。而"每天多做一点"则能够给你提供这样的学习机会。

如果不是你的工作，而你做了，这就是机会。有人曾经研究为什么当机会来临时我们无法确认，因为机会总是乔装成"问题"的样子。当顾客、同事或者老板交给你某个难题，也许正为你创造了一个珍贵的机会。对于一个优秀的员工而言，公司里的组织结构如何，谁该为发生的问题负责，谁应该具体完成眼前的任务，都不是最重要的，在他心目中唯一的想法就是如何将问题解决。

下次当顾客、同事和你的老板要求你提供帮助，做一些分外的事情，而不是让他人来处理时，积极地伸出援助之手吧！努力从另外一个角度来思考，譬如换一个角色，自己就是这件事的责任人，你将如何来更好地解决这些问题？

每天多做一点，初衷也许并非为了获得报酬，但往往获得的更多。

5把一件事坚持做下去,坚持到底就会成功

成大事不在力量大小,而在于能坚持多久。

——塞·约翰生

世间最容易的事是坚持,最难的事也是坚持。说它容易,因为只要愿意做,人人都能做到;说它难,因为真正能够做到的,终究只是少数人。成功在于坚持,坚持到底就是胜利。

有一次上课时,大哲学家苏格拉底对学生们说:"今天我们只学一件最容易做的事。每人把胳膊尽量往前甩,然后再尽量往后甩。"说着,苏格拉底示范了一遍,接着说:"从今天开始,每天甩200下。大家能做到吧?"

学生们都笑了。这么简单的事,有什么做不到的?

过了一个月,苏格拉底问学生们:"每天甩手200下,哪些同学做到了?"有90%的同学骄傲地举起了手。

又过了两个月,苏格拉底又问,这回,坚持下来的学生只有70%。

一年过去了,苏格拉底再一次问大家:"请告诉我,最简单的甩手运动,还有哪几位同学坚持了?"

这时,整个教室只有一人举了手。

这名学生就是柏拉图。他后来成为古希腊的一位大哲学家,天才。

什么是天才?终身努力便成天才。天才缘于勤奋,勤能补拙。这里的勤,就是勤奋耕耘,勤勤恳恳,就是持之以恒的努力对时空的累积,它将是打开成功之门的金钥匙,是通往成功殿堂的快车道。

在奔向成功的路上,我们会遇到许多挫折,会面临着许多意想不到的挑战。这时我们应该怎么办呢?成功学家们考察了那些具有杰出的个人品质并取得成功的人,得出了这样的结论:能够把一件事坚持做下去,是所有成功者

共同拥有的积极心态。

我们看看著名的"发明天才"——爱迪生,为了研制灯丝,他失败了几千次,如果不是有份恒心,不是坚持那个目标,那么这恐怕是天方夜谭吧!看看意大利伟大的画家达·芬奇,他从画蛋开始练起,春来冬去,他画的鸡蛋何止千万个?如果不是因为锲而不舍,不是因为坚持不懈,怎能有《最后的晚餐》这惊世杰作,怎能有蒙娜丽莎那神秘的微笑?看看我们中华民族,闻名世界的医学家李时珍30年如一日地跋山涉水,采集草药,如果不是矢志不移,不是坚忍不拔,恐怕就没有《本草纲目》问世吧!再说一下那个人尽皆知的小故事"铁杵磨成针"吧。恐怕就连小孩子都知道这其中的道理:只要功夫深,铁杵磨成针。而这里的"功夫",不是少林功夫,不是拳脚功夫,而是长时间的持之以恒、目标专一,还要有一股坚忍不拔、锲而不舍的韧劲和刚劲。千百年的恒心,水滴都能穿石。

那么人呢?有了那种精神和毅力,有了那种目标和信念,人也可以在工作、学习上顺利一些,因而离成功的彼岸也更近一步了。正如荀子所说:"锲而不舍,金石可镂。"

人和草是一样的,在生命历程中交织着矛盾和痛苦,充满求索的艰辛,遍布荆棘和坎坷。我们只有像那不为人知的野草,萌发坚韧萌芽,使它达到根本就无法被摧毁的程度,即使是受到打击也要凭着顽强的意志和坚韧的精神毅力以及对理想的不懈追求,向成功一步一步迈进,才能换来无比丰硕的胜利果实。

24岁的约翰逊是一位平凡的美国人,他以母亲的家具做抵押,得到了500美元贷款,开办了一家小小的出版公司。他创办的第一本杂志是《黑人文摘》。为了扩大发行量,他有了一个非常大胆的想法:组织一系列以"假如我是黑人"为题的文章,请白人在写文章的时候把自己摆放在黑人的地位上,严肃地来看待这个问题。他想,如果请罗斯福总统的夫人埃莉诺来写一篇这样的文章是最好不过了。终于有一天,约翰逊给罗斯福夫人写了一封请求信。

罗斯福夫人给约翰逊回了信,说她太忙,没有时间写。约翰逊见罗斯福夫人没有说自己不愿意写,就决定坚持下去,一定要请罗斯福夫人写一篇文章。

一个月后,约翰逊又给罗斯福夫人发了一封信。夫人回信仍说太忙。此后,每过一个月,约翰逊就给罗斯福夫人写一封信。夫人总是回信说连一分钟的空闲也没有。约翰逊依然坚持发信,他相信,只要他坚持下去,总有一天夫人是会有时间的。

一天,他在报上看到了罗斯福夫人在芝加哥发表谈话的消息。他决定再试一次。他打了一份电报给罗斯福夫人,问她是否愿意趁在芝加哥的时候为《黑人文摘》写那样一篇文章。罗斯福夫人终于被约翰逊的坚韧感动了,寄来了文章。结果,《黑人文摘》的发行量在一个月之内由 5 万份增加到 15 万份。这次事件成为约翰逊事业的重要转折点。后来,约翰逊的出版公司成为美国第二大的黑人企业。

1973 年,约翰逊认为他的成功得益于母亲的教诲:"取得成功总得去努力,有时候要经过许多失败。你应该像长跑运动员那样,不断向前,坚持下去,也许你会勤奋地工作一生而一事无成,但是,如果不去勤奋地工作,你就肯定不会有成就。"

"下一个进球是我比较满意的。"球王贝利说。他脸上自信的表情,充满了人格魅力,王者风范。当我们也有勇气相信下一刻永远最好的时候,未来就将属于我们的了。再拼一次,再坚持一下,一切都会变好。

四 源于细节的财富

现实生活中，许多人往往对表面上微不足道的瞬间现象，以一种未认真考虑的解释将它忽略过去，从而错过机遇。而那些有心人恰恰抓住这个机遇，进而赚大钱，创大业。

在某一领域的"领袖"，几乎都是起步比较早的人，他们不一定比别人做得好，但是，因为起步早，他们有更多的机会调整错误。

可以毫不夸张地说，世界上许多富翁都是从"小商小贩"做起的。只有扎扎实实地从小事情做起，这样从事的事业才会有坚实的基础。如果凭投机而暴富，那么来得快，去得也快。钱赚得容易，失去得也容易。

1.做个有心人,生活将会给你最大的回报

贤者有言,一个人到处分心,就一处也得不到美满的结果。 ——乔叟

所谓"有心",是指一种专注状态。在这种状态下,生活中的所思所想和大脑中储存的创造知识进行交融,经过潜伏或构想阶段的积极思考,在大脑中便会进一步建立起许多暂时的联系和信息间的组合,通常这些联系是微弱的、不明确的,并处在下意识中。而当思维受到外界的刺激或启发,某些联系突然加强并显现出来,这就是灵感。

如果我们在思考过程中能抓住灵感到来的这一契机,将诱发出来的灵感思维内容加以更深入的分析研究,则会出现智力上的跃进和思维上的升华。

现实生活中,许多人往往对表面上微不足道的瞬间现象,以一种未认真考虑的解释将它忽略过去,从而错过机遇。而那些有心人恰恰抓住这个机遇,进而赚大钱,创大业。

1.亚默尔卖水

19世纪中叶,美国加州掀起一股淘金热。17岁的亚默尔也随着淘金热潮来到加利福尼亚,想碰碰财运。他穷得买不起船票,只得跟着大篷车风餐露宿奔向加州来。

一大群淘金者,穷得叮当响,却又怀着强烈的发财欲望,在这样的浪潮之中,上哪里去找金子呢?亚默尔因地制宜,别出心裁地想了一个主意。

原来,矿山里气候干燥,又没有水源,找金子的人最痛苦的是没水喝。这一需要是伴随淘金的第一目标出现的。许多人一边寻金矿,一边抱怨:"要是有一壶凉水,老子给他一块金币。"

"谁要是让我痛饮一顿,老子出两块金币也干。"其他人也有同感。

亚默尔是一个有心人,这些找矿人的牢骚,给了他一个非常有用的信息。他想,如果卖水给淘金者们喝,也许比找金子赚钱更快。于是,他放弃了寻找金矿这个众多竞争者的目标,开始挖水渠引水,经过过滤,制成了清凉可口的饮用水。他把水装进桶里、壶里,卖给找金矿的人们。

开始有不少人嘲笑他,说上加州来本是为了挖金子、发大财,干这种蝇头小利的生意,干吗要背井离乡跑到加州来。种种嘲笑、讥讽,亚默尔并不在意,仍然继续卖饮用水。

谁能想得到,他竟然在很短时间里,靠卖水赚了 6000 块美金,这笔钱在当时是非常可观的。

2.董事长整理小情报

从中东战争爆发,到后来的石油危机所呈现的紧张状态,所有的中东首脑人物都严厉地指责欧美各国的亲以色列政策,助长了侵略的野心。沙特阿拉伯石油部长亚曼尼,甚至公开言明:"以石油为战略物资,来打击西方各国。"类似这些情报,虽然经常只是占据报端的一角,但将导致的严重后果却为一些细心的人注意到,因而能在危机来临之前抓紧时机做好准备工作,不致遭受太大的打击。类似此种不惹眼的小情报,到处皆是,而其所导致的后果则相当严重。我们必须有锐利的眼光,才能在发生"突然"事变时,视之为"必然"结果。有位公司的董事长,他经常仔细地分析别人未曾注意到的小情报,并在石油危机发生之前,妥善地拟定了防卫措施,在其他企业公司相继倒闭的情况下,他仍然能一枝独秀地蓬勃发展。这便是具有先见之明的最佳例证。

3.谷仓里的金表

一个农场主在巡视谷仓时不慎将一只名贵的金表遗失在谷仓里,他遍寻不获,便在农场门口贴了一张告示,要人们帮忙寻找,找到者赏 100 美元。

人们面对重赏的诱惑,无不卖力地四处翻找,无奈谷仓内谷粒成山,还有成捆成捆的稻草,要想在其中找寻一块金表如同大海捞针。

人们忙到太阳下山仍没有找到金表,他们不是抱怨金表太小,就是抱怨谷仓太大,稻草太多,他们一个个放弃了 100 美元的诱惑。只有一个穿破衣的小孩在众人离开之后仍不死心,努力寻找,他已整整一天没吃饭,希望在天黑之前找到金表,解决一家人的吃饭困难。

天越来越黑,小孩在谷仓内坚持寻找,突然他发现一切静下来后有一个奇特的声音"滴答、滴答"不停地响着。小孩顿时停止寻找。谷仓内更加安静,滴答声响十分清晰。小孩循声找到了金表,最终得到了 100 美元。

成功如同谷仓内的金表,早已存在于我们周围,散布于人生的每个角落。只要用心去寻找,专注而冷静地思考,我们就会听到那清晰的滴答声。

4.父子变废为宝

第二次世界大战期间,在奥斯维辛集中营有一个犹太人对儿子这样说:"我们现在唯一的财富就是智慧。当别人说 1 加 1 等于 2 时,应该想到大于 2。"纳粹党在奥斯维辛毒死 50 万人,父子俩却幸运地活了下来。

1946 年,父子来到美国,在休斯敦开了间铜器店做铜器生意。1966 年,父亲死了,儿子独自经营铜器店。他做过铜鼓,做过瑞士钟表上的簧片,做过奥运会的奖牌。他曾把 1 磅铜卖到 3500 美元,这时他已是麦考尔公司的董事长。然而,真正使他扬名的是纽约州的一堆垃圾。

1974 年,美国政府为清理翻新自由女神像所扔下的废料,向社会广泛招标,但好几个月过去了,没人应标。正在法国旅行的麦考尔公司董事长听说后,立即飞往纽约,看了看自由女神像下堆积如山的铜块、螺丝和木料,未提任何条件,当即就签了字。

许多人对他的这一愚蠢举动暗自发笑。因为在纽约州,垃圾处理有严格的规定,弄不好会受到环保组织的起诉。就在一些人等待着要看这个得克萨斯人的笑话时,他开始组织工人对废料进行分类。他让人把废铜熔化,铸成小自由女神像;他把木头加工成底座;他用废铅和废铝做成纽约广场的钥匙。最后,他甚至把从自由女神像身上扫下来的灰尘包装起来,出售给花店。不到 3 个月,这堆废料在他手中变成了 350 万美元。

正如越危险的地方越安全一样,越是大家都觉得不屑一顾的东西在有头脑的人看来,可能越是隐藏着巨大的商机。

随着时间的流逝,只要能察知蛛丝马迹,或琐碎事务的关联性,则一定能预先得知将来的巨大变化。所以从此刻起,不论你是坐在公共汽车内,或在街上行走，都要不失时机细心留意身边的琐事，并根据所得的小情报，加以分析、整理，必定能比别人稍胜一筹。

生活是最好的老师，只要你是一个"有心人"，善于把注意力集中在最小的地方，生活就一定会给你最大的回报。

2 先人一步掌握致富信息,谁快谁赢得财富

快鱼吃慢鱼,大鱼吃小鱼。

——面对残酷的竞争,谁的速度快谁就将占据先机

只要你时刻保持敏锐的触觉,善于捕捉信息,将会从中受益。

被人称为"香港假发业之父"的刘文汉的致富之路说起来真有些令人难以置信。

一次,刘文汉在与美国朋友的交谈中,意外得知假发在美国很有市场。刘文汉立刻调研市场前景,看清假发市场的广阔前景,立即着手准备制造假发的原料来源和制作人员、制作工艺。当时香港有人利用从印度和印尼进口的真发制成各种发型的发髻,成本相当低廉,而成品售价却高达 300 港币。刘文汉经过一番估量,当即做出重大决策,决定在香港创办"假发"工厂,目光瞄准美国市场。

他请来专门替粤剧演员制造假须假发的师傅,并对传统的假发制作工序进行现代化改造,购进制造假发的机器和原料。终于,第一批假发被生产出来了。当刘文汉拿着自己公司制造的新型假发向美国的假发市场行销时,市场上的经销商们简直不敢相信这样质地优良的假发会是香港的工厂制造的。因为在此之前,香港还没有一家像样的假发制造厂,美国进口的假发大多数是由法国工厂制造的。

美国的假发市场对刘文汉公司生产的假发质量非常满意,老总们纷纷和他签订合同,每月共进货 1000 个,每个价格是 500 港元,仅是法国同类制品的1/3。第一炮打响后,消息不胫而走,订货单迅即雪片似地飞来,刘文汉的钱袋迅速鼓起来,很快就成了香港的一大富豪。一年之后,香港出就出现了 300 家

假发制造厂,雇佣工人数千名。在20世纪60年代的10年里,香港假发的出口总值高达10亿港元之巨,在香港制品出口中占第四位。刘文汉当选为香港假发制造商会的主席,并被誉为"假发业之父"。

刘文汉从起步到成功的时间跨度相当地短,可谓是一步登天,而他的秘密法宝却很简单,那便是比别人快一步抓住时机,创造财富。

还有一些信息资源,在当时看起来并不一定是有用的,但它却有其潜在的价值。如果你能够具备分析能力、预测能力,挖掘出它的价值,你就有可能比他人先一步获得成功。

木村原本是日本一家公司的小职员,工资不多。因此,他整天满脑子想的就是如何发财致富。一天,他从报纸上看到了这样一条消息:

美国正在大量普及使用一种自动售货机,这种售货机不需要人看守,一天24小时都可以销售商品,它给人们带来了极大的方便。专家估计,随着时代的进步,这种新的售货方式必将会大受欢迎,消费者也会很快接受这种方式。

木村看完这条消息后仔细琢磨着,他认为现在日本还没有一家公司经营自动售货机,而将来日本必然会进入自动售货的时代。

他就立即行动起来,向亲戚朋友筹款借钱购买自动售货机。经过一番努力,他筹集到了30万日元。他用这笔钱买了20台自动售货机。他把这20台自动售货机安放在酒吧、影剧院、车站、码头等人流量大的地方,里面放了一些酒水、饮料、流行杂志等。

一个月下来,木村就足足挣了100多万日元。他马不停蹄,又用这100多万日元购买了更多的自动售货机,扩大经营规模。5个月的时间,他还清了各种借款并净赚近2000万日元。

其他人看到木村的自动售货机赚钱,也跃跃欲试准备加入这个行列。这时他又想:如果很多人都来干这个行业,竞争势必导致两败俱伤。既然有很多人要从事这个行业,那么就一定需要更多的自动售货机。于是他决定:制造自动售货机。

他立即投资办了一家工厂,生产的自动售货机一上市,立即受到消费者的热烈欢迎,很快就成了畅销产品。木村因此发了大财。

随着科学飞速发展,"争分夺秒"已不能精确显示时间的紧迫性。运动场上,无论相差 0.1 毫米还是 0.1 秒,毫厘之差,结果就是天渊之别!因为这决定了谁是纪录的创造者。

比如短跑第一名与第二名有时相差仅 0.1 秒;又比如赛马,第一匹马与第二匹马相差仅半个马鼻子(几厘米),但是,冠军与亚军所获得的荣誉与财富却相差极大。

关键时刻一秒值万金。

一个人的宝贵财富来自于紧紧抓住时间。只要记住时间就是效率、时间就是金钱、时间就是一切,你就会合理地运用的。

在当今社会中,谁快谁赢得机遇,谁快谁赢得财富。贝尔在研制电话时,另一个叫格雷的人也在研究。两人同时取得突破。但贝尔在专利局赢了,比格雷早了两个钟头。当然,他们两人当时是不知道对方的,但贝尔就因为这 120 分钟而一举成名,誉满天下,同时也获得了巨大的财富。格雷呢? 少有人知。

总是比别人慢半拍的人是成不了大器的。由于你在思维、眼力、行动上比别人慢,那么,成功就永远属于别人,而你自己得到的只是残羹冷炙。聪明的人不随大流,目光独到,在别人还没"睡醒"之前就已经行动了。

在某一领域的"领袖",几乎都是起步比较早的人,他们不一定比别人做得好,但是,因为起步早,他们有更多的机会调整错误。

早起的鸟儿有虫吃。卓越的成功者在做每一件事时都要比别人早一步,都要比别人更迅速地掌握未来的动态、资讯和走向。"奥迪风波"也许可做这一观点的注脚。

1986 年,中国第一汽车制造厂决定向美国克莱斯勒公司提出合作意向,该公司没有作任何背景调查,便武断地认为中方的合作对象非它莫属,于是在谈判中提出了苛刻的条件和高昂的要价,致使谈判不得不中断。此时德国大众汽车公司董事长哈恩博士正在中国访问,得知这一消息后,便坦诚地表示愿与中国一汽合作。克莱斯勒公司董事长李·亚科卡听到了这个消息后,赶忙向中方表示只要一汽与他们合作,他们只象征性地收取一些技术转让费,可惜为时已晚,一汽已与德国大众签订合约,开始生产备受中国消费者青睐的"奥迪"汽车了。试想,假如当初亚科卡对形势估计得当,并当机立断,那么现在在中国大街上跑的就是克莱斯勒轿车而非"奥迪"了。

成功者都非常积极活跃,在他们心目中也许并没有很多明确的目标,但是他们感觉敏锐,变动得非常快,以行动作为自己的方向,尝试新的途径,接受新的信息,能先于别人下手,所以,经过一番奔波忙碌之后,必然能取得某些有价值的成就。

3.小商品大生意,小生意赚大钱

做生意要随着形势的变化而变化。做小生意,在于勤;做大生意,要看政治观局势。

——潘洪江

1.收易拉罐的富翁

沈阳有个以拾破烂为生的人,名叫王洪怀。有一天他突发奇想:收一个易拉罐,才赚几分钱。如果将它熔化了,作为金属材料卖,是否可以多卖些钱呢?于是他把一个空罐剪碎,装进自行车的铃盖里,熔化成一块只有一块指甲大小银灰色金属,然后花了 600 元在市有色金属研究所做了化验。化验结果出来了,这是一种很贵重的铝镁合金! 当时市场上的铝锭价格,每吨在 14000 元至 18000 元之间,每个空易拉罐重 18.5 克,54000 个就是 1 吨。这样算下来,卖熔化后的材料比直接卖易拉罐要多赚六七倍的钱。他决定收易拉罐熔炼。

为了多收易拉罐,他把回收价格从每个几分钱提高到每个一角四分钱,又将回收价格以及指定收购点印在卡片上,向所有的拾荒者散发。一周以后,王洪怀到指定地点一看,只见一大片货车在等他,车上装的全是空易拉罐。这一天,他回收了 13 万个,足足两吨半。

他立即办了一个金属再生加工厂。一年内,加工厂用空易拉罐炼出了 240 多吨铝锭他三年内,他赚了 270 万元。他从一名拾荒者一跃而为百万富翁。

2.港商在不起眼的蜡烛上做文章

蜡烛是很普通、很简单的产品,在欧美国家里并没有引起厂商的注目,至于那些跨国公司更不把它放在眼里了。可是,在庆祝圣诞、婚礼、生日的时候,欧美人出于风俗的需要,要大点蜡烛,以增加节日气氛。港商抓住这一市场空缺,大量生产出口蜡烛,大做蜡烛生意,垄断了全世界市场。20 世纪 70 年代以来,香港出口蜡烛一直为全球之冠。

3.尿布大王

日本尼西奇公司董事长，从公布的人口普查资料中看到日本一年生育250万人，决定经营尿布。只几年工夫，其公司生产的尿布不仅占领了日本市场，而且打入了国际市场，销售量占世界市场总量的1/3。他成了有名的"尿布大王"，发了大财。

4.小年纪大头脑

11岁的男孩大卫，想买一部三速自行车，但他替人割草扫叶所得，离自己的目标仍然很远。

冬令初寒，路面冰结之日，他刚刚清理完炉灰，就看见一部车子，车轮拼命滚动，想爬上门前山坡。这就使他想到了一个主意，在当地报纸刊出广告如下：

"炉灰——圣诞节最佳礼品。送给雪地驾车的朋友，有意想不到之妙用：怀恩城0.15美元一袋，其他地区0.25美元。请电告怀恩城——2771。"

广告刊出后，存货立即脱手。买主大都是些玩世不恭的人，想找一些新奇的圣诞礼物送给亲友。因此几天后，大卫又刊登广告：

"炉灰——圣诞节使光顾诸君向隅，至感歉疚。现有新货应市。请即购买一袋置之车厢，以备冰天路滑时使用。"

第二天怀恩城大雪纷纷，一直持续了一个星期。一时订单如雪片飞来。最后生意兴隆得影响到大卫的功课。他的母亲快刀斩乱麻不允许大卫再只顾生意不顾功课了。可是到了这个时候，大卫和妹妹两人都已各拥有一辆崭新三速自行车了。

5.一律一便士

马克斯·李斯本森公司是英国老字号连锁企业，已有一百多年的历史，公司的创始人叫迈克·马克斯。

1881年，俄国沙皇亚历山大二世被刺后，他随成千上万的犹太人逃到英国。他身上只有几个卢布，想做个小本生意糊口，可这位创业者不会说一句英语，还被英国货币的兑换弄得头昏脑胀。当时英国用的是便士、先令和英镑，

一个先令为 12 个便士，一个英镑为 20 个先令，马克斯在很长时间里都弄不清这些换算关系。

他做了一个用皮带套在脖子上的托盘，盘里放的货物都是 1 便士可买几件的妇女用品，如针、线、扣子、飘带、小梳子等。他在托盘前面请人用英语写了一句话："一律一便士。"买东西的人拿起货物，放下一个便士就可以了。这一办法免去了他找钱的麻烦，并且价钱也便宜，他的营业额与日俱增，利虽微，却多销。

后来，他把托盘改成了摊位，由流动式变为固定式，从一个摊位到几个摊位，最后发展到十家小铺子。1884 年，他和一个朋友合资，正式亮出了"马克斯·李斯本森公司"的牌子，形式也从一个托盘发展成超级连锁公司。

小生意也能赚大钱，而且任何大事都是从点滴的小事做起的，"薄利多销"是生意经营的一种行之有效的手段。

4.珍惜赚来的钱财，富翁从不浪费每一个小钱

我以省钱为乐，当买到一样东西，倘若花的钱比别人少，我便会像中彩一样乐不可支。

——美国富豪彼得·艾恩

一次，李嘉诚上车前掏手绢时，带出一块钱的硬币掉在地上。天下着雨，李嘉诚却执意要从车下把硬币捡出来。

后来，旁边的一名侍者为他捡回了这一块钱，李嘉诚付给他100块的小费。

他说：那一块钱如果不捡起来，被水冲走可能就浪费了，这100块却不会被浪费，钱是社会创造的财富，不应该被浪费。

只有珍惜自己赚的每一分钱，才会得到更多的财富。

许多人向全巴比伦最有钱的阿卡德询问致富的方法。阿卡德问他们："假如你拿出一个篮子，每天早晨在篮子里放进10个鸡蛋，每天晚上再从篮子里拿出9个鸡蛋，最后将会出现什么情况？""总有一天，篮子会满起来，"有人回答，"因为我每天放进篮子里的鸡蛋比拿出来的多一个。"阿卡德笑着说："致富的首要原则就是在你放进钱包里的10个硬币中，顶多只能用掉9个。"

这个故事告诉我们一个很简单的道理：要想致富，就必须学会积累。只有不断积累，你才可能让你的钱包鼓起来。当你能控制你的支出不超过你所得的十分之九，你的生活仍然可以过得很舒适。钱包经常瘪着的人，金子是不会进他的门的。

你知道为什么有的人总是悲叹自己没有变得富裕起来吗？那就是因为他花掉了自己所有的收入。

美国有不少企业家富可敌国,但是却很勤俭。在美国有些有钱人吃得起山珍海味,但是并不排斥廉价的快餐。世界头号富翁比尔·盖茨过去就常吃快餐,他对《花花公子》杂志说过,"要找人谈对快餐文化的深刻理解,你们找我就行了。"有一次,比尔·盖茨和一位朋友开车去希尔顿饭店。到了饭店,发现停了很多车,普通车位很紧张,而旁边的贵宾车位却空着不少。朋友建议把车停在那儿。

"噢,这要花 12 美元,可不是个好价钱。"盖茨说。

"我来付。"朋友坚持道。

"那可不是个好主意,他们超值收费。"

在盖茨的坚持下,他们最终还是找了个普通车位。

盖茨最讨厌物不等值,对应花的钱,他从不小气,看看他那些为慈善机构捐款的数字就知道了。

美国的约翰·洛克菲勒拥有亿万家产,是世界排得上号的大富翁,可是他平时的生活十分节俭。他因商务外出,总是投宿比较便宜的旅馆。一次,他到纽约,在某饭店住宿时选了一间很便宜的房间,饭店经理知道他是大名鼎鼎的洛克菲勒后,不解地问:"您的儿子到我这儿总要住最好的房间,而您怎么只住这么便宜的房间?"洛克菲勒听后微微一笑,风趣地说:"这没有什么奇怪,我儿子的父亲是百万富翁,而我的父亲却不是。"

是洛克菲勒小气吗?当然不是,而是他懂得,不重视小钱的人,无法获得大钱。

一分钱在有些人看来微不足道,但它却是财富得以生长的种子。如果我们要享受鲜花的芬芳,吃上新鲜的蔬菜,我们就必须播种,把种子播种在肥沃的土壤里,细心地呵护。我们必须去播种,才会有收获。每一个硬币都是一棵财富之树的种子,是我们人人都羡慕、人人都渴望拥有的财富之树的种子。如果你幻想自己拥有一棵这样的树,如果你想年老的时候可以过上安逸的生活,你就要理智地行动起来,积小流可以成江海。我们一定要明白,财富的积累是从每一个硬币开始的,聪明的人绝不会因为钱小而抛弃它,他们知道任何一种成功都是从一点一滴积累起来的,没有这种心态就不可能得到更大的财富。

　　王永庆是靠自己努力，白手起家的台湾大企业家，他经营庞大的台塑公司，有丰厚的资产。然而，王永庆十分节俭，有一天，王永庆对他的秘书说："我用的牙签只有一头是尖的，而市面上有一种牙签两头是尖的，哪一种比较便宜？"他的秘书回答说："两头尖的比较便宜，你的牙签一头尖，另一头刻花，比较贵。"王永庆听后，马上告诉秘书说："以后就买两头尖的牙签，可以两边使用，又便宜。"王永庆的节俭源于他儿时的贫困。王永庆童年的生活中很少有饱食的一天，他时常因为肚子饿而摘路边的石榴吃，一直吃到肚子痛为止。后来王永庆发迹了，但他始终没有忘记儿时的困苦，他坚信：浪费就是一种罪恶。

　　王永庆的一条旧毛巾，一直使用了 27 年，舍不得扔掉。他的太太拿了一条新毛巾想给王永庆换一换，但王永庆却说："既然能凑合着用，又何必换新的呢。就是一分钱的东西也要捡起来加以利用，这不是小气，是一种精神，是一种警觉，一种良好的习惯。"

　　在香港被人们称为"红色资本家"的霍英东，平时生活节俭，不抽烟，不喝酒，他一日三餐的主粮是芋头粟米，可他拨出 10 亿元设立了"霍英东基金"，每年捐款一亿元给大陆。被誉为"爱国工业家"的蒋震，他认为"家无三代富"，他不将自己的财富交托后人，反而愿意与所有中华同胞一起来分享他辛苦一生的成果。他将个人拥有震雄 74.4%，市值 8 亿港元的股份捐出来，设立了"蒋氏工业慈善基金"。被称为"船王"的包玉刚生前崇尚简朴，每天坚持把吃剩的菜放在冰箱里，下顿热热再吃。外孙吃剩一半的苹果，包夫人悄悄吃掉，从不浪费。一次包夫人给女儿膝盖处补了两块补丁，女儿噘起嘴不愿穿，妈妈告诉女儿："你瞧，你爸睡衣上也打了被丁呢！"这位船王省吃俭用，却将成亿的捐款支援祖国的建设，他多次回故乡宁波建大学、办工厂、修机场。

　　如霍英东、包玉刚等富起来的大老板，不当守财奴，不把金钱作为自己崇拜的偶像，而只把它当作造福社会的有用之物。他们在创造物质财富的同时，不忘创造精神财富，这是一种品德，也是一种智慧。

　　简朴不是生活小事，这些淡泊物欲享受的人与其说他们懂得享受朴素，能保持淡泊宁静、利于致远的境界，毋宁说是崇高伟大的追求，使他们自然而然地选择了与之和谐的朴素的生活。

俭朴的人，生活单纯，懂得集中心力；他们不奢侈浪费，深知无欲则刚的道理。俭朴使一个人能集中心力和财力，去创造更多有益于社会大众的事业。无论是企业家或慈善家，他们都深谙此道。作为一个普通的人，俭朴更是知足常乐之道。所以勤俭是我们中国人一向重视的生活智慧。今天还提勤俭，是否显得不合时宜，不入潮流？未必如此。

节俭是我们亟待恢复的生活智慧。近几十年来，大家是辛苦的，我们胼手胝足地努力创造，才有今日的成就。我们用了数十年的时间，在田里、在工厂、在海边、在山中努力工作，造就了今天的经济奇迹。过去的生活水准是低水平的，现在提高了；过去的建设是简陋的，现在不论在软件、硬件建设方面都有相当人的进步。

今天，在新的形势下，我们应该让自己更勤奋。不只要恢复劳动上的努力，更要在科技上去发挥；不只是回到田里去工作，而是在多元化的社会中，在各自工作岗位上努力；不只是像过去那样，单打独斗的"打拼"，更要群策群力地合作；不只是在科技硬件上建设，更要在软件、文化上下工夫；我们不只是寻回过去的朴实之风，更要有博雅的风气。总之，不只是要恢复节俭的习惯，更要有节俭的新价值观念。

5.大钱小钱都要赚，莫以利少而不为

司机挣钱见人就拉，会计用钱笔下生花，"大师"挣钱台上比划，娃娃用钱就喊爹妈，女人用钱男人身上刮，医生挣钱在病人肚皮上划。

——个别人的挣钱之道和捞钱之术

不少人都有这样的愿望，总梦想自己有朝一日财源滚滚而来，潇洒地做一回大老板。但大多数人终其一生，却难以梦想成真。这是什么原因呢？是因为他们赚钱心太急切了。小钱不想赚想挣大钱，看不到小溪汇集在一起能积聚成大海。

日本明治时代有名的船舶大王河村瑞贤，年轻时好长一段日子无所事事，在家赋闲无聊。后来生活日渐拮据，他想："我不能这样贫穷下去，应该干一番事业来。"于是他拿出少许钱给乞丐，叫他们到处去拾人家丢掉的生菜，然后卖给贫穷的劳工们。当他开始做这项生意时，不少人讥笑他，讽刺他，甚至有的朋友拒绝与他来往。而河村根本不在乎这些，他拼命地干起来。他认定这些"小钱"是他事业的全部基础。没过几年，河村又投资船舶业，成了著名的船舶大王。

河村瑞贤正是有一种细致、认真，不耻于从小事做起，不耻于赚"小钱"的做法，使他日后财源滚滚。如果我们抓住身边的小钱，不让赚钱的机会从身边溜走，莫以利小而不为，由小钱到大钱，终有一天我们也会拥有大钱的。

李嘉诚是赫赫有名的房地产巨头，但他的成功也是从做小事开始的。1950年，他决心学做生意。他用自己节衣缩食省下来的钱开设了一家专门生产玩具和家庭用品的小塑料厂。刚开始，大家也嘲笑他，说他没出息。的确，那家小厂根本没有使李嘉诚赚到钱，惨淡经营了几年，李嘉诚也就赚了吆喝声。但

细节·源于细节的财富

是,李嘉诚对这样的"小事"始终孜孜不倦,做起来极为认真。通过锻炼,他积累了丰富的经验。上世纪50年代后期,李嘉诚终于抓住了机遇,取得非凡的成功。

从前,有一个日本男孩,家境贫寒,小学没有毕业,就到自行车行当学徒。来修车的人有时会叫他去买香烟。当时,从车行到卖香烟的地方,要跑十几分钟路,这个小孩非常勤快,每次都高高兴兴地去,高高兴兴地回来,从没表现出不满的情绪。久而久之,他跟香烟铺的老板熟了,才知道,如果一次买一条烟,全部卖出后就可以赚1包烟的钱,而且从此他就不用去一包一包地买烟了。他就照这样做了,时间一长,他卖烟的收入超过了做学徒的薪水。长大后,他用所积蓄的钱,投资生产他自己研制出来的自行车灯,发了大财。他又用所赚来的钱,投资当时日本正在兴起的电子工业,终于有了自己的大事业。这个男孩的名字叫松下幸之助。

美国佛罗里达州的一名13岁学生萨和特,他曾经替人照看婴儿以赚取零用钱,留意到家务繁重的婴儿母亲经常要紧急上街购买纸尿片。于是他灵机一动,决定创办打电话送尿片公司,只收取15%的服务费,便会送上纸尿片、婴儿药物或小件的玩具等东西。他最初给附近的家庭服务,很快便受到左邻右舍的欢迎,于是印了一些卡片四处分送。结果业务迅速发展,生意奇佳,而他又只能在课余用单车送货,于是他用每小时6美元的薪金雇用了一些大学生帮助他。现在他已拥有多家规模庞大的公司。

1996年被美国《财富》杂志评定为美国第二大富豪的巴菲特,被公认为股票投资之神。他也是以"小钱"起家的典型。巴菲特在11岁就开始投资第一只股票,把他自己和姐姐的一点小钱都投入股市。刚开始一直赔钱,他的姐姐一直骂他,而他坚持认为持有三四年才会赚钱。结果,姐姐把股票卖掉,而他则继续持有,最后事实证明了他的想法是对的。

巴菲特20岁时,在哥伦比亚大学就读。在那段日子里,跟他年纪相仿的年轻人都只会游玩,或是阅读一些休闲的书籍,而他却大啃金融学的书籍,并跑去翻阅各种保险业的统计资料。当时他的本钱不够又不喜欢借钱,但是他的钱还是越赚越多。

1954 年他如愿以偿到葛莱姆教授的顾问公司任职，两年后他向亲戚朋友集资 10 万美元，成立自己的顾问公司。该公司的资产增值 30 倍以后，1969 年他解散公司，退还合伙人的钱，把精力集中在自己的股市投资上。

巴菲特从 11 岁就开始投资股市，历经几十年坚持不懈。因此，他认为，他今天之所以能靠投资理财创造出巨大的财富，完全是靠近 60 年的岁月，慢慢地创造出来的。巴菲特的经历告诉我们，财富的扩张需要一个不断积累的过程。创业时不一定非得等到资金全部到位才去动手。这不但会错失良机，也使创业的计划搁浅。有时，只要善于把握机会，再小的钱也会起到很大的作用。

可以毫不夸张地说，世界上许多富翁都是从"小商小贩"做起的。只有扎扎实实地从小事情做起，这样从事的事业才会有坚实的基础。如果凭投机而暴富，那么来得快，去得也快。钱赚得容易，失去得也容易。

事实上，很多成大事、赚大钱者并不是一走上社会就取得如此业绩，很多大企业家就是从伙计当起，很多政治家是从小职员当起，很多将军是从小兵当起，人们很少见到一走上社会就真正"做大事，赚大钱"的！所以，当你的条件普通，又没有良好的家庭背景时，那么"先做小事，先赚小钱"绝对没错！

五 忽视细节的代价

　　为什么有些人做事总是免不了犯各种错误呢？究其原因，或是由于观察得不仔细，或是由于思想的不缜密，或是因为缺少足够的理智，或是因为行动的粗劣。

　　"差不多"心理在我们的生活中普遍存在。有的领导要求一位员工将手中的工作做细，换来的回答却是："差不多就行了，何必那么认真呢？"从某种意义上说，"差不多"所反映出来的是做事不认真、不负责任、对自己要求不够严格。

　　一个细节的失误，造成前功尽弃、满盘皆输的结果。世界上的大企业的倒台，有许多不是因为大事件，而是在小事上栽了跟头。

1.所有的意外,都是由疏忽细节引起的

关于细节的不等式：100-1≠99；100-1=0，功亏一篑，1%的错误会导致100%的失败。

——工作中一连串的失误势必在某一天酿成大祸，这绝不是危言耸听

有些人能够爬上高达百丈的大树,却在不到一丈的小树上失足跌了下来。攀登高处的时候,因为知道高,心里有了万全的准备,所以不容易疏忽;小树使人对它失去戒心,心情松懈,就不免大意了。所以,所谓危险,不在树的高低,而是在精神的弛紧。工厂工人受伤的比例,做了一两年的熟手,远比初来的生手要高得多。

所有的意外,都是由疏忽细节引起的,而习惯性的自信,却是造成这些小小疏忽的最大原因。谁又能估计世间因为"不小心"而造成生命的损失、人体的伤害和财产的损失呢? 往往由于某些工作人员小小疏忽,造成车辆倾覆,房屋焚毁,丧失许多宝贵的生命。铁轨上的小小裂痕,或是车轮上的一些毛病,会遭覆车之祸,伤害许多生命;因为不小心随便扔一根燃着的火柴,扔一个香烟头,结果竟然星星之火得以燎原,使得一城一镇的房屋遭到焚毁。人们往往注意大事却疏忽细节,但谁知道闯大祸的就是那些琐碎的细节!

因疏忽而造成的大灾祸,其后果令人触目惊心、惊心动魄! 比如由于商店员工工作时的不小心——包扎货物时的不小心,应付顾客时的不小心,而使商店失去的顾客和金钱,不知有多少。由于铁路员工的疏忽,扳道工和机车司机、机械工的不谨慎,使无数乘客丧失了生命。

有人开车手艺不错,已有多年驾龄,但他开车时总是小动作不断,比如点根烟、换盘 CD、和骑车的熟人打个招呼等等。旁人说他他不听,反而说:"我艺

高人胆大,没事。"结果有一次,他在一座立交桥上连人带车从桥上冲了出去,原因再平常不过:在高速急转弯的同时,他伸手去扶了一下快要倒的矿泉水瓶。

不要以为那些潜伏着危险的不良习惯只是件小事,不要觉得你的本事大,别人眼中的危险事对你而言没有什么大不了的,总有一天,它就会找上你的门,开始袭击你。因为看似一些极微小的事情,却有可能造成重大事件。

范仲淹说:"先天下之忧而忧,后天下之乐而乐。"与人同忧,与人同乐,一个人能做到这个地步就不错了,可是当你追求成功时也只做到这种地步,这样就不及格了,多少要有先忧后乐的精神。"忧",不只是担心挂念,广义的解释应该包括思考、创新和构想。所以"先忧"的意思就是比他人先一步思考、创新和构想。每个人都不是十全十美的,如不能完全做到"先忧"的要求,也至少要有这一念头。

在工作中,精确与对工作的忠诚是一对孪生兄弟。一个员工做事精确的良好习惯,其重要性要远远超过他的聪明和专长。

为什么有些人做事总是免不了犯各种错误呢?究其原因,或是由于观察得不仔细,或是由于思想的不缜密,或是因为缺少足够的理智,或是因为行动的粗劣。

工作中绝对的正确和精细,是从事任何职业的重要资本。有了这种资本,自然会受到器重,会得到信任。

现在我们所处的时代,物质高度文明,社会生活安定,人们不需要为最基本的生存问题而发愁了。然而,谁也保证不了在风和日丽的春天,不能响起晴空霹雳。因而,我们时时要有忧患意识,做到"居安思危,有备无患"。

如果每一个人能把自己的全副心思放在工作上,人人都能谨慎小心地工作,那么不但生命的丧失、身体的损伤、物质和金钱的损失,可以比现在大大地减少,而且人们的人格与品质,也会有一个极大的提升。

2.差不多心理要不得,久而久之你将一事无成

最好,不是因为最好所以我们怀念不已,而是因为永远失落了,我们只能用怀念召唤它们,所以才能成为最好。

　　　　　　　　　　　　　　　　　　　　　——台湾导演侯孝贤

胡适先生早年写过一篇《差不多先生传》的文章,这是一篇带有寓言性的讽刺作品。"差不多"反映了办事马虎、不认真、不负责、敷衍了事的通病。胡适先生这样写道:

你知道中国最有名的人是谁?提起此人可谓无人不知,他姓差,名不多,是各省各县各村人氏。你一定见过他,也一定听别人谈起过他。差不多先生的名字天天挂在大家的口头上,因为他是全国人的代表。

"差不多先生"的相貌和你我都差不多。他有一双眼睛,但看得不很清楚;有两只耳朵,但听得不很分明;有鼻子和嘴,但他对于气味和口味都不很讲究;他的脑子也不小,但他的记性却不很精明,他的思想也不很缜密。

他常常说:"凡事只要差不多就好了,何必太精明呢?"

他小的时候,妈妈叫他去买红糖,他却买了白糖回来。妈妈骂他。他摇摇头道:"红糖和白糖不是差不多吗?"

他在学堂的时候,先生问他:"直隶省的西边是哪一个省?"他说是陕西。先生说:"错了。是山西,不是陕西。"他说:"陕西同山西不是差不多吗?"

后来他在一个钱铺里做伙计,他也会写,也会算,只是总不精细,"十"字常常写成"千"字,"千"字常常写成"十"字。掌柜的生气了,常常骂他,他只是笑嘻嘻地说:"'千'字比'十'字只多一小撇,不是差不多吗?"

有一天,他为了一件要紧的事,要搭火车到上海去。他从从容容地走到火

车站，结果迟了两分钟。火车已在两分钟前开走了。他白瞪着眼，望着远去的火车上的煤烟，摇摇头道："只好明天再走了，今天走同明天走，也还差不多。可是火车公司未免也太认真了，8 点 30 分开同 8 点 32 分开，不是差不多吗？"他一面说，一面慢慢地走回家，心里总不很明白为什么火车不肯等他两分钟。

有一天，他忽然得了一种急病，叫家人赶快去请东街的汪大夫。家人急急忙忙地跑去，一时寻不着东街的汪大夫，就把西街的牛医王大夫请来了。"差不多先生"病在床上，知道寻错了人，但病急了，身上痛苦，心里焦急，等不得了，心里想道："好在王大夫同汪大夫也差不多，让他试试看吧。"于是这位牛医王大夫走近床前，用医牛的法子给"差不多先生"治病。不一会儿，"差不多先生"就一命呜呼了。

"差不多先生" 要死的时候，断断续续地说道："活人同死人也差……差……差……不多……凡事只要……差……差……不多……就……好了，何……何……必……太……太认真呢？"他说完这句格言，方才绝气。

他死后，大家都很称赞"差不多先生"样样事情都看得破、想得通，大家都说他一生不肯认真，不肯计较，真是一位有德行的人，于是大家给他取了个死后的法号——圆通大师。

后来，他的声名越传越远，越久越大。无数人都以他为榜样，于是人人都成了一个"差不多先生"——然而，中国从此就成了一个懒人国了。

胡适先生这篇《"差不多"先生传》再现了这样一个哲理，怀着"差不多"心理为人处世、说话办事，最后只能一事无成，含恨离世。

这绝不是危言耸听，"差不多"心理在我们的生活中普遍存在。有的领导要求一位员工将手中的工作做细，换来的回答却是："差不多就行了，何必那么认真呢？"从某种意义上说，"差不多"所反映出来的是做事不认真、不负责任、对自己要求不够严格现象。

在工作中，你可能觉得自己做的和别人做的比起来差不多，以为那样就足够了，但你的上司、你的老板心中有数，你的顾客心中也有数。你一定会因为你的勤奋或懒惰赢得或失去晋升的机会，你也会因为你态度的好坏而赢得或失去客户。

"差不多"心理要不得！我们每个人、做每件事,都要努力避免陷入这个误区当中去,而应该像戴尔·卡耐基那样,将答案精确到每个数字。

一个年轻人应聘临时职员,工作任务是为这家招聘公司采购物品。在一番测试后,只剩下这个年轻人和另外两名优胜者成为竞争对手。

面试的最后一道是笔答题。题目为:假定公司派你到某工厂采购 2000 支铅笔,你需要从公司带去多少钱?

第一名应聘者给出的答案是 120 美元。主持人问他是怎么计算的。他说,采购 2000 支铅笔可能要 100 美元,其他杂用就算 20 美元吧! 主持人对此未表态。

第二名应聘者给出的答案是 110 美元。他解释道,2000 支铅笔需要 100 美元左右,另外可能需用 10 美元左右。主持人同样没表态。

最后轮到这位年轻人。主持人拿起他的答卷,见上面写的是 113.86 美元。见到如此精确的数字,主持人不觉有些惊奇,立即让应试者解释一下答案。

这位年轻人说:"铅笔每支 5 美分,2000 支是 100 美元。从公司到这个工厂,乘汽车来回票价是 4.8 美元;午餐费是 2 美元;从工厂到汽车站为半英里,请搬运工人需用 1.5 美元……因此,总费用为 113.86 美元。"

主持人听完,欣慰地笑了。这名年轻人自然被录用了。

这名年轻人是谁? 他就是后来成为美国人际关系学专家的戴尔·卡耐基。

3.把眼光放在远处,切勿因小失大

人生没有彩排,每天都是现场直播。　　　　　　——一位电视人的感慨

一只蝴蝶在巴西煽动翅膀,有可能会在美国的得克萨斯引起一场龙卷风。

这就是洛伦兹在 1979 年 12 月华盛顿的美国科学促进会的一次讲演中提出的"蝴蝶效应"。这次演讲和结论给与会人员留下了极其深刻的印象。从此以后,所谓"蝴蝶效应"之说就不胫而走,名声远扬了。

"蝴蝶效应"之所以令人着迷、令人激动、发人深省,不但在于其大胆的想象力和迷人的美学色彩,更在于其深刻的科学内涵和内在的哲学魅力。

从科学的角度来看,"蝴蝶效应"反映了混沌运动的一个重要特征:系统的长期行为对初始条件的敏感依赖性。

经典动力学的传统观点认为:系统的长期行为对初始条件是不敏感的,即初始条件的微小变化对未来状态所造成的差别也是很微小的。可混沌理论向传统观点提出了挑战。混沌理论认为在混沌系统中,初始条件的十分微小的变化经过不断放大,对其未来状态会造成极其巨大的差别。

有一个参加长跑比赛的选手每天都在不知疲倦地跑步。有一次,他的鞋里灌满了沙子。选手匆匆把鞋子脱下,胡乱地把沙子倒出,便又急急地继续奔向前程。可是有一粒沙子仍然留在他的鞋里,在他以后的路程中,那粒沙子磨着他的脚,使他走一步,疼一步。

即使这样,长跑选手也没有停下把鞋子脱掉,抖出那粒磨脚的沙子,而仍是匆匆前行,因为他担心日落西山时赶不到住宿地。

在痛苦中,选手终于赶到了那个地方。天晚了,疲乏的他忘了脱去鞋取出沙子便沉沉入睡了。第二天,天刚微亮他便急急启程奔向新的目标。

就这样，在痛苦中疲惫，又在疲惫痛苦中启程。直到有一天，在离终点不远的地方，因脚痛难忍，他不得不止步，最后放弃了比赛。

当被懊丧、痛苦包围着的他忍着揪心的痛把鞋脱掉时，他发现让自己痛苦了几天并放弃比赛的竟然只是一粒沙子。

因为一粒沙子而放弃一次比赛，这是一个耐人寻味的教训。这样的教训在现实生活中比比皆是。

2003 年 1 月 16 日美国"哥伦比亚"号航天飞机升空 80 秒后发生爆炸，飞机上的 7 名宇航员全部遇难，世界一片震惊。事后的调查结果表明，造成这一灾难的罪魁祸首竟是一块脱落的泡沫。一块泡沫的脱落看似是一件小事，而这件小事的发生肯定是源于某个部门、某位领导，甚至是某个设计师的不重视细节。

在发射卫星方面，我国的技术处于世界前列，有着多次成功的经验，但澳星却在发射中爆炸了。后来披露的原因是：配电器上多了一块 0.15 毫米的铝片。

举世闻名的金融业——巴林集团有着两百多年的历史，却因为一个叫里森的小职员在新加坡疯狂投机而宣告破产。

一个细节的失误，会造成前功尽弃、满盘皆输的结果。世界上的大企业的倒台，有许多不是因为大事件，而是在小事上栽了跟头。

美国质量管理专家菲利普·克劳斯比曾说："一个由数以百万计的个人行为所构成的公司，经不起其中 1%的行为偏离正轨。"

现代化的大生产，涉及面广，场地分散，分工精细，技术要求高，许多工业产品和工程建设往往涉及几十、几百甚至上千个企业，有些还涉及几个国家。这就需要从技术和组织管理上把各方面的细节有机地联系协调起来，形成一个统一的系统，从而保证其生产和工作有条不紊地进行。在这一过程中，每一个庞大的系统是由无数个细节结合起来的统一体，忽视任何一个细节，都会带来意想不到的灾难。

对于善于做人与谋事者而言，他们通常的做法是：把眼光放在远处，从长远利益考虑问题，力戒因小失大。凡是成大事者一定要牢记这样的例子，在生活、工作、事业之中养成注意细节的习惯，从而成就一番事业。

4.小节伤大雅，边幅该修还得修

差错发生在细节，成功取决于系统。

——比尔·马瑞特

不拘小节常被人看作是大度潇洒的表现：大礼不辞小让，做大事的人哪顾得了那些鸡毛蒜皮的小事？

错矣。知道吗？大事全部是由不起眼的小事组成的，唯有把每件小事做好，才有可能做成大事业。更何况，许多生活社交上的所谓小事也许不会给你带来明显的财富收入，但却是一个人修养素质的全部体现，是一个人潜在的形象及人际资源方面的投资。

托尼在美国一家保险公司任高级精算师，受一家保险公司之邀，前去商谈一些可能合作的培训项目。托尼提出与地方的保险经理们见个面，以便更好地了解该地的保险业市场。托尼的要求得到了满足，在某保险经理人的会客室，托尼见到了几个重要的负责人。处女座的托尼非常注重细节和卫生，而那天会见的人，却着实给托尼留下了一个"难忘的第一印象"。他说："那个主要负责人热情地坐在我身边，专注地介绍着保险业的前景，而我的视线却无法离开他的鼻子，我根本没有听进去任何内容，我的思维全被那'红杏出墙'的鼻子占领了！只要一看他的脸，我就产生强烈的欲望——要替他剪掉那扰乱我思维的鼻毛。我试图忘却他的鼻毛，把目光和注意力移到他头部以下的部位，却又看到他肩上落着白花花的一层头屑，我忍不住要作呕。为了礼貌，我只好又把目光放在他脸上。整个上午，我的大脑中只有两个画面——黑鼻毛、白头屑。待到中午吃饭时，我生怕自己被安排在他身边，借口讨论技术坐在另一个负责人身边。"如此不注意个人卫生的人，给客户留下的影响也就不言而喻了，而凭着这样的影响，即使生意谈妥了，你还指望会有下次吗？

有的人也许腰缠万贯，但却言辞卑鄙，举手投足好像个下里巴人；有的人口袋里没几个钱，衣着打扮也非名牌，但就是举止大方，气度不凡，让人不敢小瞧。比如说走路这样一个再平常不过的行为，有的人走路时低头驼背，无精打采，有的人则挺胸抬头，气度轩昂；有的人在左摇右晃或连蹦带跳，有的人则端庄大方、沉稳干练，等等。同样的道理，站姿、坐姿、吃相、着装等无一不向别人传递着你的修养品味、性格学识等多方面的信息。

小乔和小A是同一天来到这家著名广告公司应聘美编的。单从两个人的作品上看，技术水平不相上下。小乔在思路方面略胜一筹，因为她在广州有过3年的工作经验，两个人一起参加试用，但最后只能留下一个。

小乔上班时间从来都是一身T恤短裤的打扮，光脚踩一双凉拖，也不顾电脑室的换鞋规定，屋里屋外就这一双鞋。不管是在工作台前画图，还是在电脑前操作，只要活干得顺手，一高兴起来准把鞋踢飞。刚开始，同事们还把她的鞋藏起来，和她开玩笑，后来发现她根本不在乎，光着脚也到处乱跑。相反小A是第一次工作，多少有点拘谨，穿着也像她的为人一样——文静、雅致，带着少许灵气，她从来不通过怪发型、亮眼妆来标榜自己是搞艺术的，只是在小饰物上展示出不同于一般女孩的审美观点来，说话温温柔柔的，很可爱。

有一天中午，电脑室的空气中忽然飘出腥臭味道，弄得一班人互相用猜疑目光观察对方的脚，想弄清到底谁是"发源地"。后来，大家发现窗台下面有窸窸窣窣的响声，原来那里放着一个黑色塑料袋，有胆子大的打开来一看，居然是一大袋海鲜。众人的目光不约而同地集中在小乔身上，没想到她坦坦荡荡地说："小题大做，原来你们是在找这个。嗨，这可怪不得我，这里的海鲜只能算是海臭，一点都不新鲜，简直比广州的差远了。"这时小A端过来一盆水："乔姐，把海鲜放在水里吧，我帮你拿到走廊去，下班后你再装走。"小乔一边红着脸，一边把袋子拎走了。

结果呢，试用期才过了两个月，小乔背包走人，尽管她的方案比小A做得要好，但是老板不想因为留下这样一个太不修边幅的人，而得罪一大批其他雇员。临走的时候，老板对小乔说："你的才气和个性都不能成为你搅扰别人心情的原因，也许你更适合一个人在家里成立工作室，但要在大公司里与人

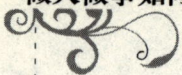

相处,该修边幅还得修。"

不要以为小节无伤大雅,相反要注意从小处入手,树立自己良好的形象,全方位地完善自我,最终使自己登上大雅之堂。

5.不要讳疾忌医,不要害怕承认错误

脸丑不要怪镜子。

——克雷洛克

春秋战国时期,有一位叫扁鹊的医生去进见蔡桓公,发现其面色难看,就要求为其治病。可蔡桓公为了不让别人知道他的病,坚决不治,以至于疾病从皮肤蔓延到肌肉,到肠胃,再到骨髓,最后死于本可以治愈的皮肤病。几千年以来,不乏为蔡桓公叹息者,如果他当初听取扁鹊的意见,就算是没有感觉到不适也应该让医生看一下,那结果可能就大不一样了。平时生活中看似很细微的事情,就是这样毫不留情地影响着整个事态的发展,也许它只是无数块砖头中的一块,却导致了整座大楼的倒塌;也许它只是一个棋子,却影响了整盘棋局的输赢;也许它只是蔡桓公身体里的一粒癌细胞,却让一个活生生的人命丧黄泉……

从孩提时代起,父母和老师就开始教导我们:要敢于承认自己的错误和缺点。可真要做到这一点并不那么容易。如今我们有些人已经是为人父母,也时时在教育自己的孩子:别怕认错。但自己总是做不到这一点,这让人想起来难道不好笑吗?

一旦我们做错了事情或者是暴露了缺点,即使我们深知自己确实错了,我们还都很容易想到通过掩饰把它隐藏起来。但是,所谓纸包不住火的,尤其很多错误都是当着公众的面就更难逃脱群众雪亮的眼睛,一味地掩饰只能导致欲盖弥彰。因为你要去掩盖第一个错误,必然要用一些非常手段,不得已犯下第二个错误,旧的蛛丝马迹可能不见了,但却留下新的线索……依此类推,终会形成一个错误链,使你的神经越来越脆弱,担心某一处的薄弱而使你的整个帝国随之崩溃。

终有一天,人们不仅认识到你的错误,你的缺点,而且对你的人格提出质疑,你的信任度会立刻下降,你整个人的价值也会随之贬值。假如我们势必要因为自己的错误和缺点遭受责备时,为什么不先发制人,自己责备自己?这样难道不比让别人责备好得多吗?听自己的批评,不比忍受别人的斥责容易得多吗?为什么我们不学会善待自己?

本田宗一郎是日本著名的本田车系的创始人。在日本乃至整个世界的汽车制造业里,本田宗一郎可谓是一个重量级人物。

但没有人是十全十美的。1965 年,在本田技术研究所内部,人们为汽车内燃机是采用"水冷"还是"气冷"发生了激烈争论。本田是"气冷"的支持者,所以新开发出来的 N360 小轿车采用的都是"气冷"式内燃机。

1968 年在法国举行的一级方程式冠军赛上,一名车手驾驶本田公司的"气冷"式赛车参赛。在跑至第三圈时由于速度过快导致赛车失控,赛车撞到围墙上后油箱爆炸,车手被烧死。此事引起了本田"气冷"式 N360 汽车的销量大减。技术人员要求研究"水冷"式,仍被本田拒绝。一气之下,几名主要技术人员准备辞职。

本田公司的副社长藤泽感到事态严重,就打电话给本田本人:"您觉得您在公司是当社长重要,还是当一名技术人员重要?"本田在惊讶之余回答:"当然是当社长重要。"

藤泽毫不留情地说:"那就同意他们去搞水冷引擎。"本田省悟出来,毫不犹豫地说:"好吧!"后来几个主要技术人员开发出适应市场的产品而使公司的销量大增。这几个当初想辞职的技术人员均被本田委以重任。

1971 年,本田公司步入了良性发展的轨道。一天,公司的一名中层管理人员西田与本田交谈时说:"我认为公司中层领导都已经成长起来,您是否考虑一下该培养接班人了?"西田的话很含蓄,但却表明了要本田辞职的意愿。

本田一听,连连称是:"您说得对,不提醒我倒还忘了,确实该退下来了,不如今天就辞职吧!"由于涉及移交手续问题,几个月后本田便把董事长的位子让给了河岛喜好。

一个人无论地位多高或者拥有多么巨大的成就,都不可避免地会犯这样或那样的错误。能够虚心听取下属与自己主张相反的意见，当下属提出要求让自己辞职时不会认为下属有夺位之嫌，这两件小事就足以决定本田人生境界的高尚。

第二部分 心 态

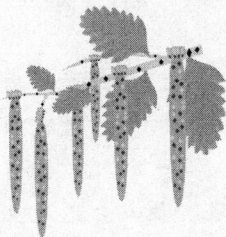

写在前面的话

很多人坚持自己旧有的思想，但总是没有得到他想要的结果，别人问他："现在得到了想要的结果了吗？假如得到了，表示你的思想很正确；假如没有，表示你的思想需要改进。"他说："现在没有得到我要的结果。"别人再问："你不断地抱着同样的想法，当然不断地产生同样的结果。你希望产生不同的结果，但是没有改变思想，反而还坚持你过去的想法，这叫什么？"他说："这叫做冥顽不灵，食古不化。"

你过去的想法要是能帮你成功的话，那你就早已成功了。你现在为什么不替换一下成功者的思想，来帮助你成功呢？以这样实事求是的精神来检验你自己的心态，才是一个成功者的必备态度。

很多人想要人际关系更好，收入更高，或者更健康，更成功，也知道不管想达到什么结果，这些结果都必须通过行动来完成，但就是疏于行动。要有更好的行动，就必须做出更好的决定，然而要有更好的决定就必须先有更好的思想。

心态决定了我们所说的话，我们所产生的行为，我们对别人的态度，我们所做的决定，换句话说，心态决定一切。举例来说，今天你看到一个人很讨厌，对他态度不好，是因为你看他不顺眼，虽然你和他之间并没有什么深仇大恨，原因在于那个人的长相你不喜欢。长相不好，为什么你对他态度就不好呢？原来你有一种以貌取人的心态。

认为自己一定会成功的人，凡事都非常积极与乐观，一旦他掌握住机会，就会毫不犹豫地立刻行动，即使行动遇到挫折，他依然抱着积极乐观的想法，认为世界上没有失败，只有成功的暂停。于是，这种人经常再试一次，坚持到底，最后走向成功。成功之后，他又会更加坚信"我一定会成功"。

一个"我一定会成功"的思想会导致自己的成功。成功后，再度坚持我一定会成功，进入了生命中的成功循环线，所以成功会导致成功。

相反，一个认为"我做什么都不会成功"的人，做事消极被动，又悲观，经常犹豫不决，不敢行动，就算行动，遇到挫折也会立刻放弃，导致他总是失败，失败后他又更加确信自己"做什么都不会成功"的信念。

一个人"会失败"的信念会导致自己的失败，然后再度坚信自己会失败，他就会进入生命中的失败循环线。

成功的想法导致成功，失败的想法导致失败。一台电脑没有软件就是废铁，一个人没有思想就是白痴。一个人的头脑中没有成功的思想，又如何能够成功呢？所以，我们看到很多人认真负责、吃苦耐劳、省吃俭用，到了五六十岁仍然一事无成，都是因为他们缺乏积极的心态、正面的信念。

大部分人都有太多的负面思想，凡事都喜欢往坏处想，也都有太多的负面言谈，每天不是批评这个，就是抱怨那个，不是认为自己这个不行，就是觉得那个办不到。这也难怪，大部分人都过着不理想的生活，这就是原因所在。而对你来说，你必须每天问自己：我今天有哪些思想？我现在有哪些思想？这些思想会造成哪些后果？这种后果是不是我想要的？假如不是，那我要什么样的结果？我必须怎样想，才能得到我想要的结果？假如你能经常这样，养成自我分析的习惯，你的人生一定会有大的改变。成功的人士都是这么做的，积极的心态改变了他们的一生。

曾经有两个囚犯，从狱中望窗外，一个看到的是满目泥土，一个看到的是万点星光。面对同样的际遇，前者持一种悲观失望的灰色心态，看到的自然是满目苍凉、了无生气；而后者持一种积极乐观的红色心态，看到的自然是星光万点、一片光明。

人的一生，就像一趟旅行，沿途中有数不尽的坎坷泥泞，但也有看不完的春花秋月。如果我们的一颗心总是被灰暗的风尘所覆盖，干涸了心泉、黯淡了目光、失去了生机、丧失了斗志，我们的人生轨迹岂能美好？而如果我们能保持一种健康向上的心态，即使我们身处逆境、四面楚歌，也一定会有"山重水复疑无路，柳暗花明又一村"的那一天。

而且，就现实的情形而言，悲观失望者一时的呻吟与哀号，虽然能得到短暂的同情与怜悯，但最终的结果是别人的鄙夷与厌烦；而乐观上进的人，经过长久的忍耐与奋争，努力与开拓，最终赢得的将不仅仅是鲜花与掌声，还有那些饱含敬意的目光。

虽然，每个人的人生际遇不尽相同，但命运对每一个人都是公平的。因为窗外有土地也有星星，就看你能不能磨砺一颗坚强的心，一双智慧的眼，透过岁月的风尘寻觅到辉煌灿烂的星星。先不要说生活怎样对待你，而是应该问一问自己，你怎样对待生活。

一　积极心态

　　你的人生，是由你自己创造的。如果你的内心有积极的看法和信念，那是你所创造的；如果你内心的看法和信念是消极的，那也是你所创造的。

　　每个人必须随时提醒自己，把"不"字去掉，就只剩下"能"了。这就是每个人真正去想的方式，想自己远离失败。如果"不能"这个词在心中扎根，就会招致许多烦恼。

　　人海茫茫，要不时地看一下自己是否还在。要学会不断地激励和塑造自己。

　　潜能成功学家安东尼·罗宾说："面对人生逆境或困境时所持的信念，远比任何事都来得重要。"这是因为，积极的信念和消极的信念直接影响创业者的成败。

1.影响人生的不是环境,是心中的信念

碰到挫折时,我告诉自己:它里面一定藏了一个宝贝是你看不见的。

——台湾地区著名出版家郝明义

"人不是注定要被打倒的",这是海明威的著名格言,它代表一种高度整合的人格信念。如果说世界上真的存在神话的话,看来非信念莫属:我们的一切活动,都离不开信念的作用。

我们经常以为一个人的成就深受环境的影响,有什么样的遭遇就有什么样的人生。其实这是错误的想法,影响我们人生的绝不是环境,也绝不是遭遇,而得看我们对这一切有什么样的信念。

艾森豪威尔曾担任过美国总统,对于他来说,一生有两个大转折点,一个转折点是当选为总统,一个转折点是他在 13 岁时遭遇的一次灾难。这次灾难,对于艾森豪威尔来说,意义非常巨大,是他自己把自己从死神手中抢救了回来。

13 岁时,一次,在放学回家的路上,艾森豪威尔一不小心摔了一跤,当时只是擦破点皮,连疼痛的感觉都没有。可到了晚上,那膝盖突然疼了起来。第二天早晨,他的腿已经疼得非常厉害,但他仍默默无语,照例按时起床上学。第三天早晨,他的腿疼得连走路都十分困难,他母亲发现了,看到他那条肿得不能脱下靴子和袜子的腿,伤心地哭了:"你怎么不早说呢?"母亲一边用刀把靴子和袜子从他的脚上割下来,一边哭喊着去叫医生来。医生看了看艾森豪威尔的那条腿,连连摇头:"太晚了,只能锯掉这条腿了。""不!"他大叫起来,"我不让你锯,除非我死!"医生无奈地离开了房间,艾森豪威尔忍着伤痛对他哥哥说:"如果我神志不清的话,千万不要让他们锯我的腿。你要替我发誓,发

誓！"哥哥答应了他的要求，两天两夜一直守护在他身旁。他的体温越来越高，并开始胡言乱语。全家人都守在他的身边，含着眼泪看着他痛苦顽强地挣扎着。

医生一次次过来，又一次次回去。最后，出于一种无助而又无奈的气愤，医生大喝一声："你们都在看他死！"可是，奇迹偏偏在不久后发生了。当医生又一次过来时，他看到了一个惊人的变化，艾森豪威尔的那条肿胀的腿正在消退下去。三个星期后，他终于战胜了腿残和死亡的危险，奇迹般地站了起来。

有两位年届70岁的老太太，对于未来也因为不同的信念而有了不同的人生。一位认为到了这个年纪可算是人生的尽头，于是便开始料理后事；然而另一位却认为一个人能做什么不在于年龄的大小，而在于是怎么个想法。于是她给自己定下了一个更高期望，在70岁高龄之际开始学习登山，随后的25年里她一直冒险攀登高山，其中几座还是世界上有名的。最后她还以95岁的高龄登上了日本的富士山，打破攀登此山年龄最高的人的纪录。

由上述例子可见，不是环境也不是遭遇能够决定个人的一生，而得看他们对于这一切赋予什么样的意义，也就是说他有什么样的认知，这不仅会决定他的现在也决定他的未来。人生到底是喜剧收场还是悲剧落幕，是丰丰富富的还是无声无息的，就全在于这个人到底抱着什么样的信念。

信念何以对我们的人生产生这么大的影响？事实上它可算是我们人生中追求快乐、避开痛苦的引导力量。当我们在人生中发生任何事情时，脑海里便自然会浮现两个问题：一是这件事对我是快乐还是痛苦（或者说是好还是坏）？二是此刻我们得采取什么行动，才能避开痛苦或得到快乐（或趋吉避凶）？这两个问题的答案如何，就全得看我们所持的是何种思考信念。

罗杰·罗尔斯是美国纽约州历史上第一位黑人州长，他出生在纽约声名狼藉的大沙头贫民窟。他不像其他在这儿出生的孩子，从小只知道逃学、打架、偷窃甚至吸毒，长大后无法从事体面的职业。罗杰·罗尔斯不仅考入了大学，而且成了州长。

在就职记者招待会上，一位记者对他提问：是什么把你推向州长宝座的？面对众多记者，罗尔斯对自己的奋斗史只字未提，只谈到了他上小学时的校

长——皮尔·保罗。

　　1961 年,皮尔·保罗被聘为诺必塔小学的董事兼校长。有一次,皮尔·保罗看着贪玩的罗尔斯的小手说:"我一看你修长的小拇指就知道,将来你是纽约州的州长。"当时,罗尔斯大吃一惊,因为长这么大,只有他奶奶让他振奋过一次,说他可以成为 5 吨重的小船的船长。这一次,皮尔·保罗先生竟说他可以成为纽约州的州长,着实出乎他的预料。他记下了这句话,并且相信了它。

　　从那天起,"纽约州州长"就像一面旗帜指引着罗尔斯,他的衣服不再沾满泥土,说话时也不再夹杂污言秽语。他开始挺直腰杆走路,在以后的 40 多年间,他没有一天不按州长的身份要求自己。51 岁那年,他终于成了纽约州州长。

　　是信念让罗杰·罗尔斯成为州长。信念是每个人都可以靠自己的力量获得的,相信自己,相信自己的信念,信念就能把你引向奇迹。

　　你的人生,是由你自己创造的。如果你的内心有积极的看法和信念,那是你所创造的;如果你内心的看法和信念是消极的,那也是你所创造的。

2.消除心中的恐惧，平静地面对

生活里如果有阴影，不论是来自身体或精神的，谨记：正视它，清除它，不要隐瞒，更不要逃避。

——新加坡作家尤金

对我们的大脑来说，一般存有两股力量，一股力量使我们觉得自己天生是做伟人的；另一股力量却时时提醒我们："你办不到！"这样一对矛盾的内部力量的斗争，在我们遇到困境与失败时，会变得更加激烈。我们每个人最大的敌人是自疑和害怕失败。它们经常扯我们的后腿，不让我们去尝试，或在失败后给我们以打击；它们吸取我们的能量，使得我们只能使用真正的能力的一小部分。

在许多时候，在我们的征途中，我们会觉得一切都完了，像生活走到了尽头，像人生的音乐从自己的生活中消失了，但是音乐依然在我们心中。不论在什么时候，不论在哪里，也不论我们的环境如何，我们的遭遇有多么的不幸，生活的音乐始终不会不见。它在我们的内心里面，只要我们注意听，我们就会发现它的美妙。

华盛顿·欧文说："消极思考的人会因为生活的不幸而变得胆小和畏怯，而积极思考的人则只会因此而振作起来。"人，一旦降临这个世界，便陷入动荡不安的境遇之中，悲哀、愤怒、忧虑、愧疚和烦恼可能会不间断地困扰着每个人，给人们的精神套上沉重的枷锁。面对现实的挑战，你能抵御消极情绪的袭击吗？你能征服烦恼吗？你能够主宰自己吗？

回答是肯定的。只要你相信：问题的症结就在于你的认知评价系统。

农产品推销员辛巴克以不同品种的玉米做实验，设法制造出一种松脆的爆玉米花。他终于培育出了理想的品种，可是没有人肯买，因为成本较高。

"我知道只要人们一尝到这种爆米花,就一定会买。"他对合伙人说。

"如果你有这么大的把握,为什么不自己去销售?"合伙人回答道。

万一辛巴克失败了,他可能会损失很多钱。在他这个年龄,他真想冒这个险吗?他雇用了一家营销公司,为他的爆米花设计名字和形象。不久,辛巴克就在全美国各地销售他的"美食爆玉米花"了。今天,它已成为世界最畅销的爆米花,这完全是他甘愿冒险的成果,他拿了自己所有的一切去做赌注,换取他想要的东西。

"我想,我之所以干劲十足,主要是因为有人说我注定会失败,"辛巴克平静地说,"那反而使我下决心要证明他们错了。因为,我相信我会成功。"

困境不可怕,困境给人宝贵的磨炼机会。只有禁得起环境考验的人,才能算是真正的强者。辛巴克正是抱着不屈不挠的精神,终于从困境中挣扎着奋斗过来了。

乌利希斯是悉尼医学院神经病学与生物学行为学系的副教授。早在前几年,医学专家就告诉乌利希斯,他活不了多久了。但乌利希斯以坚定不移的希望和决心,否定了医生的预言。多年来,他坚持治疗的自我处方就是:维生素 C 加上积极的想法、快乐、幽默和希望。

乌利希斯 39 岁时,为了购买保险而去检查身体,心电图表明他有冠状动脉阻塞迹象。保险公司拒绝为他保险。医生告诉他只能再活一年半,而且还得放弃工作和体育活动,成天呆坐不动才行。

乌利希斯不愿意改变他那种极活跃的生活方式。他情愿以锻炼来保持心脏健康,决心为了生存下去另辟新路。

7 年后,他还活着。但又得了另一种致命疾病——僵直性脊椎炎。他又开始设计一个大胆的自我治疗程序:大量服用维生素 C 和自我实行"幽默疗法"。他每天看滑稽电影和幽默读物。他后来说:"我高兴地发现,10 分钟真正的捧腹大笑能起到一种麻醉作用。至少能让我有两个小时摆脱疼痛睡上一觉。"

乌利希斯认为,消极的力量,如紧张、压力等都会使身体衰弱,而积极的力量,如快乐、爱情、信念、欢笑、希望等都能使身体健康。

66 岁时,乌利希斯第三次和死神展开了较量。当时他心脏病发作了。他深知在紧急情况下不能惊慌,所以他告诉自己:首要的是情绪别激动,要平静,相信自己能支持下去,一切都会好的。因此,他又平安地度过了这次危机。

当我们身处困境时,也应该像乌利希斯那样,对生活更加乐观、更加充满希望,只有这样才能消除心中的恐惧,平静地面对困难。

精彩的花花世界,漫长的成功之路,未必都充满称心如意的事情,倘若可以没有任何苦恼和忧虑,平平安安地享受太平,就是求之不得了。然而,世事总不能如愿,有时候如坐愁城,有时候一筹莫展,陷入进退维谷的绝境。尽管如此,人才能在悲叹之中,领略到成功的奥义;置身绝境,人才能领悟到生活的真滋味。

凭借智力去了解,固然重要,但亲身去体验才是关键。盐巴的味道,必然尝过才能知道。"置身绝境"是"亲身体验"的珍贵机会。明白这点,面临艰难就勇气倍增、精力充沛。

3.必须随时提醒自己,把不可能变成可能

低头要有勇气,抬头要有底气。　　　　　　　——有"气",啥事都能办

过去人们比喻"不可能",会说"除非水往高处流","难于上青天",那是因为没有发明抽水机、飞机和宇宙飞船。世上本没有不可能的事,只是还没有找到方法而已。

对于能否完成某件事,虽然缺乏经验,但是能肯定地说:"一定能做到",这称作可能思考,它并不是依据过去的经验或自身的条件来决定,而是由自己脑子里正在思考的事物所决定的。意识的力量是无穷无尽的,学会掌控自己的意识就学到了节奏。

"心态"的强弱,从某种意义上说是决定一个人成与败的重要因素。

马丁博士还是一个小孩子的时候,学校里有一位令他难忘的好老师。他常常会突然无缘无故地停下讲课,走到黑板前写下两个好大好大的字:"不能。"然后转过头来,笑问全班同学:"我们该怎么办?"同学们就会高高兴兴地对他说:"把'不'字去掉。"老师拿起黑板擦,把"不"字擦掉,"不能"就变成"能"了。

每个人都需要这样的教导,每个人必须随时提醒自己,把"不"字去掉,就只剩下"能"了。这就是每个人真正去想的方式,想自己远离失败。如果"不能"这个词在心中扎根,就会招致许多烦恼。

如果你总是在说"能",把消极思想所带来的灰尘污垢去掉,每天都以清醒的头脑开始新的一天,这种智慧、清晰的思想将会引导你走上成功之路。

汽车大王福特一生中完成了许多"不可能完成的计划",著名的 V8 型汽车就是用积极心态征服物质世界的杰作。

当福特要求工程师们在一个引擎上铸造 8 个完整的汽缸时，那班目瞪口呆的工程师们一起反驳："这是不可能的事啊！"

"尽管大胆去做，"福特不作辩解，命令道，"不管花费多少时间，你们都要把任务完成。"

这班工程师毫无选择，只好照着老板的命令去做。半年后，工作毫无进展，年底时，工程师们沮丧地告诉老板：的确无法完成这项计划。

"继续做，"福特不急不躁地说，"我就是需要这种车子，我一定要得到它。"

工程师们只能再作进一步的研究。过了一段时间，他们好像突然被一股"神秘的力量"击中，找到了制造 V8 型汽车的关键窍门。

是什么令 V8 型汽车"从无到有"？是什么使"不可能"的计划"奇迹"般地成功？是亨利·福特心态的力量。

只要心态积极，就没有不可能的事情！

有这样一个故事，主人公叫布朗，他的生活充满挫折，但他把自己面临的所有问题看成成功的转机。布朗在公司当兼职雇员，干得不错，后来妻子同他一起从事这一项工作。

然而不幸降临，儿子染上重病，家里房子起火，公司经营不善，妻子同事纷纷退职，情况越来越糟。

正在这祸不单行之时，布朗的母亲又突然生病。他认为那样的日子是他人生中的灾难。但他没有灰心，他认为这是他生活的转折点，是他决定驾驭自己的生活并取得成功的时候。布朗和妻子商量，布朗继续做生意，妻子则出去工作。在沉重的生活压力下，他们又开始了工作。一点一点，一天一天，一次还一点债，他们终于熬过来了。

是什么力量促使布朗重新振作起来？是心态的力量，是不甘心失败的决心，是不找借口开脱的决定。他发现自己梦想成为成功者的能力，甚至是当社会的每一个标准都表明他是彻底的失败者的时候，他有了动力而且坚持到最后，并取得成功。

痛苦的事故或个人重大的挫折，经常是成长与改善的机会。许多人表示，

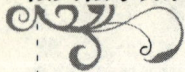

经历生活的打击,对他们如同当头棒喝,结果他们就觉醒了。

　　大部分人会说这套理论太玄妙、太理想化,在崇尚唯物主义的世界里,这个观点近乎荒谬。正因为如此,"大部分人"都是普普通通,他们的思想从社会学、统计学的角度是"正常的",但他们不是成功者。

　　改造命运、不为群体意识所绊、不被"不可能"这类词汇难倒,常常是"绝少数人"的思想和行为。一件件曾被认为"不可能"的事在他们手中变为可能。他们天生就是成功者。

　　你愿意过"大部分人"那"正常"的生活呢,还是想拥有"绝少数人"那"不正常"的成功生命?假如选择后者,学会运用自己意念的力量吧。过去人们认为只有鸟儿能在天空飞翔,莱特兄弟用自己丰富的想象力把没有翅膀的人类送上了天空。现在人们只能看到太阳从西边落下,有充分想象力的你或许能为人类找到一个能看到太阳从西边升起的星球居住,谁知道呢?

4.不要小看自己，人的潜能是巨大的

我们每个人的心里，都有一个害怕的场。这个场，不要太大，太大了我们畏畏蒽蒽，就太委屈了自己的岁月；这个场，也不可太小，太小了就容易人在边缘，演出不该上演的节目。　　——著名作家毕淑敏谈人生之"怕"

心态对于一个人的成功有着重要的作用，有一个积极的心态比什么都重要。

在某医院的一个病房里，医生遗憾地对一对夫妻说："这个孩子不能活了。"这个刚生下来两天的婴儿因为先天不足,很可能会夭折。但是父亲不相信自己的孩子会这样死去,他坚定地回答:"这个孩子会活下去！"不仅如此,他立刻开始行动起来！他委托一位儿科医生照料这个孩子，这位医生同样具有积极的心态,他抓住每一个让孩子康复的可能进行治疗,出乎第一个医生意料的是,经过一个星期紧张的治疗,这孩子确实活了！

相反,曾经有一位 62 岁的建筑工程师,一天当他下班回到家里,上床就寝时,突然感觉胸痛,呼吸急促。他的妻子非常惊慌,她怀着希望为丈夫按摩,试图增强他的血液循环。但是,这位工程师还是死去了。工程师死后,这位妻子绝望地对她的母亲说:"我再也不能活下去了！"结果,这位妻子由于经受不住心理上的打击,也死了。

同样是面对疾病,父亲和医生积极自信的心态让生机渺茫的婴儿健康地活了下来,但是消极的心态却夺去了工程师妻子的生命,可见拥有一个积极的心态是多么重要。

但是更重要的是我们千万不要小看自己,你要知道,人的潜力是巨大的。这一点和上面传述并不矛盾,我们只有在充分认识自己的优缺点之后,扬长避短,才能发挥我们的潜能。

小王是在"移民热"最热时去的美国,到了那里之后才知道美国只是有钱人的天堂,对穷人而言只是地狱。

但他不屈服,他一边打工赚钱,一边自学。第二年,当他在得克萨斯州当一名剪草工人的时候,偶然看到一则招聘采购人员的广告。他去应聘了,本来他很担心自己的英语不行,他抱着试一试的态度去了。很幸运,他被录取了。最后,面试官说:"我们这个工作需要常常出差,所以要自己有车子,会开车。你有车子,会开车吗?"虽然他不会开车,也没车子,但他还是说:"会,有。"

回去之后,他借了别人的车子学开车。四天之后,他开着朋友的车子来报到。

如果当初他回答说"不"的话,他就不可能获得工作,更不可能有后来令人艳羡的成就。

尝试着令你感兴趣的每一样东西,这样才能找到更适合你的工作。多走一点路,对你是没有害处的。

有一位年少有为的企业家,事业一片大好的时候,却因为身体的原因突然变得意志消沉,他悲观地认为自己要死了,甚至每天开始规划自己死后公司和家庭应该怎样安排,每天沉浸在这种死亡的阴影里,他的情绪越来越低落,身体健康状况也越来越差。这时候一位医生给他做了认真检查,发现他的症状只是经常感到呼吸急促,心跳很快,喉咙梗塞。医生在综合分析了他的情况之后,建议他暂停手上的工作,用一颗积极的心去面对轻松悠闲的生活。这位企业家听从了医生的建议,在家里休息了一段时间,但是由于恐惧,他的心里仍不安宁。他的呼吸变得更加急促,心跳得更快,喉咙仍然梗塞。这时医生劝他到一个风景秀丽的景区去度假,或许高山大川能够帮助他。但遗憾的是,他去的景区虽然有使人健康的气候,壮丽的高山,但仍不能阻止他陷入对死亡的恐惧,一周后,他回到家里,绝望地开始迎接死神的到来。他的家人看到这种状况,把他带到了一个著名的心理学家面前。心理学家对他说:"我给你写一个诊所的地址,你到那里去,你可以彻底弄清病情,不会有比这更差的结果的,不是吗?"这个诊所的医生给他做了全面检查,然后医生告诉他:"你生病的主要原因是吸进了过多的氧气,当你感觉到呼吸困难、心跳加快的时候,你可以向一个纸袋里呼气,或暂且屏住气息。"医生递给他一个纸袋,于是他顺从地按照医生的建议呼气,结果他的心跳和呼吸变得正常了,喉咙也不再梗塞了。几个月以后,他不再恐惧,病症也随之消失。当面对疾病的时候,除了常规的治疗,一个聪明的办法是坚持用积极的心态去面对,这样才能击败压力。

以下是消除胆怯的方法:

1.加强紧迫感

阿耐斯曾写道:"沉溺生活的人没有死的恐惧。"自以为长命百岁无益于你享受人生。然而,大多数人对此视而不见,假装自己的生命会绵延无绝。唯有心血来潮的那天,我们才会筹划大事业,将我们的目标和梦想寄托在幻想之上。其实,直面死亡未必要等到生命耗尽时的临终一刻。事实上,如果能想象我们的弥留之际,会产生一种再生的紧迫感觉,这是塑造自我的重要一步。

2.加强排练

先"排演"一场比你要面对的局面更复杂的战斗。如果手上有棘手活而自己又犹豫不决,不妨挑件更难的事先做。生活中挑战你的事情,你就可以用来挑战自己。这样,你就可以开辟一条成功之路。成功的真谛是:对自己越苛刻,生活对你越宽容;对自己越宽容,生活对你越苛刻。

3.敢于犯错

有时候我们不做一件事,是因为我们没有把握做好。我们感到自己"状态不佳"或者气力不足时,往往会把必须做的事放在一边。一些自己做不好的事情,一旦做起来了,一定会乐在其中。

4.尽量放松

接受挑战后,要尽量放松。在脑电波开始平和你的中枢神经系统时,你可感受到自己的内在动力在不断增加。你很快会知道自己有何收获。自己能做的事,不必祈求上天赐予你勇气,放松可以产生迎接挑战的勇气。

5.人海茫茫,要不断激励和塑造自己

> 每个企业家都有自己的特色和风格,但他们还有共同的特征,那就是:有正确的判断力,有野心、决心,敢于冒险创新,勤奋工作又贪婪。
>
> ——[美国]詹姆士·史密斯

美国一所实验室做了一个很有意思的实验。研究人员用很多铁圈将一个小南瓜整个箍住,以观察它逐渐长大时,能抗住由铁圈给予它多大的压力。这个实验室的研究人员对此乐观估计,南瓜最多只能够承受 500 磅的压力。

然而,在实验的第一个月,南瓜就承受了 500 磅的压力。第二个月时,这个南瓜承受了 1500 磅的压力;当它承受到 2000 磅的压力时,研究人员开始对铁圈进行加固,以免南瓜将铁圈撑开。当研究结束时,整个南瓜承受了超过 5000 磅的压力,到这时候,瓜皮才因为巨大的反作用力产生破裂。

研究人员取下铁圈,费了很大的力气才打开南瓜。此时,南瓜已经无法食用,因为试图突破重重铁圈的压迫,南瓜中间充满了坚韧牢固的纤维。为了吸收充分的养分,以便于提供向外膨胀的力量,南瓜的根系总长甚至超过了 8 万英尺,所有的根不屈地往各个方向伸展,几乎穿透了整个花园的每一寸土地。

通常情况下,我们无法想象一个南瓜能承受如此大的压力。相同地,一个人在顺境中也无法想象自己能经受多大的挫折。假如南瓜能够承受如此庞大的压力,那么人也一定能够承受。生命的潜能远大于我们对它的估计,生命的韧性永远是巨大的,关键在于我们如何去激励自己,如何去塑造自己!

由于经济危机,菲立普经营的公司破产了。一夜之间,他从富翁变成了流浪汉。一想到过去的辉煌,他就忍不住想自杀。一次,菲立普在垃圾堆里捡到了一本名为《找回真正的自己》的书。这本书重新带给了他生活的勇气，于是他找到作者，希望能得到作者的帮助，重新站起来。那位作者虽然很同情菲立普的遭遇，但还是对他说："对不起，我不能帮助你！但我可以介绍你去见一个人，我想他可能会帮助你重新站起来。"说完，作者把他带到一面高大的镜子面前，然后用手指着镜子说："我介绍的就是这个人。在这世界上，只有这个人能够帮助你站起来。我想，你或许认识他。但是，从今往后，你必须把他忘记。"菲立普朝着镜子向前走了几步，用手摸摸他长满胡须的脸孔，对着镜子里的人从头到脚打量了几分钟，然后说："我再也不想见到他了！"几天后，作者又一次见到了菲立普，他已经完全变成了另外一个人。他抬头挺胸，步伐矫健。作家问他："几天没见，你怎么变样了？""是你帮助我，让我找回了真正的自己呀！是你让我站在那面大镜子前，把真正的我指给我看。现在我找到了一份不错的工作，老板很器重我，我想，我已经重新站起来了。"菲立普说。

人海茫茫，要不时地看一下自己是否还在。要学会不断地激励和塑造自己。

一旦掌握自我激励，自我塑造的过程也就随即开始。以下方法可以帮你塑造自我，塑造那个你一直梦寐以求的自我：

1.调高目标

真正能激励你奋发向上的是：确立一个既宏伟又具体的远大目标。许多人惊奇发现，他们之所以达不到自己孜孜以求的目标，是因为他们的主要目标太小，而且太模糊，使自己失去主动力。如果你的主要目标不能激发你的想象力，目标的实现就会遥遥无期。清晰地规划目标是人生走向成功的第一步，但塑造自我却不仅限于规划和调高目标。要真正塑造自我和自己想要的生活，我们必须奋起行动。莎士比亚说得好："行动胜过雄辩。"

2.直面困难

每个解决方案都是针对一个问题的。困难对于脑力劳动者来说，不过是一场场艰辛的比赛。真正的运动员总是盼望比赛。如果把困难看作对自己的诅咒，就很难在生活中找到动力。如果学会了把握困难带来的机遇，你自然会动力陡生。

3.正视危机

危机能激发我们竭尽全力。如果无视这种现象,我们往往会愚蠢地创造一种舒适的生活方式,使自己生活得风平浪静。当然,我们不必坐等危机或悲剧的到来,从内心挑战自我是我们生命力的源泉。

4.迎接恐惧

世上最秘而不宣的体验是,战胜恐惧后迎来的某种安全有益的东西。哪怕克服的是小小的恐惧,也会增强你对创造美好生活的信心。如果一味想避开恐惧,它们会像疯狗一样对你穷追不舍。此时,最可怕的莫过于双眼一闭假装它们不存在。

5.敢于竞争

竞争给了我们宝贵的经验,无论你多么出色,总会人外有人。所以你需要学会谦虚。努力胜过别人,能使自己更深地认识自己;努力胜过别人,便在生活中加入了竞争这场"游戏"。不管在哪里,都要参与竞争,而且总要满怀快乐的心情。要明白最终超越别人远没有超越自己更重要。

6.成功始于觉醒，心态决定命运

美貌？让我告诉你一点，被当作美女并未让我在生活中少受磨难。心痛没有减少，烦恼没有减少，恋爱一直都不顺利。

——奥斯卡影后哈莉·贝瑞说。她认为一个人外表的漂亮没有太大的实际意义，而且经不起时间的考验。

与命运抗争的人，对待事物从不看消极的一面，只取积极的一面。如果摔了一跤，把手摔出血了，他会想：多亏没把胳膊摔断；如果遭了车祸，撞折了一条腿，他会想：大难不死必有后福。他把每一天都当作新生命的诞生而充满希望，尽管这一天也许有许多麻烦事等着他；他又把每一天都当作生命的最后一天，倍加珍惜。潜能成功学家安东尼·罗宾说："面对人生逆境或困境时所持的信念，远比任何事都来得重要。"这是因为，积极的信念和消极的信念直接影响创业者的成败。

成功学学者拿破仑·希尔这样评说心态："人与人之间只有很小的差异，但是这种很小的差异却造成了巨大的差异！很小的差异就是所具备的心态是积极的还是消极的，巨大的差异就是成功和失败。"一个人所持的心态如何，往往决定他一生的命运好坏。

有一个法国人让·雷诺，43岁了仍一事无成，他不知道自己的生存价值和人生的意义。有一天，一个日本人在巴黎街头算命，雷诺随意一试。

日本人看过雷诺的手相之后，说："您是一个伟人，您很了不起！"

"什么？"雷诺大吃一惊，"我是伟人，你不是在开玩笑吧？"

日本人平静地说："您知道您是谁吗？"

"我是谁？"雷诺暗想，"我是个倒霉鬼，是个穷光蛋，是个被抛弃的人！"但他仍然故作镇静地问:"我是谁呢?"

"您是伟人,"日本人说,"您知道吗,您是拿破仑转世!您身上流的血、您的勇气和智慧,都是拿破仑的啊!先生,难道您真的没有发觉,您的面貌也很像拿破仑吗?"

"不会吧……"雷诺迟疑地说,"我离婚了……我破产了……我失业了……我几乎无家可归了。"

"嗨,那是您的过去,"日本人只好说,"您的未来可不得了!如果先生您不相信就不用给钱了。不过,10年后,您将是法国最成功的人啊!因为您就是拿破仑的化身!"

雷诺表面装作极不相信地离开了,但心里却有了一种从未有过的伟大感觉。他对拿破仑产生了浓厚的兴趣。回家后,就想方设法找与拿破仑有关的一切书籍著述来学习。渐渐地,他发现周围的环境开始改变了,朋友、家人、同事、老板,都换了另一种眼光、另一种表情对他。事情开始顺利起来。

后来雷诺才领悟到,其实一切都没有变,是他自己变了:他的胆魄、思维模式都在模仿拿破仑,就连走路说话都像。15年以后,也就是在他58岁的时候,他成了亿万富翁,是法国赫赫有名的成功人士之一。

成功始于觉醒,心态决定命运!这是今天的伟大发现,是成功心理学的卓越贡献。成功心理、积极心态的核心就是主动意识,或者称作积极的自我意识,而主动意识的来源和成果就是经常在心理上进行积极的自我暗示。

反之也一样,消极心态,就是经常在心理上进行消极的自我暗示。就是说,不同的意识与心态会有不同的心理暗示,而心理暗示的不同也是形成不同的意识与心态的根源。所以说心态决定命运,正是以心理暗示决定行为这个事实为依据。

林女士和王女士同样在市场上经营服装生意,她们初入市场的时候,正赶上服装生意最不景气的季节,进来的服装卖不出去,可每天还要交房租和市场管理费,眼看着天天赔钱。这时林女士动摇了,她以认赔了5000元钱的价钱把服装店盘了出去,并发誓从此不再做服装生意。而王女士却不这样想。她认真地分析了当时的情况,觉得赔钱是正常的,一是自己刚刚进入市场,没有经营经验，抓不住顾客的心理，当然应该交一点学费；二是当时正赶上服装淡季，每年的这个季节，其他服装生意人也都不赚钱，只不过是因为她们会经营，能够维持收支平衡罢了。而且，王女士对自己很有信心，知道自己适合做服装生意。果然，转过一个季节，王女士的服装店开始赚钱。三年后，她已成为当地有名的服装生意人，每年有 5 万元的红利。而林女士在三年内改行几次，都未成功，仍然穷困潦倒，一筹莫展。

看来，事物都有其两面性，问题就在于当事者怎样去对待它们。上面提到的林女士只看到赔钱的一面，而看不到将来会赚钱的发展前景，不能以积极的态度去分析事物；而王女士的态度则是积极的，她更多地从将来的角度看待当前的不景气，所以，她能顶住压力，坚持到成功。

美国宾州大学的塞利格曼教授曾对人类的消极心态作过深入的研究，他指出了三种特别模式的心态会造成人们的无力感，最终毁其一生。它们是：

1.永远长存

即把短暂的困难看作永远挥之不去的怪物，这是在时间上把困难无限延长，从而使自己束缚于消极的心态不能自拔。

2.无所不在

即因为某方面的失败，从而相信在其他方面也会失败。这是在空间方面把困难无限扩大，从而使自己笼罩在失败的阴影里看不到光明。

3.问题在我

即认为自己能力不足，一味地打击自己，使自己无法振作。这里的"问题在我"，不是勇于承担责任的代名词，而是在能力方面一味地贬损自己，削弱自己的斗志。

你有过这样的情形吗？如果有，请尽快从消极心态的阴影里解脱出来。记住德国人爱说的一句话吧："即使世界明天毁灭，我也要在今天种下我的葡萄树。"

二　自信心态

　　自信是成就自我的美德。自信心有大小之分。有大的自信，就有大的成就；有小的自信，只能有小的成就；没有自信，只能一无所成。

　　一个人之所以失败，是因为他自己要失败；一个人之所以成功，是因为他自己要成功。一个平庸的原地踏步的人，总觉得自己不重要，成就不了什么大事，因而他扮演的始终是可有可无的小角色。这样的人，从他的言谈、举止、行为中都显示出缺乏信心。

　　一个人相信自己是什么，他就会是什么。一个人心里怎样想，他就会成为怎样的人。爱默生说："人的一生正如他一天中所设想的那样，你怎样想象，怎样期待，就有怎样的人生。"

1.只有非常的自信，才能成就非常的事业

我们习惯于把发现自己的渺小之处作为一种谦逊的美德。其实，善于寻找自己的伟大之处，是弥足珍贵的人生态度。

——《中国青年》上的文章这样说

人来到世间就是为了取得成功，一个人的成就绝不会比他自信能达到的高度更高。

分析那些伟大的人格特质，可以看出：他们在做事之前，都充满自信。如果一个人不自信，那么他时刻会受到环境和别人的影响。如果你能成功地摆脱对自身能力的怀疑，不管遇到什么困难，都会坚信自己一定能成功，最终你一定能成功。要知道，你来到世间就是为了在人生中取得成功，对这一点不要有丝毫怀疑。

历史上曾经发生过这样一件事：一名先锋官率军未能攻下所要攻下的城池，他后来在将军面前极力为自己开脱责任。将军听完后只说了一句话："一个重要的原因你没有讲到，那就是你一开始就不肯相信自己能成功。"

事实的确如此，你一开始就不相信自己能够成功，那么你绝不会成功。明白了这个道理，再依靠自己的努力而不是依靠他人的帮助，我们才能在某一方面成为杰出人物。爱迪生、马可尼、莱特、艾略特、贝尔、费尔特、史蒂芬逊、富尔顿、莫尔斯，这些在不同时代、不同国度对社会、对人类产生影响的人物，是坚信自己、勇闯新路的先锋。他们的成就，昭示了"相信自己"是所有成功者的必遵信条。

自信是成就自我的美德。自信心有大小之分。有大的自信，就有大的成就；有小的自信，只能有小的成就；没有自信，只能一无所成。

新加坡一所大学有名高材生,毕业后报考某公司,结果落选了,痛不欲生。但该君自杀水平不高,没能如愿,只是在脖子上留下深刻痕迹。救醒过来后,家人告诉他:幸好自杀未成,他是该公司考分的第一名,只是由于计算机的错误,将他漏掉了。这下,他顿时喜出望外。在他正准备邀请亲朋好友摆酒庆贺时,又传来消息,他还未聘用就被解雇了。公司经理这样评价他:这个人也许知识和能力是第一流的;但这样一点小小的生活打击都受不了,又怎能期望他来公司有大的作为。

人生中的坚忍、进取、勇敢、耐心、恒心、克服困难、战胜危险等许多美德,都源于自信。英雄豪杰之所以成为英雄豪杰,就在于他们相信自己的能力,要求自己超越别人、战胜别人,从而自强不息、奋斗不止、勤奋不辍。德莱顿说:"信心可以使一个人征服他相信可以征服的东西。"自信是承担大任的第一要件。只有非常的自信,才能成就非常的事业。

凡是使用过电脑的人相信对"微软"这家公司不会陌生,然而大多数人只知道它的创始人之一——比尔·盖茨是个天才,却不知道他为了实现自己的目标而孤独地走在前无古人的路上。

当时盖茨发现在墨西哥州阿布凯基市有家公司正在研究开发一种称之为"个人电脑"的东西,可是它要用 Basic 程式语言来驱动,于是他便着手开始编写这套程式并决定完成这件事,即使他并无前例可循。

盖茨有个很大的长处,就是一旦他想做什么事,就必有把握给自己找出一条路来。在短短的几个星期里,盖茨和另外一个搭档竭尽全力,终于写出一套程式语言,因而也使得个人电脑问世,惠泽全世界。

盖茨的这番成就造成一连串的改变,扩大了电脑的世界,他在 30 岁的时候成为一名家财亿万的富翁。现在,盖茨拥有超过 480 亿美元的资产,登上世界首富的宝座。

无可否认,盖茨的成功,一方面是他立下了编写电脑程式语言的志向,一方面是他相信自己能成功。

对事业充满自信而不屈服,便没有所谓的失败。有充分的自信就能发挥无比的威力。一个人要挑战自己,靠的不是投机取巧,不是耍小聪明,靠的是自信心。一个人放弃了自信心，等于放下了手中的武器，主动承认失败，主动承认自己是失败者。

一个人之所以失败，是因为他自己要失败；一个人之所以成功，是因为他自己要成功。一个平庸的原地踏步的人，总觉得自己不重要，成就不了什么大事，因而他扮演的始终是可有可无的小角色。这样的人，从他的言谈、举止、行为中都显示出缺乏信心。实践证明，否定自己是一种消极的力量，它常常使人走向失败之途；而一个有信心的人，则常常踏上成功之路。

十几年前，他从一个北方小城考进了北京的大学。他最忌讳人家问他从哪里来，因为在他的意识里，出生于小城，就意味着小家子气，没见过世面，肯定被那些生活在大城市的同学瞧不起。

他一个学期都不和同班的女同学说话，以致一个学期结束的时候，很多同班的女同学都不认识他！

很长一段时间，自卑的阴影一直占据着他的心灵。

二十年前，她也在北京的一所大学里上学。大部分日子，她也都是在自卑中度过的。她疑心同学们会在暗地里笑她，嫌她肥胖的样子太难看。她不敢穿裙子，不敢上体育课。大学结束的时候，她差点儿毕不了业，不是因为功课太差，而是因为她不敢参加体育长跑测试！

他，现在是中央电视台著名节目主持人，经常对着全国几亿电视观众侃侃而谈，他的名字叫白岩松。

她，现在也是中央电视台著名节目主持人，而且是第一个完全依靠才气而丝毫没有凭借外貌走上中央电视台主持人岗位的，她的名字叫张越。

一个人的自信心能够控制他自己生命的血液，并能将他的"坚定"坚强地运行下去。有自信的人一定是一个有能力的人，能够担负起艰巨的责任，这样的人才能在风风雨雨中坚强挺立，不被恶劣的情绪打倒。

如果一个人有了坚定的信心，能够把他所希望的牢牢地把握住；然后向着这理想目标艰苦不懈地努力，那么，他一定可以排除种种的不幸与困难，而达到理想中的最高峰。

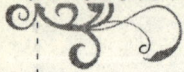

2.一个人相信自己是什么,他就会是什么

我们大多数人的体内都潜藏着巨大的才能,但这种潜能酣睡着,一旦被激发,便能做出惊人的事业来。而人只有到了前无去路、后有追兵,感到一切外援都已丧失的时候,才会发掘出全部的内在力量。

——奥里森·马登《一生的资本》

为什么我们要相信自己? 因为在这世上,每个人都是独一无二的,所以你该相信自己。你所做的事,别人不一定做得来;而且,你之所以为你,必定是有一些相当特殊的地方,而这些特质又是别人无法模仿的。

既然别人无法完全模仿你,也不一定做得来你能做得了的事,试想,他们怎么可能给你更好的意见? 他们又怎能取代你的位置,来替你做些什么呢? 所以,这时你不相信自己,又有谁可以相信?

基于这种种重要的理由,我们相信:你有权活在这世上,而你存在于这世上的目的,是别人无法取代的。

布鲁金斯学会创建于 1927 年,以培养世界上最杰出的推销员著称于世。它有一个传统,在每期学员毕业时,设计一道最能体现推销员能力的实习题,让学生去完成。

克林顿当政期间,布鲁金斯学会给学员们出了这么一个题目:请把一条三角裤推销给现任总统。8 年间,有无数个学员为此绞尽脑汁,可最后都无功而返。克林顿卸任后,布鲁金斯学会把题目换成:请将一把斧子推销给小布什总统。

鉴于前 8 年的失败与教训,许多学员都知难而退。个别学员甚至认为,这道毕业实习题会和克林顿当政期间的那道实习题一样毫无结果,因为现在的总统什么都不缺少。

然而，乔治·赫伯特却做到了，并且没有花多少工夫。

一位记者在采访赫伯特的时候，他是这样说的："我认为，将一把斧子推销给小布什总统是完全可能的，因为他在得克萨斯州有一座农场，里面长着许多树。于是我给他写了一封信，我说，有一次，我有幸参观您的农场，发现里面长着许多矢菊树，有些已经死掉，木质已变得松软。我想，您一定需要一把小斧头，但是从您现在的体质来看，这种小斧头显然太轻，因此您仍然需要一把不甚锋利的老斧头。现在我这儿正好有一把这样的斧头，它是我祖父留给我的，很适合砍伐枯树。假若您有兴趣的话，请按这封信所留的信箱，给予回复……最后他就给我汇来了 15 美元。"

乔治·赫伯特成功后，布鲁金斯学会把一只刻有"最伟大推销员"的金靴子奖给了他。学会在表彰赫伯特时还这样说：金靴子奖已空置了 26 年，26 年间，布鲁金斯学会培养了数以万计的推销员，造就了数以百计的百万富翁，这只金靴子之所以没有授予他们，是因为我们一直想寻找这么一个人——他不因有人说某一目标不能实现而放弃，不因某件事情难以办到而失去自信。

正如布鲁金斯学会所说，赫伯特是从 1975 年布鲁金斯学会一名学员将一台微型录音机卖给尼克松以来又一名学员登上如此高的推销门槛。

美国诗人惠特曼在一首诗里写道："我/我要比我想的更大、更美/在我的/在我的体内/我竟不知道包含这么多美丽/这么多动人之处……"回首过去人类艰难探索的历程，最值得骄傲的不是登上月球，也不是在网络世界畅游，而是人类发现自身蕴藏着的无穷潜力。人是万物之灵，是宇宙精华，我们每个人都有光大生命的本能。在突发事件面前，一个最普通的人常常无意中露出他超越别人的本领；在重大的责任降临于肩时，一个从没有担任过领导工作的人常常会露出他天才一般的才能。

一对父子驾车经过一条铁道路口时，有列火车疾驰而过。驾车的父亲赶紧急刹车，由于脚下用力过猛，车子出现滑溜现象，向前直冲，越过了阻隔栏，撞向火车的尾轮。车子受火车动力的牵引，越过轨道，横在另一条轨道上，损坏了的车轴被卡在铁轨上。受伤的儿子爬出车外，而昏迷的父亲，却被困在车厢里,不一会儿,另一列火车正在千米之外疾驰而来。此时,如果儿子不把父亲和坏车抬离轨道,将会酿成惨剧。在这千钧一发之时,儿子为了救出父亲,情急之下咬紧牙关,令人吃惊地抬起了超过他体重十几倍的汽车,利用车的前轮滑离轨道,溜下小斜坡。就在车子脱离轨道后的刹那间,火车风驰电掣地在他们身旁掠过,父亲终于得救了。等回过神来,儿子也不清楚刚才的神力从何而来,他决定再试一试刚才的动作时,却无法把汽车抬起来滑行。

这是怎么回事呢?其实,这里面的道理很简单。心理学家说,在每个人身上都蕴藏着巨大的潜能,不到紧要关头,潜能不会显山露水。但是要你平时注意多多发掘,多多积累,将潜能转化成自信,那种神奇的力量是会出现的。

第二次世界大战时期,一艘美国驱逐舰停泊在某国的港湾。一天晚上,明月高照,有名士兵例行巡视全舰,突然他看到水雷正随着浪潮慢慢向舰身中央靠近。士兵抓起舰内通讯电话机,他通知了值日官,值日官又通知了舰长,并且发出全舰戒备讯号,全舰上下立刻动员了起来,官兵们愕然注视着那枚该死的慢慢漂来的水雷,大家心里都明白,世界末日即将来临。

为了解除眼前的危机,军官们想出了各种办法,但都被否决掉了。这时一名水兵想出了个办法。"把消防水管拿来。"他大声喊着。众人立刻赞成这个办法。他们向舰艇和水雷之间的海面喷水,制造一个水流,把水雷带向远方,到安全线以外,再用舰炮引炸了水雷。

这位水兵真是了不起。他当然不凡——但是他却是个平凡人。不过他却具有危机状况下平静而正确思考的能力。我们每一个人身体内部都有这种天赋的能力。这也就是说,我们每一个人都有创造的潜能,不论在什么样的困难或危机影响到你的状况,只要你认为你行,你就能够处理和解决这些困难或危机。

一个人相信自己是什么,他就会是什么。一个人心里怎样想,他就会成为怎样的人。爱默生说:"人的一生正如他一天中所设想的那样,你怎样想象,怎样期待,就有怎样的人生。"李白说:"天生我才必有用。"这就是说,我们能来到世间,必定是人世间需要我们,我们能发挥出对人世有益的作用,甚至能做出一定的贡献。有的人在一帆风顺的条件下慷慨陈词,信心百倍,可是遇到逆境便萎靡不振，如霜打秋荷一般。常言道："战胜自卑和怯懦，是对事业的最好祝福。"在逆境中，不但需要"手提智慧剑，身披忍辱甲"，也需要有自信，更需要励精图治，释放生命的潜能。

3.利用自卑，战胜自卑

学生如果身体搞不好，就有可能出废品，如成绩不好就有可能出次品，但心理不好就有可能出危险品。

——一位干部在"首届公民美德论坛"上的感言

奥地利著名的心理学分析家 A·阿德勒认为：许多的行为都是出自于"自卑感"以及对于"自卑感"的超越。在对自卑感的超越中，人往往能获得难以预料的力量，也就是说，善于利用自卑，也可以获得积极情绪。

从环境角度来看，个人对自己的评价往往与外部环境对他的态度和评价紧密相关。这点早已为心理学理论所证实。例如某人的书法不错，但如果所有他能接触到的书法家和书法鉴赏家都对他的作品给予否定性评价，那就极有可能导致他对自己书法能力的怀疑，从而产生自卑。可见，环境对人自卑的产生着不可忽视的影响。某些低能甚至有生理、心理缺陷的人，在积极的鼓励、扶持、宽容的气氛中，也能建立起自信，发挥出最大的潜能。因此自卑情绪一旦被发现，必须尽早克服和纠正，使它转为一种积极健康的心理状态，帮助自己在工作和生活中发挥潜能。一般有自卑情绪的人会有以下特征：

（1）胆怯怕羞。人们时常略有怕羞纯属正常，但是过度胆怯、怕羞，如不愿抛头露面、不敢接触生人，则可能内心深处隐藏强烈的自卑情结。

（2）独来独往。一般来说，正常人都喜欢与同龄人交往，并十分看重友谊。但有自卑心理的人对交结朋友兴趣索然，往往喜欢独来独往。

（3）猜疑心重。自卑者对家人、朋友、伙伴、同事所提出的对自己的评论十分敏感，特别是朋友和同事对自己提出的批评，更是感到难以接受，有时甚至无中生有地怀疑别人讨厌自己，且表现出愤愤不平。

（4）有自虐倾向。占相当比例的自卑者往往会表现为自暴自弃，更有甚者，还可能表现出自虐行为，如故意在大街上乱窜、深夜独自外出、生病拒绝求医服药等，似乎刻意让自己处在险境或困境之中。

（5）逃避竞争。虽然有的人十分自卑，渴望在诸如考试、体育比赛或文娱竞赛中出人头地，可又无一例外地对自己的能力缺乏必要的自信心，因此，他们大都尽量回避参与任何竞赛。

（6）表达困难。据统计，八成以上有自卑心理的人语言表达能力较差。有的表现为口吃，表述不连贯，表达时缺乏情感，或词汇贫乏等等。专家们认为，这是因为强烈的自卑感阻碍了大脑中负责语言学习系统正常工作的原因。

（7）承受能力差。自卑者大多不能像正常人那样承受挫折、疾病等消极因素所带来的压力，即使遇到小小失败或小小疾病，便"痛不欲生"，有的甚至对诸如搬迁、父母患病等意外都会感到无所适从。

自卑并非一无是处，有时候我们正因为心中的自卑才强烈地渴望进步，追求完美，也更有不断上进的力量，自卑使我们弥补自己的不足，从而使性格受到磨砺。每个人的内心深处都有一种灵性，这种灵性成为我们建功立业的力量，它维持我们的个性，即人的尊严与人格，人们为了维护尊严和人格，就要求克服自卑，战胜自我。我们都发现现在所处的地位是不尽如人意的，如果我们一直保持着勇气，便能通过直接、实际的方法改进身边所处的环境，使我们摆脱这种感觉。没有人能长期地忍受自卑感。人类正是通过思维而采取某种活动，来解除自己的紧张状态的。

一旦发现自己的自卑对自己已构成了不利影响，最好冷静下来，好好分析一下，自己的自卑是属于哪一种，如果是由于自我认识不足而导致的，或是由于意外挫折而导致的，那么，应该提醒自己，这样的自卑，是完全可以消除的。而如果是从小就产生的，那么，就不要刻意去消除，而是要合理地利用它，使它从不好变为好，使它成为自己成功道路上的助动力，而不是绊脚石。

一个人被公认为是全班最胆小最怯弱者。大学毕业时各人挥手告别，许多人预言十年后的相聚，他将是最失败者之一。

十年后的相聚如期举行。当年许多意气风发指点江山的同学如今被生活改变成了一言不发的旁观者，许多才华横溢认为一出校门即可拥有一切的同学因苦苦挣扎而终无意料之中的成功有些垂头丧气，只有他——那个被公认为将是失败者还是和当年一样平凡得像一粒尘土，不出众，不显眼，也不高谈阔论。

聚会到了高潮，每人依次上台讲述自己的现状和理想，还有对目前生活的满意程度。大多数人目前的现状不如当年跨出校门时理想，对目前生活满意者几乎没有。

他上台了："我目前拥有数家公司，总资产上亿元，远远超过当年走出校门时的理想。如果说还有什么遗憾的话，就是我认为离那些我所欣赏的成功者还很遥远。是的，无论是在学校还是走向社会，我一直很自卑，感觉每一个人都有特长，都比我强。所以我要努力学习每一个人的特长，并且丢掉自己的缺点。但我发现无论我如何努力也总是无法赶上所有的人，所以我就一直自卑下去。因为自卑，我把远大理想藏在心底，努力做好手头的每一件小事；因为自卑，我将所有的伟大目标转化成向别人学习的一点点进步。进步一点，战胜一个自卑的理由，同时又会发现一个自卑的借口。这样，永远让自己处在自卑之中，我就会获得源源不断的前进动力。"

长久的沉默之后，优秀者或平凡者们才明白了自己竟然失败于自信！因为自信，总认为自己比别人优秀，所以不肯虚心求教，看不到别人的长处；因为自信，目光一直看向远方，却忽略了脚下的道路应该一步一个脚印地走。

利用自卑，为了生命中期望已久的成功。从某种角度说，当自卑化成了谦虚，化成了上进的动力的时候，自卑又何尝不是一种自信呢？

自卑情绪控制得好，你也可以成为一个敢于进取、有主动创造精神的人；成为一个有积极的人生态度、活得开朗、开心的人；一个勇于承担责任、有责任心的人，而任何一个在事业上有所作为的人，都是有责任心的人；才会在平时积极思考，才会产生事业的突破，才会产生奇迹；才会积极跨越各种障碍，成为一个不怕困难的人。

一个自卑的人，不要因为自己的自卑而再度自卑。需知，自卑加自卑不是两个自卑，而是自卑的平方。一旦发现自己的自卑对自己已构成了不利影响，最好冷静下来,抛开负面消极的思想,学会看到自己的长处。

克服自卑更应学会积极地鼓励自己。

1.赞赏你的进步

不要等到你十全十美才赞赏自己,否则你将永远等待。在达到目标的路口,留意每个值得肯定的步伐。就算进步对于你而言微不足道,也要记得恭贺自己。

2.坦然接受挫折

生活不是阶梯,并非每一步都是上升的。每个人都可能上下颠簸,潮起潮落。你会犯错,毕竟你只是你。当你失败时,也总会收获一种经验,这就是代价。

3.期待正面的结果

你期待你的行为会与期待符合,但事实并非那么美好。尽管如此,改换一下思维,只要有正面结果就给自己打满分。负面的期待会增加你的错误机会,若以期待成功来替代,你将会一无所失且获得一切。

4.使用幽默感

生活中遇见挫折时,幽默感是你最佳朋友。当你可以嘲笑自己的错误时,你的感知就改变了。你可以想,"这次只不过是运气在跟我玩捉迷藏罢了"。

自卑能扼杀人的继续奋进的勇气和创造力。在此情况下,应多想一下过去的成功,多看自己的长处,以振奋精神,克服自卑。

4有了实力之后,还要善于表现自己的才能

不是每个人都可以兴风作浪,但当你的起伏与世界同步的时候,你就会得到共振。

——新东方一位教师在课堂上的经典语录

有些人整天埋头苦干,兢兢业业地完成自己的工作,还是几年都得不到晋升;而有些人工作不一定比前者更卖力,却不断得到晋升,这是什么原因呢?

一户人家养了一条狗、一只猫。狗是勤快的。每天,当主人家中无人时,狗便竖起两只耳朵,虎视眈眈地巡视在主人家的周围,哪怕有一丁点的动静,狗也要狂吠着疾奔过去,就像一名恪尽职守的警察,兢兢业业地为主人家做着看家护院的工作。每当主人家有人时,它的精神便稍稍放松了,有时还会伏地沉睡。于是,女主人家每一个人的眼里,这只狗都是懒惰的,极不称职的,便也经常不喂饱它,更别提奖赏它好吃的了。猫是懒惰的。每当家中无人时,便伏地大睡,哪怕三五成群的老鼠在主人家中肆虐。睡好了,就到处散散步,活动活动身子骨。等主人家中有人时,它的精神也养好了,这儿瞅瞅那儿望望,也像一名恪尽职守的警察,时不时地,它还要去给主人舔舔脚、逗逗趣。在主人的眼中,这无疑是一只极勤快、极尽职守的猫,好吃的自然给了它。由于猫的不尽职守,主人家的耗子越来越多。终于有一天,耗子将主人家唯一值钱的家当咬坏了,主人震怒了。他召集家人说:"你们看看,我们家的猫这样勤快,耗子都猖狂到了这种地步,我认为一个重要的原因就是那只懒狗,它整天睡觉也不帮猫捉几只耗子。我郑重宣布,将狗赶出家门,再养一只猫。大家意见如何?"家人纷纷附和说,这只狗是够懒的,每天只知道睡觉,你看猫,每天多勤快,抓耗子吃得多胖,都有些走不动了。是该将狗赶走,再养一只猫。于是,狗被一步三回头地赶出了家门。自始至终,它也不明白被赶走的原因。它只看

到,那只肥猫在它身后窃窃地、轻蔑地笑着。

仔细留意一下生活,这样的故事不止一个。

这里不是要你去学猫的投机取巧,没有实力,光靠表面工作,总有一天会露出马脚,而被主人赶出家门。但有了实力,我们还需要巧妙地表现出自己的实力。要是落得故事中的狗的地步,岂不是很惨。世上千里马常有,而伯乐不常有,怎么办?就得善于表现自己的才能。况且,一个公司那么多员工,尤其是大公司,主管怎么可能对他每一个下属都了解。这时候我们就得自己来表现出自己的与众不同。让主管注意到你,这是表现才能的第一步。

美国钢铁大王卡内基小的时候,家里很穷。有一天,他放学回家时经过一个工地,看到一个像老板模样的人正在那儿指挥工人盖一幢摩天大楼。

卡内基走上前问道:"我长大后怎样才能像你一样成功?"

"第一要勤奋……"

"这我早知道了,那第二呢?"

"买件红衣服穿。"

卡内基满腹狐疑:"这和成功有关吗?"

那老板模样的人指着前面的工人说:"有啊,你看他们都是我的手下,因为都穿着清一色的蓝衣服,所以我一个也不认识。"说完,他又指着旁边一个工人说:"你看那个穿红衣服的,就因为他穿得和旁人不同,这才引起我的注意,我也就认识了他,发现了他的才能,过几天,我会安排他一个职位的。"

当然,善于表现自己,首先还得自己有才能。没有才能的人就不要瞎表现了,表现越多,你的缺点也就暴露得越多。

5.自信是一根魔棒，提升自信有方法

一个人，缺少了自信，就容易对环境产生怀疑与戒备，即所谓"天下本无事，庸人自扰之"。

——著名女作家罗兰

这个世界是由自信心创造的。世界上有2/3的人营养不良，差别只是程度不同。同样地，世界上信心不足的人也有2/3，也只是有着程度的不同。营养不良，使人的身体无法正常发育；信心不足，则使人的才能无从发挥。你要相信自己，你要对自己的能力有信心！

信心是一种人格特质，也是一种平静稳定的心理现象，更是一个人成就自己的资本。有信心的人，总是显得稳健安定，仪态优雅，从容机智；缺乏信心的人，则惶惑畏惧，优柔寡断。信心是精神生活的舵，它维持我们生活的方向；信心是生活的存储器，它使我们强壮有力，无坚不摧。

《艾子杂说》中讲到一则寓言：

龙王与青蛙一天在海滨相遇，打过招呼后，青蛙问龙王："大王，你的住处是怎么样的？"

龙王说："珍珠砌筑的宫殿，贝壳筑成的阙楼；屋檐华丽而又气派，厅柱坚实而又漂亮。"龙王说完，问青蛙："你呢？你的住处如何？"

青蛙说："我的住处绿藓似毡，娇草如茵，清泉沃沃，白石映天。"说完，青蛙又向龙王提出了一个问题："大王，你高兴时如何？发怒时又怎样？"

龙王说："我若高兴，就普降甘露，让大地滋润，使五谷丰登；若发怒，则先吹风暴，再发霹雳，继而打闪放电，叫千里以内寸草不留。那么，你呢？青蛙！"

青蛙说："我高兴时，就面对清风朗月，呱呱叫上一通；发怒时，先瞪眼睛，再鼓肚皮，最后气消肚瘪，万事了结。"

青蛙在龙王面前，表现了充分的自信，龙宫固然美丽，我青蛙居所也别具一格，可谓不卑不亢。只有心灵健全的人，才能切实地做到这一点。

在现实生活中，往往有的人不惜降低自己的尊严，去逢迎那些在某一点上比自己强的人，哪怕逢迎者对自己傲慢无礼。这种"卑己而尊人"的行为着实不妥。自卑的人怎样建立自信心呢？

1.始终想着自己的长处

许多人在应酬中总认为，由于他们没有像别人那样聪明、漂亮或灵活，总感到低人一等。其实，那是因为他没有发掘和表现自己聪明才智的实际作为。如果认识了自己的自我价值、确立了自信，有了积极的自我形象感，那就会积极进取，充分发掘自己潜在的聪明才智，那么伟大对你来说仅仅是机会而已。

2.投入到你的工作当中

智者说：每一个人都拥有天上的一颗星，在这颗星星照亮的某个地方，有着别人不可替代的专属于你的工作。因而你必须百折不挠地找到自己的位置，这需要时间，需要知识、才智、技巧，需要整个心力的成熟发展，不要因为看到别人似乎轻易取得成功而气馁。

3.时刻想着自己能成功

不少人心中老是出现"糟糕，我又讲错话了"，等等。由于无数个这类信息每天在脑中闪现，就会削弱自我形象感。一个克服这种怯弱自责心理的良好方法是想象。为了取得成功，你必须在脑中"看"到你取得成功的形象，在脑中显现你充满信心地投身一项困难的挑战形象。这种积极的自我形象在心中呈现，就会成为潜意识的一个组成部分，从而引导你走向成功。这种成功的白日梦，是一个能确立成功的自我形象可以普遍采用的方法，你不妨试一试。

4.不要为别人的期待活着

他人对自己的期望是一种信任的期待，会成为一种前进的动力。但是，它有时会成为束缚你的桎梏。所以，你不要看到别人成功而对自己妄自菲薄，不要错把人家的期待作为沉重的精神包袱，能真正认识自己的只有你自己，凭你的知识与经验，以及直觉去寻找你的位置，你有着属于你的成功，它在等待着你。

5.多寻益友

最能增强你的良好自我形象感的途径是使你感到你的生活中充满着爱。这要通过你的努力去实现。向他人贡献你的爱,你会得到他人的爱。当然,要记住在与他人交往中,不要被他人吞没了自我。如果你忘记了自我,那就失去了生存的目的。

6.挑前面的位子坐

在各种形式的聚会中,在各种类型的课堂上,后面的座位总是先被人坐满,大部分占据后排座位的人,都希望自己不会"太显眼"。而他们怕受人注目的原因就是缺乏信心。

坐在前面能建立信心。因为敢为人先,敢上人前,敢于将自己置于众目睽睽之下,就必须有足够的勇气和胆量。久而久之,这种行为就成了习惯,自卑也就在潜移默化中变为自信。另外,坐在显眼的位置,就会放大自己在领导及老师视野中的比例,增强反复出现的频率,起到强化自己的作用。把这当作一个规则试试看,从现在开始就尽量往前坐。虽然坐前面会比较显眼,但要记住,有关成功的一切都是显眼的。

7.正视别人

眼睛是心灵的窗口,一个人的眼神可以折射出性格,透露出情感,传递出微妙的信息。不敢正视别人,意味着自卑、胆怯、恐惧;躲避别人的眼神,则折射出阴暗、不坦荡心态。正视别人等于告诉对方:"我是诚实的,光明正大的;我非常尊重,喜欢你。"因此,正视别人,是积极心态的反映,是自信的象征,更是个人魅力的展示。

8.改变行走的姿势与速度

许多心理学家认为,人们行走的姿势、步伐与其心理状态有一定关系。懒散的姿势、缓慢的步伐是情绪低落的表现,是对自己、对工作或者对别人不愉快感受的反映。倘若仔细观察你就会发现,身体的动作是心灵活动的结果。那些受打击、被排斥的人,走路都拖拖拉拉,缺乏自信。反过来,通过改变行走的姿势与速度,有助于心境的调整。要表现出超凡的信心,走起路来应比一般人快。将走路速度加快,就仿佛告诉整个世界:"我要到一个重要的地方,去做很重要的事情。"步伐轻快敏捷,身姿昂首挺胸,会给人以明朗的心境,会使自卑逃遁,自信滋生。

9.练习当众发言

面对大庭广众讲话,需要巨大的勇气和胆量,这是培养和锻炼自信的重要途径。在我们周围,有很多思路敏锐、天资颇高的人,却无法发挥他们的长处参与讨论。并不是他们不想参与,而是缺乏信心。

在公众场合,沉默寡言的人都认为:"我的意见可能没有价值,如果说出来,别人可能会觉得很愚蠢,我最好什么也别说,而且,其他人可能都比我懂得多,我并不想让他们知道我是这么无知。"这些人常常会对自己许下渺茫的诺言:"等下一次再发言。"可是他们很清楚自己是无法实现这个诺言的。每次的沉默寡言,都是又中了一次缺乏信心的毒素,他会愈来愈丧失自信。

从积极的角度来看,如果尽量发言,就会增加信心。不论是参加什么性质的会议,每次都要主动发言。有许多原本木讷或者口吃的人,都是通过练习当众讲话而变得自信起来的。

10.恰到好处地用力握手

握手的方式也能向别人透露不少自身的秘密。比如,柔软、抹布型的握手者自信心很低。许多人为了掩饰自己的缺点,握手的时候故意过分用力和显出傲慢的态度,其实是虚张声势。挤压式的握手方法,则是为了补偿其信心的缺乏。这种人的一举一动过分极端,以致无法让人相信他是一个真正有信心的人。安稳而不过分用力的握手,把对方的手适度地握紧,则是表示:"我是生气勃勃,稳扎稳打的。"这才是代表着自信的握手方式。

11.放大自己最得意的照片

热爱自己是获得幸福生活的先决条件,而讨厌自己则会感到生活非常痛苦。热爱自己的方式多种多样,充分利用自己的照片就是其中之一。

在你的影集里一定收藏了很多照片。你可以从中找到许多不同的自我。当你看到最不喜欢的表情时,会被一种低沉的情绪和随之而来的寂寞感所控制。那么,你就该另辟蹊径,去把你最中意的照片找出来,认真注视它。你可能立刻又会产生一种慰藉感,而且越看越兴高采烈。这时也许你会情不自禁地

自言自语道:"你看这小伙子多帅,肯定是个有用之才。"

每天都去欣赏你最喜欢的照片,你就会得到一些极有益的启示。把你最得意的照片挑选出来,把它们放大后装入金边镜框里,然后挂在屋中最显眼的地方。每当你看到它时,你的心中就会条件反射出一个明快、健康的自我。从此,你会觉得信心百倍、干劲冲天,敢于向一切困难挑战。

与其注意电影明星的广告,不如认真地创造并欣赏自我。

自信是根魔棒,一旦你真正建立了自信,你将发现你整个人都会为之改观,气质会更优秀,能力会更强。鲁迅先生说:"不要把自己看成别人的阿斗,也不要把别人看成自己的阿斗!"要充分自信,平等待人。

三　自律心态

　　我们在工作当中，也免不了会遇到一些或大或小的诱惑，关键时刻一定要把握住自己，不要因贪小利而丢了大利。

　　一个好人，在物质的或在感官的享乐上似乎失去了一些，但能让人真切地感受到：当抵御了一次强烈的诱惑之后，会让人觉得自己是个值得让自己尊重、满足和信任的人，是个能用良知战胜自私的强者。

　　缺乏自律这种优良品质的人，容易使自己屈从于不加谨慎考虑的欲望，变成在知识与思想上容易随波逐流、盲目跟从某些浅薄无知的人。如果一个人没有勇气去克制日常生活中的欲望，实际上很难做到自律。

　　天下的坏事可以分为两种情况：一种是利用别人不知道而进行欺骗，一种是虽然别人知道却不害怕。前者还知道有所畏惧，说明他良心未泯，后者就是肆无忌惮了。

1.做人之道在躬行,日新日新又日新

把每一个黎明看作你生命的开始,把每一个黄昏看作你生命的小结。让每一个这样短的生命,都能为自己留下一点可爱的事业的脚印,和你心灵得到充实的痕迹。

——英国作家、评论家约翰·罗金斯在接受英国 BBC 广播公司采访时如此看待生命

生活无小事,人生无小事,要想做个真正的好人,就必须脚踏实地时时谨行,处处慎独。

实践表明,做个好人既不那么容易,也不是那么高不可攀。俗话说:难难难,易易易,不难不易。要说难,一片贪欲之云横眼前,就可能叫人钻入死胡同,直碰得头破血流甚至一命呜呼也闯不过去。要说易,放下屠刀,立地成佛,明心见性也只在刹那。关键看一个人有没有真诚的信念、坚强的决心、刚毅的意志和切实的躬行。

孔子说:"好学近乎知,力行近乎仁。"可见一个人即使学富五车、著作等身或宏论滔滔、口吐莲花,如不能躬行实践,也不能算是真学问。

春秋时,鲁国相国公仪休喜欢吃鱼,因此全国各地很多人送鱼给他,但他都一一婉言谢绝了。

他的学生劝他说:"先生,你这么喜欢吃鱼,别人把鱼送上门来,为何不要了呢?"

公仪休回答说:"正因为我爱吃鱼,才不能随便收下别人所送的鱼。如果我经常收受别人送的鱼,就会背上徇私受贿之罪,说不定哪一天鲁君会免去我相国的职务,到那时,我这个喜欢吃鱼的人就不能常常有鱼吃了。现在我廉洁奉公,不接受别人的贿赂,鲁君就不会随随便便免掉我相国的职务,只要不免

掉我的职务,就能常常有鱼吃了。"

公仪休的想法是明智的。我们在工作当中,也免不了会遇到一些或大或小的诱惑,关键时刻一定要把握住自己,不要因贪小利而丢了大利。

岳飞不仅是南宋的抗金英雄,也是廉洁自律、不图享受的模范。每当岳飞立功,朝廷要褒奖、提升的时候,他总是说:"将士效力,飞何功之有?"朝廷给岳飞军队的犒赏,岳飞都按数发给军吏,自己丝毫不留。论功行赏部下的时候,总是公平无私,不隐没任何人的功绩。而对自己及其儿子岳云,则常常隐匿功劳,不求奖赏。

当时,贵族们都争先恐后地买房买地,岳飞不但不买地,就连朝廷赐给土地也不要。那时,像岳飞这样功劳卓著的大官,早就住上了富丽堂皇的大房子,可岳飞仍然住着原来的普通房子。高宗皇帝要为岳飞重新盖房子,岳飞说:"现在敌人还没有消灭,怎么能为了自己的家呢?"坚持不盖新房。

有一次,高宗皇帝曾召见岳飞,问岳飞:"天下何时太平?"岳飞回答道:"文臣不爱钱,武臣不惜死,天下太平矣。"

岳飞就是以这种不爱钱、不惜命的实际行动精忠报国,奋斗了一生,赢得了众口皆碑、流芳千古的美名。

今天,举国上下在践行社会主义荣辱观。社会主义荣辱观简称"八荣八耻",即:

> 以热爱祖国为荣,以危害祖国为耻;
>
> 以服务人民为荣,以背离人民为耻;
>
> 以崇尚科学为荣,以愚昧无知为耻;
>
> 以辛勤劳动为荣,以好逸恶劳为耻;
>
> 以团结互助为荣,以损人利己为耻;
>
> 以诚实守信为荣,以见利忘义为耻;
>
> 以遵纪守法为荣,以违法乱纪为耻;
>
> 以艰苦奋斗为荣,以骄奢淫逸为耻。

"八荣八耻",有立有破,旗帜鲜明,不仅体现了中华民族的传统美德,也体现了社会主义的时代精神;不仅体现了社会主义基本道德规范的本质要求,

也体现了社会主义价值观的鲜明导向。

一个好人，在物质的或在感官的享乐上似乎失去了一些，但能让人真切地感受到：当抵御了一次强烈的诱惑之后，会让人觉得自己是个值得让自己尊重、满足和信任的人，是个能用良知战胜自私的强者。那种心安理得、欢畅明澈的幸福感远不是那些游玩佚乐者所能享受到的。

居庸关城隍庙大殿有这样一副楹联："做个好人身正心安魂梦稳；行些善事天知地鉴鬼神钦。"做个好人，是否能得到被孔子敬而远之的鬼神们的钦敬不得而知，但要说到心安梦稳那是真实不爽的。而且，一个人一旦明悟了自己的责任和使命，再以无所畏惧的意志来躬行、精进，日新、日新、又日新，这样就能在人生的道路上不断有所超拔和收获，生命之花就能徐徐绽放，璀璨而芬芳。当你堂堂正正地生活、坦坦然然地工作、光明磊落地处世时，你会觉得自己是透明的，是喜乐的，是清静的，是完整的。

2.遵守做人的规则，不放纵自己

给我心灵的钥匙，让我远离罪恶。

——某市举办的"画我天空，活我心灵"活动中，孩子们的心声

无规则难成方圆。比赛因为有了规则的约束，胜负的判定才会显得公平；交通因为有了规则的约束，马路上人车才会各行其道；买卖因为有了规则的约束，交易双方才会合作愉快。做人也有规则，遵守做人的规则，人才能实现完整的人格，才能实现对人生价值的追求。

有位林先生准备带着他的家人到海边旅游。前一天晚上，他召集孩子们说："明天到海边去玩，我们先订一些注意事项和分配工作的规则。"14岁的儿子安安嘟着嘴说："爸爸真讨厌，一天到晚订什么规则，连到海边玩水，也要来这一套。"林先生的家庭会议，在儿女反对声浪中狼狈地结束。

第二天早上，全家人到了海边，当时有不少人在冲浪。孩子们到车子里拿泳衣，想要下海畅游一番。他们翻遍了行李箱，找不到泳衣。他们生气地对爸爸说："你怎么忘了交代我们带泳衣出门呢？害我们不能尽兴地玩水。"悠闲地躺在沙滩上晒太阳的林先生慢条斯理地回答说："我昨天的家庭会议，就是要提醒大家必备的东西，是你们拒绝我订立注意事项，不喜欢我约束你们。"

从社会的各个方面来看，人人都必须遵循生活的规则。比如，在家庭里如果妈妈不定时煮饭，爸爸不肯安分工作，孩子不愿上学读书，家庭一定杂乱无章，毫无秩序可言。小至家庭，大到一个公司、一个国家，都必须共同遵守法规，彼此分工协作，守住分际，像机器上的大小零件组合在一定位置，才能轮转不休。

给自己定出计划以及纪律，严格要求自己，看似委屈了自己，强迫自己放

弃很多生活的乐趣，不能够随意地生活。但大家心里都明白：眼前的这种严格自律，正是养成良好习惯，克服种种惰性，从而享受高质量生活的前提。

一个人是否能检点自己的言行，在平时体现得最真切。缺乏自律这种优良品质的人，容易使自己屈从于不加谨慎考虑的欲望，变成在知识与思想上容易随波逐流、盲目跟从某些浅薄无知的人。如果一个人没有勇气去克制日常生活中的欲望，实际上很难做到自律。

元朝的时候，连年战火，局势动荡不安，老百姓为了保全性命，流落异乡。有一个读书人许衡，他也随着逃难的人潮，来到一处偏僻的村镇。难民们赶了一天的路，个个又饥又渴，看到路边的果树，大家欢喜地采撷水果，饱餐一顿美味。

许衡只是静静地坐着，并没有加入采摘水果的行列。有人热心地怂恿他："许先生，赶快去吃水果，又大又甜哦！"

许衡回答："这水果是有人种的，要得到主人的允许，才能摘来吃呀！"一旁的人哈哈大笑，不约而同说："哎呀！先生，现在是什么年头了，各处战乱频仍，果园的主人早就远走他乡，哪里还有什么主人呢？"

许衡面色凛然地回答："尽管现在战火漫天，这个果园失去了主人，难道我们的心中就没有主人吗？我采摘水果食用，就是偷盗，侵犯别人的利益，我心中的主人时时刻刻替我监管道德，替我看守良知，我怎么能逾越规矩呢？"

世间的法律法规，虽然只能约束我们外在的行为，不能约束我们的心灵，但作为一个正常的人来说，应努力使自己的心如君子怀璧。

公元1858年，美国的亚伯拉罕·林肯在参加参议院竞选时，有一位朋友真诚劝告他不要发表某次演讲。但是林肯回答说："如果命运注定我会因为这席讲话落选的话，那么就让我伴随着真理落选吧！"坦然的林肯果然落选，但苍天不负有心人，两年之后，亚伯拉罕·林肯终于就任美国总统，且是一位伟大的总统。

人生在世，有许许多多的外来力量在诱惑你我，强迫你我，扭曲你我去做这件事做那件事，尽管这些事那些事是你我不情愿做的。但是，当你我不情愿时，是否静坐时深思过？人世间，除了权力、金钱、声望等等之外，还有一个给人成功、百灵百验的秘诀。有了它，一个人的潜能可能成倍地施展出来，这不是别的，就是洁身自好。这是成功的品格。

　　不要随意放纵自己，不要轻易向各种诱惑低头，坚持自己的方向与计划，管理好自己的人生。否则，你很可能因为贪图眼前的一点点安逸享受，而损失掉生命中真正的财富。

3.与其改变别人,不如改变自己

与改变自己相比,改变世界并不是最困难的。

——南非前总统曼德拉在新世纪伊始时说

现实世界中有太多的事情是我们无法改变的,或至少是暂时无法改变的。如果事情无法改变,我们就改变自己;如果别人不喜欢自己,我们就先试着喜欢别人。要想事情改变,首先得改变自己;只有借由改变自己,才会最终改变别人;只有借由改变自己,才可以最终改变属于自己的世界。

只要改变了自己的想法,就能改变自己的生活,就有一个美好的未来。曾有位文学家这样说过:"大多数人想改造这个世界,但却极少有人想改造自己。"人是社会的一员,是人类社会中的一个要素。人与社会的关系决定于人所处的状态。人的状态不同带来的效果也不同,状态主要表现为生活状态、心理状态和行为状态。

当你调整状态,改变自己时,你与世界的交换必然发生变化,你与世界的关系就变了,你在社会生活中的位置也就变了。同时,世界也必然要做出反应以适应你的改变。世界就这样被改变了。

马科斯原在营销部当部长。一天突然接到人事处的命令,调他到产品供应斜。在公司里供应斜的地位,远不如营销部,如此一调,等于贬了职,前途必然大受影响。

从前马科斯从事销售工作,整天往外跑,很合乎他的个性。如今要他整天坐在办公室,跟那些器材报表打交道,实在叫他受不了。开始时,他一直闷闷不乐,心灰意冷。他开始想到一个问题:"为什么以前我对自己信心十足,当上了供应科长,却情况大变呢?"他悟到一个事实:"这是因为我对自己的期望值无形中降低了,我失去了激励自我的动力。"

于是,马科斯开始把全部精力投入到新工作,慢慢地发觉供应科也大有用武之地。而且,供应斜对整个公司来说起了很大的作用,只是平时大家把他忽略了而已。马科斯重新找到了工作的信心,一改以往消极拖沓的作风,变得充满了斗志,工作起来如鱼得水,得心应手。他的积极态度,也渐渐影响到了部属,把它们也带动起来。由于出色的工作成绩,他两次获得总公司颁发的特别奖金。不久马科斯收到了一张人事命令:"调到总公司,晋升营业部经理。"

也许你有许多事情想做,却一味依赖别人,看到别人做得不好,就会指出缺点和错误,却不知最大的问题反而在自己身上。

曾经有一个人,年少时,意气风发,梦想着能改变世界,但当他年龄增长,阅历增多,他发觉自己无力改变世界,于是缩小了范围,决定先改变他的国家。他很快步入了中年才发现这个目标也太大了,于是他将试图改变的对象锁定在最亲密的家人身上。但他们个个还是维持原样。并不如他想象的那样。当他垂老之际,他终于顿悟了一个道理,若我能先当家的榜样,也许下一步就能改善我的国家,再后来,我甚至可能改造整个世界。

不要试图改变别人,努力将自己做好!适者生存,不适者则被淘汰,这是社会规律,世上的事物时时刻刻都在发生着改变。如果你跟不上社会的步伐,你会被社会抛得越来越远。面对这样的状况,只有改变才是出路。

许多时候,担心是多余的,欣然地面对现实,勇敢地接受挑战,就会塑造一个"全新的自己"。

人生是由一连串的改变所形成的,当你的环境、教育、经验、吸收的资讯、想象产生变化,你的由内而外的各个生理与心理的关卡,多多少少都会产生不同程度的变化。

改变就是机会,只要你及时处理,就会有好的机会与开始。而且,唯有良好的自我改变,才是改变事情、改造状况,甚至改变环境的基础。

改变自己要学会接受新事物,因为每个人都有着无限的潜能等待开发,只可惜,我们往往限制住自己的思想。科技进步的速度快得惊人,相对也引导各方面的成长,如果你仍一味地沿用旧的思想、旧的做法去行动,可能会被社会淘汰。所以头脑要放灵活些,很多不该再坚持的观念,何苦抓住不放呢?

无论你的志向是什么,通向成功的道路只能靠你自己一步步向前走。事实上,这是一趟孤独的旅行,纵使前进的道路上有不少朋友、亲人或同事相伴,也绝对没有人能替你前进。

成为一个胜利者,无论从事什么职业,也都必须靠自己努力来实现。接受新思想,摒弃不适当的旧观念,会使你改造自己,成为扩大格局的好起点。

以下四个步骤能让你改变自己,重塑自我:

1.写下你的自我认定

你希望的自我认定中要包括哪些条件,请把它们写下来。你一面写,一面显示出要改变自己的决心。到底哪些人身上拥有这个条件呢? 他们是不是你可以效仿的榜样呢? 你不妨想象自己已融入了这个新的自我认识里,他们该是怎样的呼吸方式? 怎样的走路方式? 怎样说话? 怎样思考? 怎样感受?

2.下定决心

如果你确定想拓展自己的自我认定和人生,那么从此刻开始,你就得下定决心想成为什么样子。你的心态要重回到孩童时代,对未来满怀憧憬地写下成为上述角色所必须具备的各种特质。

3.列出行动方案

现在请列出你的行动方案,好使你能跟这个新人生角色相符合。在谋划这个方案时,你得特别留意要结交什么样的朋友,要让他们能强化而不是弱化你的自我认定。看见一个人能拓展他的自我认定,这实在是件愉快不过的事了。

4.让你自己知道你的自我认定

最后一步是你得把新的自我认定尽可能让周围的人知道,而最重要的是得让你自己明白。每一天你都得以这个新标签来好好提醒自己,时间一长它就会把你调整成这个标签的样子。

通过有意识地改变自己,一段时间之后,你也许会成为你自己的偶像,有一天,你会从内心欢呼:"噢,我真伟大!"

4.遵守道德的底线，不做问心有愧的事

时间是用来流浪的，身躯是用来相爱的，生命是用来遗忘的，而灵魂，是用来歌唱的。

——吉卜赛人这样说

我们每个人都是由自己一再重复的行为所铸造的。因而优秀不是一种行为，而是一种习惯。世界上不存在优秀的行为，习惯优秀才是真正的优秀。

汤姆斯·麦考莱说："在真相肯定无人知晓的情况下，一个人的所作所为，能显示他的品格。"我们当中需要决定别人怎样做事的人不多。但我们每人每天都必须做出许多个人的决定。在街上捡到一个钱包，该把钱吞没呢？还是送交警察呢？这笔交易本是别人的功劳，可以把它据为己有，列在自己的推销记录里吗？没有人会知道。除你之外，没有人知道。但是你必须对得住自己，最好能问心无愧。因为问心无愧可生自信，而自信远胜于宽心。

一个美国游客到泰国曼谷旅行，他在一个货摊上看见了十分可爱的小纪念品，他选中 3 件纪念品后就问价。女商贩回答是每个 100 铢。美国游客还价 80 铢，费尽口舌讲了半天，女商贩就是不同意降价，她说："我每卖出 100 铢，才能从老板那里得到 10 铢。如果价格降到 80 铢，我什么也得不到。"

美国游客眼珠一转，想出一个主意，他对女商贩说："这样吧，你卖给我 60 铢一个，每件纪念品我额外给你 20 铢报酬，这样比老板给你的还多，而我也少花钱。你我双方都得到好处，行吗？"

美国游客以为这位泰国女商贩会马上答应，但只见她连连摇头。见此情景，美国游客又补充了一句："别担心，你老板不会知道的。"

女商贩听了这话，看着美国游客，更加坚决地摇头说："佛会知道。"

美国游客一时哑然。

这是一个值得深思的故事。美国游客为了达到自己的目的，就像钓鱼一样，设了一个诱饵，但女商贩并不上钩，拒绝了利益的诱惑。这其中的关键在于她懂得：商人必须讲究商业道德，正经钱可赚，昧心钱不可得；别人能瞒得住，但良心不可欺。

为人的道理和经商的道理是相通的。"认认真真做事，清清白白做人"前一句话几乎包含了各种层面的人生活动，比如做官、种田、教书、打仗等等；后一句话则强调，无论做什么事，都要"对得起天地良心"，于人于己问心无愧，无论处于何种人生情境，无论是别人知道还是别人不知道，做人都要珍视"人"这个崇高的称号，必须保持个人品德的纯洁无瑕。

利用别人不知道而欺骗别人是一种最大的罪恶。许多奸恶之人大都以"别人不知道"来为自己壮胆，从而干下了许多坏事。天下的坏事可以分为两种情况：一种是利用别人不知道而进行欺骗，一种是虽然别人知道却不害怕。前者还知道有所畏惧，说明他良心未泯，后者就是肆无忌惮了。

《后汉书·杨震传》中记载了一则"杨震四知"的故事。

东汉时期，杨震奉命出任东莱太守，中途经过昌邑，昌邑县令王密是由杨震推荐上来的。这天晚上，王密怀揣10斤黄金来拜见杨震，并献上黄金以感谢他往日的提拔。

杨震坚决不收，王密说："黑夜没有人知道。"杨震却说："天知、地知、你知、我知，怎么说没有人知道呢？"

这则故事不仅仅涉及行贿、拒贿的问题。在实际生活中，有多少的小人、奸人、恶人，不都是借着"黑夜没有人知道"的掩护，干下了大大小小的罪恶勾当？可是，那些在黑暗中干着不可告人勾当的人，不要以为自己在行动时，别人不知晓。其实，天上地下的神明正睁着大眼睛看着你呢！及早回头。当然，对于那些干坏事肆无忌惮的人，等待他们的将是法律的制裁和冰冷的铁窗。

在一个人行动之前，良心起审查和指令作用；在行动中，良心起调整和监督作用；在行动后，良心对行动的后果进行评价和反省，或者满意或者自责，或者愉快或者惭愧。一个人做人能做到问心无愧，能在良心的引导下做事，大致上可以高枕无忧了。所以俗话说："为人不做亏心事，半夜不怕鬼敲门。"

一个人的文明行为不是做给别人看的,而是这种操守是人内心的修炼。没有监督下的坚守原则,才是一个人真正的道德底线。而这种道德的底线,需要每个人自觉坚守才行。

5.不要不该要的东西，不干不该干的事

"眼睛"标志具有警示作用，人们看到时会自然而然地约束自己，避免不良行为发生。

——英国纽卡斯尔大学向当地政府建议把公共场所的所有警示标志都替换为"眼睛"

在大千世界中，也有许多我们可求也该求的东西，有许多我们不可求也不该求的东西。因此，我们有必要在这里做出选择。

如何选择？如何抉择？1948年，朱自清的胃病越来越重。这天，朱自清正在家里躺着，吴晗来到他家，递给他一份抗议美国扶日政策并拒绝领取美援面粉的宣言书。朱自清看了，不说话，只是颤巍巍地提起笔，在宣言上签上了自己的名字。不到两个月，朱自清便逝世了。朱自清的胃病，对食品是必须严格选择的，在那时候面粉是不可多得的好食品。如果他不签字，别人也能理解。但他还是签了，虽然他的死并不一定仅仅因为这些。我们可以想象，他忍受不了美援面粉的侮辱性，却忍受了病痛的剧烈折磨，这种选择显然是他自己的取向。

亚圣孟子曾说过，不要我所不要的东西，不干我所不干的事。求我所必求，为我所必为；当取则取，当舍则舍，如此而已。我所不要的东西，既包括我们不该要的东西，也包括我们不必要的东西。不该要的东西不要，比如，来路不明的不义之财；不必要的东西也不要，比如，名不副实的空衔虚誉。不该要不必要的东西，如果要了，人就变成了外物的奴隶，本来受人驱遣被人役使的外物便控制了我们自己。更厉害的，贪小利而忘大义，派生出填不满的欲壑，长成吞象的蛇心，最终会一个跟头栽进万劫不复的深渊。

相同的道理，不干我所不干的事。干不可以干的事，往往会损害别人，会被千夫所指，会受制裁。即使不受制裁，稍有良知，也会日不安夜不宁，问心惭愧有余；良知即便全失，也免不了担惊受怕，饮食难甘，夜不成寐。干不愿干的事，就必须勉强自己，甚至要强迫自己，不能随心所欲，也无法尽心竭力，虽是举手之劳，也会觉得苦不堪言。事情干不好不说，严重的还会因此扭曲了自己、改变了自己，最终失去了精神的舒展和心灵的自由。

话又说回来，不要自己不要的东西，不干自己不干的事，说说容易，真正做起来其实很难。比如，现在有人正巴巴地送了礼来，要还是不要，就可能十分伤神费心。这里，不但有关系自己切身利益的取舍，同时还有人情面子、人际关系的考虑。说到底，我们都是凡人，是凡人就难以超凡入圣。

这里的关键，只怕还在于我们自身。一句话，当取则取，当舍则舍。只要来得正，黄金美玉不嫌轻；不当取则不取，来路不正，一瓢一饮也算重。至少，心术不正的礼总是不能接受的，该打回去也还得打回去。

6.克服人性的弱点，别受情绪的控制

没有比腐蚀心灵、束缚意识更可恶的事了。　　　　　　　——安布罗斯

情绪是人的思考与行动的伴生物，事情做得顺利，智慧迭出，情绪就好。看天，天是蓝的；看花，花是好看的；看人，人是精神的。事情还没做完甚至于还没开始着手做，障碍一个接着一个，头脑转不了弯儿，情绪上就受波动了，看什么什么不顺眼，尽管它们和你高兴时所看到的一模一样。

如果情绪仅仅是思考与行动的终极或"排泄物"——如果事情做砸了，痛苦一场——那也罢了，糟糕的是，情绪会改变你原来的思维方式，并自然而然地对你以后要做的事产生影响。

寺庙里，老和尚正给小和尚讲经说法。

老和尚说，心中怒火烧毁的往往是自己的心，所以要制怒。"退一步海阔天空！"老和尚讲。

老和尚的佛理刚刚讲完，小和尚便虔诚地向老和尚请教："师父，刚才你最后一句说了什么？"

"退一步海阔天空。"老和尚说。

"退一步之后是什么？"

"海阔天空。"

"哦！退一步海阔天空。"小和尚小声念道，忽又问："师父，海阔天空前面是什么？"

"是退一步。"

"退一步前面是什么？"

"退一步前面已没有了。"老和尚说。

"哦,退一步后面是什么呢?"

"海阔天空。"

"那海阔天空前面是什么呢?"小和尚不停地问。

"混账!你这哪里是讨教,分明是在胡闹!"老和尚气不打一处来,额头青筋直冒。

人人都有不易控制自己情绪的弱点,但人并非注定要成为他情绪的奴隶或喜怒无常的心情的牺牲品。学会怎样消除破坏我们舒适、幸福的生活和阻碍我们成功的情绪敌人,是一门最精深的艺术。

我们应当尽力抹掉头脑里一切令人讨厌的、不健康的情绪。每天清晨起来,我们都应该是一个全新的人。我们应当从思想长廊里抹去一切混乱的印象,取而代之的是和谐、使人振奋、清心怡神的东西。

1992 年,美国总统候选人克林顿面临的对手是布什。从外部形象看,年仅 46 岁的高大、英俊的克林顿当然比年纪老迈的布什占有很大的优势,但布什是一个很难对付的对手,是一个老牌政客,在从政经验的丰富与外交成就的显赫这两个方面,克林顿无法同他相比。虽然如此,克林顿在电视辩论中并没有表现出咄咄逼人的架势,不进行人身攻击,而是要在广大观众面前展示出一个沉着稳重,从容大度的形象。在 1992 年 10 月 15 日第二次电视辩论中,辩论现场只设一个主持人,候选人前面都没有讲桌,只有一张高椅子可坐,克林顿为了表示他对广大电视观众的尊敬,一直没有坐,并且在辩论中减少了对布什的攻击,把重点放在自己任阿肯色州州长 12 年间所取得的政迹上。克林顿的这种彬彬有礼的做法,立即赢得了广大电视观众的好感。

最后一次电视辩论中,克林顿英俊潇洒的姿态,敏捷的论辩与幽默机智的谈吐使他出尽风头。他对布什的责难不屑一顾,而是得体地对广大观众说:"我既尊敬布什先生在白宫期间的为国操劳,又希望选民能鼓起勇气,敢于接受更佳人选。"话音刚落,掌声雷动。不久,克林顿成功当选美国总统。

人们对社会精英是极为挑剔的,竞争对手要是随时盯住你的行为,抓住一点失误就会伺机掀起轩然大波,这就要求你格外谨慎、细致和小心。在特定的场合与特定的环境下,说话要慎重点儿。试想,如果克林顿听到布什的责难生

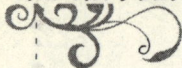

气、发怒,那就会授人以柄,弄得自己难以下台。

　　一个人要有忍耐力,还要能适时地控制好自己的情绪,尽可能不让消极、对事物有害的情绪爆发出来,做到胜不骄,败不馁,不把喜怒哀乐写在脸上,影响他人和群体的情绪,影响大局的发展。

　　如果你觉得担忧,发愁或焦急时,如果你不自然地紧张或与自己过不去时,如果你处在心理低谷的时候,你不妨暂停一会儿,在心里告诉自己说:"这并非一种睿智聪明、思维敏锐之人所过的生活啊,这并非一个完整的人的生活啊!这只不过是一个从未享受过生活乐趣的无知者的生存方式啊!"这样想过之后,你的情绪就会逐渐平静下来。

7.千万不要乱生气，生气不如争气

靠骨气挺直脊梁，靠正气树立形象，靠朝气迎来希望，靠勇气增添力量，靠志气实现理想，靠才气书写华章，靠人气团结兴旺。

——人生靠"气"

有个叫艾迪的人，一生气就跑回家去，绕着自己的房子和土地跑3圈。后来，他家房子越来越大，土地也越来越广，但一生气，他仍绕着房子和土地跑3圈，哪怕累得气喘吁吁，汗流浃背。后来艾迪老了，走路要拄拐杖，生气时他还是围着土地和房子跑3圈。

孙子不解地问："爷爷，您一生气就绕着房子和土地跑，这里有什么秘密吗？"他对孙子说："年轻时，我不论和人吵架还是争论，只要生气就绕咱家的房子和土地跑3圈。我边跑边想：自己的房子这么小，土地这么少，哪有时间和精力去跟人生气呢？想到这里我的气就消了。气消了，我就有更多的时间和精力去工作和学习了。"

孙子又问："爷爷，现在您老了，也成富人了，为什么还绕着房子和土地跑呢？"

艾迪笑着说："我老了生气时，也绕着房子和土地跑3圈，边跑边想：我房子这么大，土地这么多，又何必和人计较呢？一想到这里，我的气也消了。"

不管在什么时候，你都可以看到人们生气的情形。不管在什么地方，你都可以看到人们陷入不同程度的惰性——从轻微的烦躁不安到严重的咆哮大怒。尽管生气是一种逐渐形成的习惯，但它也是一种侵蚀人际关系的癌症。下面是人们选择生气的常见情形。

开车时动怒——开车的人为一点儿小事就向其他开车的人大声叫骂。当别人车开得太慢、太快、不打信号、打错信号、开错车道或出现其他错误时，你便会大发雷霆。由于你对别人开车的方式不满，你很可能会发怒、陷入生气状态。同样道理，交通阻塞最容易引起敌对情绪。开车的人大声责骂行人，诅咒阻塞的原因。所有这些行为都是由于这一想法而产生的："不应该发生这种事情。但现在它已经发生，所以我就心烦意乱，并且已经促使别人选择不愉快。"

比赛或游戏时动怒——桥牌、网球、扑克等游戏都可以导致愤怒。人们会因为伙伴出错牌或对方犯规而大发雷霆。要是他们自己出了错，便乱摔东西。虽然摔球拍、撕纸牌比拿球拍、纸牌砸人或大声责骂要好一些，但这些行为毕竟破坏了眼前的快乐气氛。

看到不当行为时动怒——许多人仅仅因为某人或某事不合其意便勃然大怒。例如，开车的司机可能会认为前面那个行人或骑车人不应当走在马路上，因而便愤怒地开车把这个人挤出马路。这种愤怒的行为是极其危险的。许多所谓事故实际上都是此类发泄愤怒事件的恶果。

当别人迟到时动怒——你要是认为别人应该根据你的时间表行事，那么当别人迟到时，你便会大发脾气，并为自己的行为辩护说："我当然有权发火了，他让我白等了半个小时！"

当他人干事马虎、丢三落四时动怒——尽管你的怒气很可能会鼓励别人继续自行其是，但是你自己也会继续生气下去。

对无生命的东西动怒——要是你的胫骨给撞了或大拇指给锤子砸了，尖叫一声倒可以减轻不少痛苦，但如果你为此大动肝火并做出某种行为，如用拳头砸墙，那么不仅无济于事，反而会使你更加痛苦。

因丢失东西动怒——不管你怎样生气，丢失的钥匙或钱夹都不会物归原主。相反，动怒只会阻碍你有效地寻找遗失的物品。

我们的生命转瞬即逝。光阴如此短暂，生活中一些无聊小事，又哪里值得我们花费时间去生气呢？相信我们在生活中都有过为琐事生气的经历，无非是为了争高低、论强弱，可争来争去，谁也不是最终的赢家。你在这件事上赢了某个人，说不定会在另一件事上输给他，输输赢赢，赢赢输输，当你闭上眼睛和这个世界告别的时候，你和普天下所有的人是一样的：一无所有，两手空空。

　　人生在世，最重要的是做一些有意义的事，才无愧于自己美好的生命，不要把时间耗在争名夺利上，不要总把"就争这口气"挂在嘴边。真正有水平的人会把这口气咽下去，因为气都是争来的，你不争就没气，只有没生气你才会做好事情，也只有没生气你才会健康地活着，好生气的人很难不生病。

　　医学专家告诉我们，生气首先伤害的是人身上最重要的心脏。《美国医学会杂志》报道，具有仇恨、敌意、易发怒个性的青年，心脏动脉较容易提早硬化，最后导致心脏病。报道说，据一项在 1985 年起针对 374 名 18 岁至 30 岁男女进行的长期跟踪研究，发现个性较具敌意、仇恨及易怒的人，其心脏动脉硬化的几率较一般个性的青年高 2.5 倍。研究人员指出，当人们在生气或愤怒的时候，人体内所分泌的压力荷尔蒙会令血压上升，使血小板凝结在一起，造成血管硬化。研究人员将一些导致罹患心脏病的因素，如吸烟、饮食习惯及运动等剔除，纯粹比较不同个性的人对心脏健康影响的差异，令这项研究颇具说服力。我国的中医学也印证了这一点。正如《内经》所说："喜怒不节，则伤脏，脏伤则病起。"当人愤怒时，交感神经的兴奋性增强，从而促使心率加快、血压升高。所以经常发怒的人易患高血压、冠心病，而且易使病情加重，有的甚至危及生命。

　　人由于愤怒，也可导致食欲降低，或食而不化。经常如此，可使消化系统的生理功能发生紊乱。

　　另外，怒伤肝，人处于气愤愁闷状态时，易导致肝气不畅、肝胆不和、肝部疼痛；怒也伤肺，生气的人呼吸急促，可引起气逆、肺胀、气喘咳嗽；怒伤脾，气极忧虑，很伤脾胃；经常生气，可使肾气不畅，易致闭尿或尿失禁；伤神，生气时由于心情不能平静，难以入睡，致使神志恍惚，无精打采。

　　有一点不用说，生气的人样子是丑陋的。生气对我们身体的危害很大。

　　要做到不生气、少生气，就要心胸开阔，宽宏大量，不要对一些细枝末节的小事斤斤计较、耿耿于怀。其实，退一步并非意味着懦弱，反倒是化解矛盾的良策，或许还会由此冰释前嫌，换得云消雾散、海阔天空。还要善于控制和调理自己的情绪，把生气这种不良情绪消灭在萌芽状态。万万不可认为生气是正直、坦率、豪放性格的表现。动辄生气、发火,则是于人无益、于己无益。既伤害了别人,也是在气自己,实在不划算。

在日常生活工作中,你可以试着用以下方法来解决自己的生气问题:

当你愤怒时,首先冷静地思考,提醒自己:不能因为过去一直消极地看待事物,现在也必须如此,自我意识是至关重要的。

当你发怒时,提醒自己,人人都有权根据自己的选择来行事,如果一味禁止别人这样做,只会延长你的愤怒。你要学会允许别人选择其言行,就像你坚持自己选择言行一样。

写"动怒日记",记下你动怒的确切时间、地点和事件。强制自己诚实地记录所有动怒行为。只要持之以恒,你很快会发现,记录动怒的行为本身将促使你少动怒。

在大发脾气之后,大声宣布你又做了件错事,现在你决心采取新的思维方式,今后不再动怒。这一声明会使你对自己的言行负责,并表明你是真心实意地改正这一误区。

当你要动怒时,尽量靠近你所爱的人。消除敌对情绪的方法之一是握住对方的手,即使你不情愿也要握住他的手,一直到你向他表明了自己的感情并平息了愤怒情绪之后,再松开手。

应该记住:虽然有怒便发比积怨不发要好得多,但根本不动怒才是最为可取的。一旦你不再认为动怒是自然的、是人的一种本性,你便可以在内心消除愤怒。

在遇到挫折时,不要屈服于挫折,应当接受逆境的挑战。这样你便没有闲空来生气了。

生气没有任何好处,它只会妨碍你的生活。同其他所有消极心态一样,生气使你以别人的言行确定自己的情绪。现在,你可以不去理会别人的言行,大胆选择精神愉快——而不是生气。

四　感恩心态

感恩是美丽的字眼，它是一种深刻的感受，能够增强个人的魅力，开启神奇的力量之门，发掘出无穷的智慧。感恩也像其他受人欢迎的特质一样，是一种态度。你必须真诚地感激别人，而不只是虚情假意。

在这个世上，每个人有着不同的缺陷，并非只有你是最不幸的。无须抱怨命运的不济，不要看自己没有的，要多看看自己拥有的，就会接受和肯定自己。

人生不要太圆满，有个缺口让福气流向别人是很美的一件事。你不需拥有全部的东西，若你样样俱全，别人吃什么呢？另外，你如果能体会到每个生命都有欠缺，就不会再去与人作无谓的比较了，反而更能珍惜自己所拥有的一切。

在现实生活中，我们常自认为怎么样才是最好的，但往往事与愿违，使我们不能平静。我们必须相信：目前我们所拥有的，不论顺境、逆境，都是我们最好的安排。若能如此，我们才能在顺境中感恩，在逆境中依旧心存喜乐。

1. 对人对事对物保持感恩的心,你就一定会成功

为什么要嫉妒、抱怨、愤慨呢?上天已经赐给我们许多美好的事物:空气、阳光、草木、可爱的孩子、幸福的家庭等等。那充盈心中的感激、赞美和仁爱会使我们更加喜乐,而这喜乐会带给我们更多的平安,那是一种真正的来自内心的平安。

——一位美国人眼中的人生

每个人从小到大,父母养育我们,师长教育我们,社会供应我们,我们每天都在接受。我们要如何回馈我们的父母、师长、社会大众呢?首先要懂得感恩。有了感恩心,就会发愤图强,追求成功,所以感恩心很重要。

在一个"与成功者对话"的论坛上,一位听众请教台上的企业家:"您觉得一个人成功的秘诀在什么地方?"企业家没有讲一番大道理,而是告诉在座的各位:"保持一颗感恩的心。只要你对人对事对物保持一颗感恩的心,你一定会成功。"这段话赢得了阵阵掌声。

我们知道很多经典的书籍,如佛经、《圣经》、《古兰经》,它们都告诉你要有一颗感恩的心,可是很少有人一语道破,成功的秘诀就是要有一颗感恩的心。我们都要有一颗感恩的心,感谢别人的帮助。

20 世纪 30 年代世界经济大萧条时期,美国一位富有的面包师把城里最穷的 20 个小孩找来说:"在上帝带来好运之前,你们每天都可以来拿一个面包。"

每天早晨,这些饥饿的孩子都会围住装面包的篮子想拿到最大的一个面包。等他们拿到了面包,顾不上向好心的面包师说声谢谢,就急忙跑开了。

只有格琳娜,一位衣着贫寒的小姑娘,既没有同大家一起吵闹,也没有与

其他人争抢。

她只是谦让地站在一步之外,等其他孩子离去以后,才拿起剩在篮子里最小的一个面包。她从来不会忘记亲吻面包师的手以表示感激,然后才捧着面包高高兴兴地跑回家。

有一天,其他的孩子走了之后,格琳娜得到一条比原来更小的面包。但她依然不忘亲吻面包师。回家以后,妈妈切开面包,发现里面竟然藏着几枚银币。妈妈惊奇地叫道:"格琳娜,马上把钱送回去,一定是面包师揉面的时候不小心掉进去的,赶快去,把钱亲自交给好心的面包师!"

格琳娜把银币送回去的时候,面包师说:"不,我的孩子,这没有错,是我特意把它们放进去的。我要告诉你一个道理:谦让的人,上天会给予他幸福。愿你永远保持一颗宁静、感恩的心。回家去吧,告诉你妈妈,这些钱是上天的奖赏。"

滴水之恩当涌泉相报。成功人士提醒我们,不知感恩可能:

(1)不能享受既有的事物。我们并不是时时刻刻感觉到我们的财富。对自己的财富没有感觉,我们怎么会为它而感激?

(2)不知感恩,使我们无法得到更多我们想要的东西。你比较喜欢把东西给哪种人——不肯承认你给了他东西的人,还是表达了由衷感谢之心?老天爷的反应也无二致。吱吱叫的轮子可能最先得到润滑,却也会最先被换掉。

不知感恩妨碍我们成功——越不知感恩,妨碍越大。现实生活中有很多这样的人,他们这也看不惯,那也不如意,怨气冲天,牢骚满腹,总觉得别人欠他的,社会欠他的,从来感觉不到别人和社会对他的生活所做的一切。这种人心里只会产生抱怨,不会产生感恩。哲人说,世界上最大的悲剧和不幸就是一个人大言不惭地说,"没人给我任何东西"。

两个行走在沙漠的旅人,已行走多日,在他们口渴难忍的时候,碰见一个牵骆驼的老人,老人给了他们每人半瓷碗水。

两个人面对同样的半碗水,一个抱怨水太少,不足以消解他身体的饥渴,抱怨之下竟将半碗水泼掉了;另一个也知道这半碗水不能完全解除身体的饥渴,但他却拥有一种发自心底的感谢,并且怀着这份感恩的心情,喝下了这半碗水。

结果,前者因为拒绝这半碗水渴死在沙漠之中,后者因为喝了这半碗水,终于走出了沙漠。

这个故事告诉人们,对生活怀有一颗感恩之心的人,即使遇上再大的灾难,也能熬过去。感恩者遇上祸,祸也能变成福。

作家三毛曾说过这样一段话:"一个小女孩因为没有鞋子穿而哭泣,直到她看见一个没有腿的人。这个小故事,虽然十分平凡,可是它常常在我的心中激励我。当我偶尔对人生失望,对自己过分关心的时候,我也会沮丧,也会悄悄地怨几句老天爷,可是一想起自己已有的一切,便马上纠正自己的心情,不再怨叹,高高兴兴活下去。"

有的女孩总是不满意自己的容貌,也许是因为太希望自己十全十美了,以致把自己外形上不太理想的地方格外地注意与强调。在我们的生命之中,可以得到快乐的源泉很多。如果一位女子有得天独厚的美丽姿容,固然值得快乐,可是除此之外,我们可以从诗文、绘画等精神活动中找到快乐;我们可以从帮助别人、服务社会上找到快乐。一个平凡诚朴的朋友,一个温暖朴素的家,也是一种快乐。只要我们对人对己,都不苛求,在内心修养上多去磨炼,就可以摆脱一些围绕自己的平庸肤浅的看法,对人生的乐趣去求更深一层的了解,那时,外观的漂亮或不漂亮都不太重要了。

我们生活在科学技术日新月异发展的今天,毫无疑问,只要我们有钱,任何有关衣食住行等物质都可以随心所欲地买到,并把它们搬运回家,尽情地享受。也许正是因为如此,人们对这些东西的感恩之情才变得日益淡薄,认为获得它们是理所当然的,因而也就不爱惜它们。正如德国大诗人海涅所说,太容易得到的东西便不是珍贵的东西。试想:如果我们生活中的各种东西全部消失,我们还能生存吗?

一个人的本事极有限。那种对一切东西都怀有感恩之心的人是有人性的人。请不要对自己目前的境遇抱怨,不要对自己所拥有的感到不满意。人呀,总是这样,得不到的就是最好的,得到的往往又不肯去珍惜。可是如果哪一天,你手中握住的像沙子一样被你不经意地从指缝间滑落,当你懂得珍惜的时候,证明你已失去。这时,后悔已成过眼云烟。

不重视现在的人,就不会有可以期待的未来。

感谢生活的馈赠吧! 若你没得到什么,那是因为你本没有付出什么;若你觉得自己所得太少,其实你本可以付出更多!

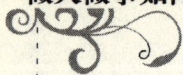

2.当别人帮助你时,别忘记表达出你的感激之情

> 如果拿橘子来比喻人生,一种橘子大而酸,一种橘子小而甜,一些人拿到大的就会抱怨酸,拿到甜的又会抱怨小。而我拿到了小橘子会庆幸是甜的,拿到酸橘子会感谢它是大的。
>
> ——漫画家蔡志忠说

生活中,许多人奉行的原则是"你满足我的需要,然后才满足你的需要"。这种方式很少能发挥效果。一个人这么渴望别人付出感激之情,相对的,他也会努力希望获取别人的接受和赞同。但是这个过程中,这个人难免会痛苦、悔恨、甚至变得没有自信。也许你几句感激的话或一点感激的行动,就能使一个人活得快乐、自在,你何乐而不为呢?

有这样一位妇人,她辛苦地支撑着一个家,却从未得到家人的任何感激。

有一天晚上,她问她的先生:"彼得,我在想,万一我有一天死了,你会不会花一笔钱买花向我哀悼,你会吗?"

"当然会啊! 玛莎,你干吗问这个?"

"我只是在想, 其实到那时候,20块钱的鲜花对我已经一点意义也没有了。但是我还活着的时候,有时候只要一点鲜花,对我却更有意义。"

玛莎的感叹,不也正是你周围每个人内心深处呐喊的心声吗?"有时候只要一点鲜花",便能带给别人活下去的希望和喜悦。

你还等什么呢? 你还要等到你的心无法再爱,眼睛永远无法再睁开,耳朵也永远听不到,才肯行动吗?

为什么人类总是隐藏他们感激的心情呢?或许是人与人之间的摩擦,摧毁了他们感谢的心,或相互的伤害抹杀了彼此的和气,也可能是他们习惯了没有感激的日子,自己也不懂得。这是本末倒置的做法,不是吗?

仔细想想别人曾经为你所做的——爱的表示、友善的动作、信心的鼓励、友好的示意。我们每个人都应该明白,生命的整体是相互依存的,每一样东西都依赖于其他每一样东西。无论是父母的养育,师长的教诲,配偶的关爱,他人的服务,大自然的慷慨赐予……人自从有了自己的生命起,便沉浸在恩惠的海洋里。一个人真正明白了这个道理,就会感激大自然的福佑,感激父母的养育,感激社会的安定,感激食之香甜,感激衣之温暖,感激花草鱼虫,感激苦难逆境。

感恩是美丽的字眼,它是一种深刻的感受,能够增强个人的魅力,开启神奇的力量之门,发掘出无穷的智慧。感恩也像其他受人欢迎的特质一样,是一种态度。你必须真诚地感激别人,而不只是虚情假意。

感恩和慈悲是近亲。时常怀有感恩的心情,你会变得更谦和、可敬且高尚。

每天都该用几分钟的时间,为你的幸运而感恩。所有的事情都是相对的,不论你遇到何种磨难,都不是最糟的,所以你要感到庆幸。

"谢谢你"、"我很感谢",这些话应该经常挂在嘴边。以特别的方式表达你的谢意,付出你的时间和心力,比送出物质的礼物更可贵。

把你的创意发挥在感谢别人上。例如,你是否曾经想过,写一张字条给上司,告诉他你多么热爱你的工作,多么感谢工作中获得的机会?这种深具创意的感谢方式,一定会让他注意到你,甚至可能提拔你。感恩是会传染的,上司也同样会以具体的方式,表达他的谢意,感谢你所提供的服务。

不要忘了感谢你周围的人:你的丈夫或妻子,亲人及工作的伙伴。因为他们了解你,支持你。大声说出你的感谢。家人知道你很感激他们的信任,但是你要说出来。经常如此,可以增强亲情与家庭的凝聚力。

记住,永远有事情需要感谢。推销员遭到拒绝时,应该感谢顾客耐心听完他的解说。这样,顾客下一次有可能再惠顾!

无论你走到哪一家公司,如果你能够对为你服务的女职员说一声"谢谢",她一定会从心里感激你的。反过来说,如果她的这种工作被人所漠视,或者被人认为是理所当然的话,她一定感觉不舒畅。关于这一点,你只要改变一下自己的立场就不难明白了。事实上，有一些女职员就是因此而不满，最终才辞职的。因此，我们最好尽可能地给对方"谢谢您"的感激之语，以便给彼此的人际关系带来良好的结果。

一天中午，大家正聚在办公室里闲聊，突然闯进一个男孩。他很年轻，眼里流露出胆怯和不安。

男孩拿出一张字条，结结巴巴地说："我，我是电脑公司的，你们单位欠了我们钱，总共有 1000 元。"说完，男孩不知所措地站在那儿，像犯了错误似的。

有人不耐烦地说："没钱！下回再来！"男孩嘴唇微微地嚅动着，但什么也没说，转身离去。或许这是男孩第一次出门要钱，他不知道向谁要。其实这时会计就坐在云的旁边。

第二天快下班的时候男孩又急匆匆地来了，当时办公室里只有几个人，会计看了一眼男孩，说："来迟了，没钱！"男孩眼里满是焦急："那我什么时候来才有钱？""那说不准。"会计抛下一句话就离开了办公室。

过了几天，这天下雪了。男孩来到了办公室满怀期待地望着办公室里的几个人，却没有人理他，每个人都在做自己的事。主任抬起头见他还站在那儿，便说："没见我们正忙吗？到外边去，等我们有空儿再进来。"男孩尴尬地低下头，匆匆地走开。

那天下午，云上班时看到男孩仍站在走廊上，这回男孩没进办公室，他一直默默地站在外面，一两个小时过去了，大家在办公室里谈笑风生，男孩仍然站在外面，外面很冷。

这时云再也耐不住了，走到男孩身边轻声说："那个穿红衣、披肩发的就是会计，她有钱！"男孩走进办公室，这一次，他终于拿到了钱！

下班后，云走出办公室，发现男孩竟然还站在那里，他看到云便走过来诚恳地说了声"谢谢"，然后便匆匆离去。

云怔住了，她被这个男孩感动得差点落泪，也为身边那些冷漠麻木的人感到羞愧。

学会感谢会让我们在社交场合变得彬彬有礼，给人留下很好的印象。

3.只看自己所拥有的,不看自己所没有的

生活中有很多失意,笑一笑,也就过了;想让平淡的生活漾起涟漪,认真点,幸运也就来了;想要有位心爱的人爱自己,自己珍惜,默默去付出就会如愿以偿!是啊,对于生活,别奢望的太多,只要我们有坚持到底的勇气,生命的花朵总会在春天的某个角落悄然绽放。

——生命是可贵的,人生是可爱的,我们每个人都要好好珍惜

许多人之所以不能成功,最大的缺点就是如果他在某个方面不具备特别的天赋,他通常就认为不值得全力以赴。

不要因为你不是个天生的领导者,就认为自己是个天生的依赖者。没有杰出的领导天赋并不成其为理由,因为你完全可以慢慢培养。如果我们不对自己的能力进行考验,我们永远不会知道自己到底有多大的潜力。很多看似没有领导天赋的人最终证明了自己是伟大的领导者——他们一开始很少显示出自立的能力。

爱默生在散文《自恃》中阐述道:

每个人在受教育的过程当中,都会有段时间确信:物欲是愚昧的根苗,模仿只会毁了自己;每个人的好坏,都是自身的一部分;纵使宇宙充满了好东西,不努力你什么也得不到;你内在的力量是独一无二的,只有你知道自己能做什么,但是除非你真的去做,否则你也不知道自己真的有这种勇气。

有一个叫黄美廉的女子,自小就患上脑性麻痹症。此病状十分惊人,因肢体失去平衡感,手足会时常乱动,口里念叨着模糊不清的词语,模样十分怪异。这样的人在常人看来,已失去了语言表达能力与正常生活条件,更别谈什么前途与幸福。

但黄美廉硬是靠她顽强的意志和毅力,考上了美国著名的加州大学,并获

得了艺术博士学位,她靠手中的画笔,还有很好的听力,抒发着自己的情感。

在一次讲演会上,一个中学生竟然这样提问:"黄博士,你从小就长成这个样子,请问你怎么看你自己?"

在场的人都责怪这个学生不敬,但黄美廉却十分坦然地在黑板上写下了这么几行字:"一、我好可爱;二、我的腿很长很美;三、爸爸妈妈那么爱我;四、我会画画,我会写稿;五、我有一只可爱的猫;六、……"

最后,她以一句话作结论:"我只看我所有的,不看我所没有的!"

要想成功,必须要接受和肯定自己。在这个世上,每个人有着不同的缺陷,并非只有你是最不幸的。无须抱怨命运的不济,不要看自己没有的,要多看看自己拥有的,就会接受和肯定自己。

一个樵夫在砍柴的路上捡到一只受伤的银鸟,银鸟全身包裹着闪闪发光的银色的羽毛,樵夫欣喜地说:"啊!我一辈子从来没有看到这么漂亮的鸟!"于是把银鸟带回家,专心替银鸟疗伤。在疗伤的日子里,银鸟每天唱歌给樵夫听,樵夫过着快乐的日子。

有一天,邻居看到樵夫的银鸟,告诉樵夫他看到过金鸟,"金鸟比银鸟漂亮上千倍,而且,歌也唱得比银鸟更好听"。从此樵夫每天只想着金鸟,也不再仔细聆听银鸟清脆的歌声,日子越来越不快乐。此时,银鸟的伤已经好了,打算离去。银鸟飞到樵夫的身旁,最后一次唱歌给樵夫听,樵夫听完后,感慨地说:"你的歌声虽然好听,但是比不上金鸟;你的羽毛虽然很漂亮,但是比不上金鸟的美丽。"银鸟唱完歌,在樵夫身旁绕了三圈告别,向金黄的夕阳飞去。

樵夫望着银鸟,突然发现银鸟在夕阳的照射下,变成了美丽的金鸟:他梦寐以求的金鸟,就在那里。只是金鸟已经飞起了,飞得远远的,再也不会回来。

想想看,你犯过和樵夫同样的错误吗?认真对待自己所拥有的,不要让身边的金鸟飞走而追悔莫及。

从哲学的意义上讲,世界上的价值大致可以分为两类:一类就是因为它的存在让别人感到它的价值,比如说一些产品、商品、科技发明以及金钱、地位都归于这一类。这一类东西,起到让你过得更好的作用。另一类是你丧失它之后,就感到了它的价值,比如说空气、自由、健康、时间、青春等等,这一类价值体现的是你生存的必要条件。这两类价值相比，因为其存在而显示其价值的东西一般是从无到有的，由于来之不易且不能人人均等，你会倍加珍惜，比如说地位、金钱等。但那些因失去才显示它的价值的东西一般是从有到无的，这种价值，由于它是自然存在和普遍拥有，很容易让人忽视。

但与生俱来、从有到无的这种价值对人来讲更重要。有的人在拼命地获取和享受从无到有的价值的时候，忘了更重要的从有到无的价值，只有当他已经失去后一类价值的时候，才知道它的可贵，但已悔之晚矣。牺牲后一类价值去追求前一类价值，他所付出的代价更大。

有一个年轻人，四处奔波，辛苦地寻找着成为富翁的方法。几年过去了，他不但没有变成富翁，反而成为衣衫破烂的流浪汉。

最后，他跑到庙里，向观世音菩萨祈愿，请求菩萨告诉他怎样成为富翁。

菩萨被他的虔诚感动了，就教他说："要成为富翁很简单，你从这寺庙出去以后，要珍惜你遇到的每一件东西、每一个人。并且为你遇见的人着想，这样，你很快就会成为富翁了。"

青年听了，高兴地走出庙门，一不小心绊倒在地上。当他爬起来的时候，发现手里粘了一根稻草，正想随手扔掉，猛然想起了观世音菩萨的话，便小心翼翼地拿着稻草向前走。

走不多远，他听见了小孩子号啕大哭的声音，走上前去，看见一位妇人抱着正大哭大闹的孩子。青年用手上稻草逗小孩玩，小孩立即好奇地停止了哭泣。青年就把稻草送给孩子，孩子高兴得笑起来。妇人非常感激，送给他 6 个橘子。

他拿着橘子继续上路，走了不久，看见一个布商蹲在地上喘气。他走上前去问道："你为什么蹲在这里，我有什么可以帮你的吗？"布商说："渴得连一步都走不动了。"

"那么，这些送给你解渴吧！"他把 6 个橘子全部送给布商。布商吃了橘子，精神立刻好了起来。为了答谢他，布商送给他一匹上好的绸缎。

青年拿着绸缎往前走，看到一匹马病倒在地上，骑马的人正在那里一筹莫展。他就征求马主人的同意，用那匹上好绸缎换那匹病马，马主人非常高兴地答应了。

他跑到小河边去提一桶水来给那匹马喝，细心地照顾它，没想到才一会儿，马就好起来了。

青年骑着马继续前进，在经过一家大宅院前面时，突然跑出来一个老人拦住他，向他请求："你这匹马，可不可以借给我呢？"

他就从马上跳下来，说："好，就借给你吧！"

那老人说："我是这大屋子的主人，现在我有紧急的事要出远门。你暂时住在这里，等我回来吧！"说完，就匆匆忙忙骑马走了。

青年在那座大宅院住了下来，等老人回来。没想到老人一去不回，他就成为宅院的主人，过着富裕的生活。

将每一次相逢看成是人生的惊喜，将每一次得到看作是上天的馈赠，将每一次付出看作是心灵的慰藉，这时，幸福便长驻你心。

4珍惜现在拥有的一切，你的人生会更快乐

把钞票摆在眼前，可以遮住大部分原先的视野！

——史考特

就生命的有限性而言，能活着就是一种福报，一种令人赞叹的喜悦。但有许多人不懂得珍惜它，一天到晚挑剔东挑剔西，不满这不满那，他们失去欢笑，也失去生活的勇气；他们把生活变成了烦恼，情绪上的不安，人生成了众苦煎迫的历程。

具有睿智的老师，总是举起他们的教鞭，敲醒学生们的昏沉说："别再傻了！虽然穷，但谁也阻止不了你在苦中作乐。为什么不唱一首歌，额手称庆说'今天我活得很开心，精神生活很平静'呢？"

有一次，一位妈妈跟心理医生说到自己的不幸遭遇说："我的婚姻生活触礁，先生另有新欢，我活得很痛苦。"她说着就哭起来了，诉说心中的恨事。最后心理医生告诉她说："你的婚姻生活已经够惨了，为什么还要这样折磨践踏自己呢？要惜福！除了先生有外遇这件事，你各方面都还好，有子女、有工作、有住处、有体力、有理想。为什么不把眼光投在现有的事物上，去珍惜它，赞美它，拓展它，而要一头栽进那点缺陷，做缺陷世界的囚犯呢？"

这位妈妈与心理医生谈了半个小时后，终于擦尽了自己的眼泪，告诉心理医生说："我愿意珍惜自己现有的一切。"

人要懂得惜福，你自己有许多福气却不自知。你能说话、能听闻、能工作思考、能爱护他人，这都是你的大福报。你有你的生活和工作，心可以安排得充实，把握它、运用它，小小的一棵树苗，都可以长成参天大树；一些挫折反而会成为你心智德行的沃土，要懂得珍惜自己的一切。

在一个讲究包装的社会里,我们常禁不住羡慕别人光鲜华丽的外表,而对自己的欠缺耿耿于怀。其实没有一个人的生命是完整无缺的,每个人都少了一样东西。

有人家财万贯,却是子孙不孝;

有人看似好命,却是一辈子脑袋空空;

有人夫妻恩爱、月入数十万,却有严重的不孕症;

有人才貌双全、能干多金,情字路上却是坎坷难行……

每个人的生命,都被上苍划上了一道缺口,你不想要它,它却如影随形。你要宽心接受,体会到生命中的缺口,就像我们背上的一根刺,时时提醒我们谦卑,要懂得怜恤。

若没有苦难,我们会骄傲;没有沧桑,我们不会用心去安慰不幸的人。

人生不要太圆满,有个缺口让福气流向别人是很美的一件事,你不需拥有全部的东西,若你样样俱全,别人吃什么呢?另外,你如果能体会到每个生命都有欠缺,就不会再去与人作无谓的比较了,反而更能珍惜自己所拥有的一切。

有位著名企业家说:"这辈子所结交的达官显贵不知多少,他们的外表实在都令人羡慕,但深究其里,每个人都有一本难念的经,甚至苦不堪言。"所以,不要再去羡慕别人如何如何,好好算算上苍给你的恩典,你会发现你所拥有的绝对比没有的要多出许多。而缺失的那一部分,虽不可爱,却也是你生命的一部分,接受它且善待它、珍惜它,你的人生会快乐豁达许多。

1.珍惜你自己

李白有诗云:"天生我材必有用。"我们不要因为自己的某些缺陷、一时的失意而看不起自己。做人,你要学会珍惜自己,肯定你自己存在的价值。

我们每一个人都有自己存在的价值,生命的价值不依赖于我们的出生门第,不依赖于我们的长相,也不仰仗我们结交的人物,这些都不是决定我们生命价值的最根本的东西,最根本的取决于我们本身!我们是独特的——永远不要忘记这一点!大自然造你,只造了一个你,一千年以前没有你,一千年以后也不会有你,天底下只有一个独一无二的你。没有人可以替代你,因此你没有理由看不起自己。

蔡志忠先生是闻名遐迩的漫画家，你知道他是怎么步上成功之途的吗？据了解，他很懂得珍惜自己，珍惜其特有的天赋，一直画下去，不断地学习和成长。他把人生比作跑马拉松，但大多数的人只是跟着别人跑，不知道自己要跑到哪里。他认为，人生最重要的是先认识自己，依自己的目的和能力去跑，那就可以不理睬别人是否跑得比你自己快。

蔡志忠先生说："小学阶段，我是品学兼优的好学生，参加初中联考，是全校唯一考取第一志愿的毕业生。当时看来，继续读高中、大学，将是人人称羡、顺理成章的过程。然而，这时我却对自小即热爱的漫画，投以全部的心力，大量阅读、吸收，尝试编剧、创作，加上老师的教法我不是很能吸收，结果竟遭留级的命运。其实当时我心里明白——只要我对漫画的心力，挪转十分之一到课业上，就能将学校功课应付自如；可是漫画就像稀世宝贝，我实在无法移开自己的目光。接着由于得到一个漫画工作的机会，于是 15 岁那一年，我毅然决定放弃学业，朝着我的人生目标行去。"

蔡志忠对青年朋友的建议是："早下决心，为自己的兴趣、理想而努力。"

其实无论是贫穷还是富有，无论是貌若天仙，还是相貌平平，只要你始终充满自信，坚信自己存在的价值，你便是最美的——无人替代的美。都说年轻的妈妈是最漂亮的，其实从生理上来说，恰恰相反。这到底是什么原因呢？就是因为年轻的妈妈肯定自己存在的价值，知道自己在孩子眼里，她是不可替代的。

在我们的人生道路上，我们可能会无数次摔倒，被各种逆境或意外事故击倒、欺凌甚至碾得粉身碎骨。我们可能会觉得自己似乎一文不值。但请你记住，无论发生什么，或将要发生什么，你永远是你自己，你不会因为各种打击而丧失价值。无论你是肮脏或洁净，衣着齐整或不齐整，家财万贯还是一贫如洗，只要你还肯定自己，还认为自己是无价之宝，那便没人能否定你。

佛教禅宗大师对人生的建言是："你自己本身就是宝藏。"要好好爱惜自己，接纳自己，发挥天赋，为社会提供服务，用自我实现来爱惜自己，爱惜家人和社会，乃至你所植根的国家。

2.珍惜你的婚姻

如果你想生活得幸福丰足，安心在事业上发展，你一定要有一个美好的家庭。家庭，提供你安全感，让你感到温暖。家庭是一个避风港，是你休憩和恢复活力的地方。幸福的家庭是成功的基础，但是一定要切记，美好的家庭是自己营造出来的，它的成功就在你的手上。

创建美好的家庭，它的前提是要有一个美好的婚姻。婚姻美满，带来家庭的和谐，相对的父母子女也能得到温暖的气氛和安全的保障。一个人早年是否过得幸福，视父母婚姻美满程度而定，至于家庭是贫是富，其影响并不很大。长大成家是否感到幸福，则与自己的婚姻情况有关。婚姻不但影响一个人的心理生活，甚至影响事业前途。汉朝司马迁研究历史，更发现婚姻与个人的成败攸关。因而司马迁先生在《史记·外戚世家》中说，夫妇的关系，是人道中重大的伦常；礼制的用处，唯独在婚姻上最为谨慎。

许多人都知道婚姻的重要，刻意注重选择对象。但很少讲求如何培养美满的婚姻，如何缓和彼此间的紧张情绪，如何挽救琴瑟失谐的婚姻现状，这也许是现代社会离婚率逐渐增高，而离婚家庭的子女失去了应有温暖的原因。

为了培养美满的婚姻，使婚姻持久地维持下去，先生应有好的礼貌和态度，过正常生活，尊重和关心妻小；太太也要在生活上尊敬先生，有礼貌，言词谦和。这些原则如果加以引申，我们可以发现几个培养美满婚姻之道。

（1）关心自己的婚姻

美好的婚姻和家庭不单是从选择伴侣中得来，更重要的是经过一段时间的学习和培养而获得。许多人常怀着错误的观念，等待配偶顺从自己，而从未想过自己也有调适的责任。另外一种错误的态度是：漠不关心，抱着"合不来就离婚"的观念。这两种心态，都缺乏积极争取圆满婚姻的信念，所以多少要影响其婚姻幸福。一个人要想和自己的配偶圆满好合，一定要对自己的婚姻和家庭关心。有意去改善它、培养它，才可能获得好的婚姻生活。

（2）情意交流

夫妇间的情意必须交流。许多琴瑟失调的夫妇，都是由于不能沟通情意而引起。沟通必须是和谐的、双向的、互相接受、互相尊敬的。沟通不只透过语言来沟通,也透过表情、行动、姿势等来沟通。就其重要性而言,有时表情、行动及姿势等非语言沟通,比语言沟通来得更重要。夫妻间的沟通必须是真诚的交谈,是和气的对话;可以在茶余饭后聊天中沟通,也可以在散步中倾谈。在情意交流中,最重要的是倾听对方的意见,真诚地表示自己的看法。倾听别人说话,就表示自己能接受对方的意见,能和气地表示意见,也容易被对方接受。

（3）消除纠纷

夫妻两人对事物免不了有不同的意见,但是如果为了不同的意见或一时的急躁,而吵得面红耳赤,对彼此都有损无益。它不但影响心情,还会引起身上的疾病,如高血压、头痛、失眠等等。因此,夫妇之间必须有一个共同的信念:如果发生争吵,彼此都有消弭它的责任。

（4）放下不合理的欲求

人是不会满足的,某些欲求得到满足,新的欲求就进一步地出现。婚姻关系中,对配偶的要求也是一样。有的人把自己的婚姻,拿来跟别人比较,在配偶面前赞美别人的美满恩爱,羡慕别人的成就或温文体贴,到头来只是伤了彼此的自尊,破坏自家的和气。羡慕别人的恩爱,埋怨自己的福薄,并不能提升自己婚姻的幸福。事实上,每一对夫妻都有自己的特质,是不能相互比较的。别人家的优点抄袭不得,更不可能勉强模仿。美满婚姻的唯一之道是相互尊重与鼓励。从不断适应与改进中,学会互相欣赏优点,互相体谅与包容缺点。

婚姻甘苦在人为,真的关心自己的婚姻,就得主动改正和适应。使婚姻真正快乐的是彼此欣赏和爱护对方的特质,弗洛斯特曾说:"我们对万物之爱,是爱其本来面目。"如果我们不把对方变为自己的从属,期待他成为自己心目中的人物,而能彼此接受,那才是真爱。

3.珍惜你的家庭

幸福的家庭往往都是一样的,而不幸的家庭却各有各的不幸。

有关家庭的名言警句太多了,无法一一列举。

（1）家庭是事业的基础和核心

大多数成功人士在谈及自己的成功秘诀时都忘不了提及自己的家庭。很多人都认为人一生最终最大的幸福、归宿、成就感和精神动力就是家庭幸福。不善经营家庭的人，往往不善经营事业。家庭是你必须回去，也必定接纳你的地方。没有一个地方有家那么具有奉献性。我们在很多旅馆里都会看到"给你家的感觉"这样的广告。

马志尼曾说过"家庭是心的国度"，也有人说"在家中感到快乐是所有野心的终极结束"。

很多人都以家庭和事业相冲突为借口来否定婚姻，他们总是说先立业后成家，好像这是两个完全无法同时进行的事情。他们完全没看到两者相互促进的一面。

（2）把企业和家庭都装在心中

在IT行业的新贵奚祖强的办公桌上摆着两幅彩色照片——他的两个儿子。在谈到人生目标时，他一再强调"我的家庭才是第一位的，再怎么忙，我也会顾家。"他日常工作特别忙，应酬很多，但即使工作很多，也是每天在家吃晚饭，和家人聊天。他认为没有家庭的幸福，事业的成功也是不圆满的。

（3）让家庭成为你永久的港湾

信息产业的宠儿黄培才30岁出头就已经当了一家公司的总裁，学了软件企业的管理，有十多年的软件企业工作经验和五年的管理经验。他在谈及婚姻的时候一脸的幸福，很郑重地说自己很重视家庭，把家作为休息的港湾，不仅是身体上的，更是心灵上的。家永远都不会拒绝你。

一个在社会上顶天立地的男儿，没有美满的婚姻，他的成功也少了一丝亮色；

一个巾帼英雄，没有一个知心的爱人，不能不说是一种遗憾。

一个温馨浪漫、尽享天伦之乐的家庭里，诚实是家庭的建筑师，整洁是家庭的装饰工，情爱是家庭的温暖器，欢乐是家庭的照明灯，勤奋是家庭的通风口。珍惜你的家庭吧！

4.珍惜你的工作

你在这个世界上选择什么样的工作？如何对待工作？从根本上说，这不是一个关于做什么事和得到多少报酬的问题，而是一个关于生命的意义的问题。

鲁迅先生曾经严肃地指出："我觉得，那么躺着过日子，是会无聊得使自己不像活着的。我总这样想，与其不工作而多活几年，倒不如赶快工作少活几年的好，因为结果还是一样，多活几年也是白白的。"

在工作时，最重要的是充满珍惜感而不是环境。毫无疑问，工作环境要让人适应才行，工作环境再好，在那里工作的人没有意愿，那也是白搭。

有珍惜眼前工作的心态，人的工作意愿自会产生，上进心自会更旺盛，也会更脚踏实地，注意力也会更集中。有一位焦庄老先生，他原来在一家监理公司工作，退休后在家安闲不住，经朋友介绍后，到某工程总队二大队当质检顾问，亲戚朋友都担心他的体力、精力是否能吃得消。令人兴奋的是，焦老先生每天都按时骑车上下班，神采奕奕，大有"返老还童"之感。有晚辈跟他开玩笑，问他有何灵丹妙药使自己青春焕发。老先生笑着说："是工作，当顾问就得接受无休止的挑战，使命感让我发现自己居然有这样的天赋。"在人的生命中，抛弃一切，只专心去追求某一个机会是很重要的，在追求的过程中，会使自己的工作观更加坚固。

高尔基曾说过："工作如果是快乐的，那么人生就是乐园；工作如果是强制的，那么人生就是地狱。"一个热爱工作的人，是一个具有高度责任感和创造力的人，他充分享受着工作的乐趣和荣誉；同时，因为努力工作，工作也给了他足够的尊严和实现自我的满足感。他真正体味到了工作的乐趣、生命的意义，他才是最优秀的员工，才是社会最需要的人。

张小五有一阵子待业在家，早上 10 点多还赖在床上，可仍不时地叫头疼；那么健壮的他，稍不注意就会生点小病。现在他找到一份在出版社搞发行的工作，一天从早到晚忙个不停，却精力充沛，无病无痛。他对此深有感触地说："只有工作才是治疗年轻人所有疾病和痛苦的灵丹妙药。"

工作的质量往往决定生活的质量，一个人所做的工作是他人生态度的表现，一生的职业，就是他志向的展示、理想的所在。所以，了解一个人的工作态度，在某种程度上就是了解那个人。因此，美国著名教育家威廉·贝内特说："工作是我们要用生命去做的事。"

你不能决定自己的寿命,但你可以保证生命的质量;你不能预知明天,但你知道自己没有辜负今天,因为你还工作着,工作是人类拯救自己的希望。工作使自己的热情变成现实。从这个意义上说,工作是人生的一半,而人生的另一半也是工作。

5.珍惜你的福分

《唐语林》中有两则吃饼的故事。

唐太宗大宴群臣,宇文士及割熟肉,割完之后,用面饼揩手上的肉汁,太宗不做声,眼睛斜视着他。不知是这位宇文士及有节俭的习惯还是因为感觉到芒刺在背,总之是不动声色地用饼揩好手,然后从容地把这块饼吃下去了。那一边太宗也松了一口气。到了唐玄宗这一辈,国家已经很富裕,宠妃还享用万里飞骑送来的荔枝,但他本人却也很舍不得一块饼。这一回割熟肉的是太子李亨,他也用饼擦手上的肉汁,玄宗也一直盯着他看,大不高兴。太子慢慢地举起大饼,大口大口地吃起来,玄宗非常高兴,对太子说:"福当如是爱惜。""福"在古代是指祭神的酒肉,也泛指食物。中国语言中有"惜福"一词,就是从爱惜粮食这个意思上来的。

为人处世,应有勤劳节俭、冰清玉洁的操行。也只有勤俭,才能永保廉洁;只有保持冰清玉洁的操行,才能长久处世。守住节俭并依此修持,贫穷时可以独善其身,富贵时可以善待天下。守住了勤俭,就足以风范于人间,风范于世道。勤就不缺乏财物,俭就知道节余;劳就能进益,节就能知足,这是古代人惜福的方法。在勤、俭、劳、节中,俭是首要的。

宋史记载:宋代的永宁公主,曾经穿着一身豪华的高贵打扮来拜见皇上,皇上说:"从今以后不要这样打扮了。"公主笑着说:"这又能花费多少钱?"皇上说:"作为皇帝的女儿都如此奢华,宫廷里必然效仿起来。宫里人人都绫罗绸缎,京城市面上的高档服装价格就会抬高。京城里的高档服装价格抬高了,百姓们必然追求利益。你生长在富贵的家庭里,应该知道珍惜福分,不能生出不好的念头来。"

珍惜福分的人,福常有余;暴殄天物的人,福常不足。所以老子以俭为宝贝。并不只是生活中应该懂得节俭的道理,如果所有的事情懂得节俭,将会收到意想不到的效果。比如，在吃喝上节俭，可以养护脾胃；在嗜好上节俭，可以集中精力；在语言上节俭，可以调养气息；在应酬上节俭，可以养身安神；在思虑上节俭，可以少生烦恼；在欲望上节俭，可以清心养德。凡事俭省一分，便增益一分。这虽然是持身之道，也不失为处世之道。

俗话说，身在福中要知福。知道自己现在过着一种不愁衣食的生活，是一种难得的福分。不要小看这福分，不要浪费这福分。一方面要知足，一方面仍要尽量节俭。这样才不会养成奢靡颓惰的习惯。日后才可以有足够的准备去应付各种不同等级的生活。

俗话说："多在有日思无日，别到无时思有时。"对经历过艰苦的人来说，尽管现在生活富裕，但仍应念念不忘过去的艰苦困难的日子。这样，做人才可以知足，才可以安分，才可以不敢松懈地继续努力，也才可以保住既有的财富。

旧时，许多长辈告诫子女们说："老天爷给每个人安排了一定的福分。如果你小时候把福分享用光了，老的时候就会穷苦。"这句教诲对今天的每个人都适用。人应该珍惜自己的福分，慢慢享用，不要挥霍。"宁吃少来苦，不受老来贫"。年轻时刻苦一点，年纪大的时候，就多一点享福的可能。至低限度，俭朴的生活习惯，可以帮助人多一点力量去适应各种环境。

人生的幸福不是一味追求得来的。虽然说没有努力就没有幸福，但不懂得惜福，到手的福气也是会流逝的。不懂得珍惜自己，不愿活出自己生活意义的人，即使有了偌大的财富，也是空虚不实的。

5.善待父母，孝心无价

祭而丰不如养之厚，悔之晚何苦谨于前。

——格言

不管是什么人，都有做儿女的时候，也都有做父母的时候。很多人在做孩子的时候，却怎么也体会不到父母的良苦用心，一旦做了父母就应该懂得父母对子女的无私奉献。无论在什么时候，你都应该用孝心对待父母。

前人指出："作为确定的人，现实的人、你就有规定，就有使命，就有任务，至于你是否意识到这一点，那都是无所谓的。这个任务是由于你的需要及其与现存世界的联系而产生。"所以，做人就要踏踏实实地像人那样生活，就要遵守各种现实关系对人的限定。比如，天地给人以生命，父母养育了我们，圣贤为我们提供了安宁和智慧，亲朋好友为我们提供有效的帮助，礼、法、道德使我们摆脱动物的蒙昧状态而成为懂得礼义廉耻的文明人。这些因素使我们成为人，我们作为人就必须接受这些因素的制约。

劳尔的父母经营着一家小咖啡馆。劳尔的第一份正式工作就是在 6 岁时专门为那些来咖啡馆就餐的人擦皮鞋。

随着年龄的增长，劳尔要干的活也增加了。当然，劳尔在咖啡馆干的所有活都是没有报酬的。有一天，他对父亲说："您应该每周给我 10 美元。"

父亲看着他，回答说："好啊，那么你一天在这儿吃的三顿饭的饭钱是不是也应该付给我呢？你有时带朋友到咖啡馆来白喝汽水又该怎么算呢？"

大学毕业后，劳尔在部队服役两年后回到家里。那时，他刚被提升为上尉，他自豪地走进父母的咖啡馆，父亲开口说的第一句话就是："店里的勤杂工今天休息，晚上你搞搞卫生，怎么样？"

劳尔心里想："我是不是听错了！我现在已经是美国军队里的一名军官了！

但这又有什么关系呢？对父亲来说，我还是咖啡馆的一个伙计……"于是，劳尔就拿起拖把拖地去了。

　　几乎每个人都是在父母无微不至的关怀和照顾下长大成人的。回报父母的养育之恩有多种方式。生活中到处都有这样的机会，只要你用心去找，一定能够找到的。

　　一位老人有两个儿子，儿子刚几岁，丈夫就病故了。年轻的寡母含辛茹苦把孩子拉扯大。两个儿子同时考上大学同时毕业后，老大分配到地委，老二成了县中的教师。但从此母子形同陌路。大儿子生了儿子，老母亲去看望，已是地委秘书科科长的儿子嫌丢人，不认她，还对同事说："是来上访的，烦死人了！"几年后，大儿子回家乡当上了副县长，老母亲因穷困潦倒求救于县长儿子，谁知大儿子像打发乞丐似的给了她20元钱；一年后，老人四处流浪，终于饿死街头，副县长不得不前去料理后事。面对记者，他不承认死者是自己的母亲，相反还操着官腔说："这是本县的一位孤寡老人，我是代表政府来处理后事的。"

　　像这位副县长这样的不孝之子，不仅应该免去官职，更应该绳之以法。如果做子女的像他那样做，我们的社会文明在哪里？进步在哪里？

1.树欲静而风不止，子欲养而亲不待

　　不知你是否听过这样一句话："树欲静而风不止，子欲养而亲不待。"善待父母是中华民族的传统美德，也是一个人做人的良知，多少人为自己没有机会侍奉父母而引以为终身的遗憾。

　　老舍先生在《我的母亲》一文中写道："生命是母亲给的，我之能长大成人，是母亲血汗灌养的。我之能成为一个不十分坏的人，是母亲感化的。我的性格、习惯，是母亲传给我的。她一世未曾享过一天福，临终前吃的还是粗粮。唉，还说什么呢？心痛！心痛！"

　　季羡林先生在《我的母亲》一文中写道："我永久的悔就是：不该离开故乡，离开母亲。"季先生的家在"鲁西北一个极端贫困的村庄"。他的家更是贫中之贫。离开家几年，成为清华学子的他，突然接到母亲去世的噩耗，赶回家乡，看到母亲的棺材，伏在土炕上，一直哭到天明。季羡林先生在文章中写道："我后

悔,我真后悔,我千不该,万不该离开了母亲。"

前几年去世的萧乾先生生前在回忆母亲时说:"就在我领到第一个月工资的那一天,妈妈含着我用自己劳动挣来的钱买的一点儿果汁,就与世长辞了。我哭天喊地,她想睁开眼皮再看我一眼,但她连那点儿力气也没有了。"

世上有些东西可以弥补,有些东西永远无法弥补。老舍、季羡林、萧乾三位先生在事业上可以说几乎都达到了他们所从事领域的巅峰,可是他们在忆起父母的时候都伤痛于"子欲养而亲不待",心底深处留下了永久的遗憾。

某一位名演员在电视台做访谈节目时说,年幼时,懵懂无知顶撞过父母;成年后,为事业拼搏,疏忽了父母;年富时,事业有成,可他们都已经远离人世。说着,他在亿万电视观众面前,泣不成声,泪如雨下。

我们每个人都会有自己遗憾的故事,当我们有一天站在父母的墓前,咀嚼着"子欲养而亲不待"的悲哀,这种遗憾的况味是如此凄凉,如此无奈。

我们总以为自己还年轻,我们总相信来日方长,相信水到渠成,相信机会多多,可是我们忘了,忘了时间的残酷,忘了人生的短暂,忘了生命的脆弱,忘了人世间有太多的偶然和遗憾,它们都是无法挽回和弥补的!它们都将永远啃噬着你的良心,可是,为时已晚!

孝敬父母,我们不要等,父母要求我们的并不多,我们能常回家看看,常问候他们,陪陪他们,他们就会很高兴了。

2.儿不嫌母丑,狗不嫌家贫

"儿不嫌母丑,狗不嫌家贫"这是自古以来很有价值的忠告。现实生活中,那些当父亲还能劳动,还可以给他们带来某些利益的人,就会把父母当作"宝";而一旦父母病残,需要侍奉,就会把父母当成"包袱"、"累赘"而嫌弃他们。这是有违孝道的行为,连狗都不如。

慈是做父母的义务,而孝是做儿女的义务。唐朝诗人孟郊在《游子吟》中写道:

慈母手中线,游子身上衣。

临行密密缝,意恐迟迟归。

谁言寸草心,报得三春晖。

诗以纯朴的笔调,写出了出行在外的游子思念慈母的心情,写出了亲子之爱,反映了人伦的准则。小草尚知报答春天的恩泽,何况为人子呢?

随着历史的发展,虽然孝行的伦理原则已焕发出新的生机,但以自由和平等为基础的孝慈不仅是必要的,而且还是必需的。为人处世中凡嫌弃父母的逆子,必将受到人们的谴责;凡是孝敬父母的孝子,必将受到人们的赞扬。

"孝"是稍纵即逝的眷恋,"孝"是无法重现的幸福。"孝"是一失足成千古恨的往事,"孝"是生命交接处的链条,一旦断裂,永无连接。

赶快为你的父母尽一份孝心。也许是一处豪宅,也许是一片砖瓦。也许是大洋彼岸的一只鸿雁,也许是近在咫尺的一个口信。也许是一顶纯黑的博士帽,也许是作业簿上的一个红五分。也许是一桌山珍海味,也许是一只野果一朵山花。也许是花团锦簇的盛世华衣,也许是一双洁净的布鞋。也许是数以万计的金钱,也许只是含着体温的一枚硬币……但在"孝"的天平上,它们等值。

只是,天下的儿女们,一定要抓紧啊!趁我们父母健在的光阴。

6.少一些抱怨，多一些努力进取

　　翘首便可望见终点的人生旅程，渴望都来不及畅享的生命。当我们总是抱怨生活亏欠了我们的时候，想想心曼姐妹吧！一举手、一投足，这些看似简单的事情，对她们而言，却要付出比常人更多的代价。举手投足间挥洒着汗水，更洋溢着只有用灵魂才能聆听的幸福乐音。生活如此美好，我们，找不到抱怨的理由！

——摘自《生命从明天开始》一文

　　在日常工作和生活中，我们随处就能找到时常抱怨的人。抱怨他的专业不好，抱怨他的住处很差，抱怨没有一个好爸爸，抱怨工作差、工资少，抱怨空怀生身绝技没人赏识。其实，现实有太多的不如意，就算生活给你的是垃圾，你同样能把垃圾踩在脚底下，登上世界之巅。

　　没有一种生活是完美的，也没有一种生活会让一个人完全满意，我们做不到从不抱怨，但我们应该让自己少一些抱怨，而多一些积极的心态去努力进取。因为如果抱怨成了一个人的习惯，就像搬起石头砸自己的脚，于人无益，于己不利，生活就成了牢笼一般，处处不顺，处处不满。反之，则会明白，自由地生活着，其实本身就是最大的幸福，哪会有那么多的抱怨呢？！

　　一天，某公司要裁员，内勤部办公室的小丽和小林都在被裁人员名单中，按规定她们要在一个月之后离岗，她俩得知这一消息都很伤心。

　　第二天上班，小丽跟谁都没有什么好声气，仿佛吃了火药，她跟主任诉冤，找同事哭诉："凭什么把我裁掉？我干得好好的……"她声泪俱下的样子，确实令人同情。而她也只顾到处诉苦了，以至于她的订盒饭、传送文件、收发信件等分内工作都不再过问了。她原本是个很讨人喜欢的人，但现在她整天找人诉苦，许多人都开始有些怕和她接触了，后来就有点厌烦她了。

　　小林在裁员名单公布后，虽然哭了一晚上，但第二天一上班，她就和以往一样地干开了。她主动向大家揽活。面对大家同情和惋惜的目光，她笑笑说："是福跑不了，是祸躲不过，事已至此，不如干好最后一个月，以后想干都没机会了。"她仍然每天非常勤快地打字复印，随叫随到，坚守在自己的岗位上。

一个月后，小丽下岗，而小林却留了下来。主任当众传达了老总的话："小林的岗位，谁也无可替代，这样的员工，公司永远不会嫌多！"

不管何时何地，怨天尤人对解决问题都是毫无帮助的！

其实，所抱怨的许多事并不是什么大不了的事，在日常生活中是经常发生的一些小事情。但是，明智的人一笑置之，因为有些事情是不可避免的，有些事是无力改变的，有些事情是无法预测的。能补救的则需要尽力去挽回，无法转变的只能坦然受之，最重要的是要做好目前应该做的事情。

有些人把太多事情视为理所当然，因此心中毫无感恩之念。既然是当然的，何必感恩？一切都是如此，他们应该有权利得到的。其实正是因为有这样的心态，这些人才会过得一点也不快乐。

曼德拉是南非前总统，一位世界著名的政治家。早年时曼德拉因为领导反对白人种族隔离的政策而入狱，白人统治者把他关在荒凉的大西洋小岛罗本岛上 27 年。当时曼德拉年事已高，但白人统治者依然像对待年轻犯人一样对他进行残酷的虐待，当时看守他的狱警就有 3 个之多。1991 年曼德拉出狱当选总统。总统就职仪式开始后，曼德拉依次介绍了来自世界各国的政要，然后他说，能接待这么多尊贵的客人，他深感荣幸，但他更高兴的是，当初在罗本岛监狱看守他的 3 名狱警也能到场。随即他邀请他们起身，并把他们介绍给大家。

曼德拉的宽容精神和博大胸襟，令那些关押了他 27 年的白人汗颜，也让所有在场的人肃然起敬。看着年迈的曼德拉缓缓站起，向 3 个曾关押他的看守致敬，在场的所有来宾乃至整个世界，都静了下来。

后来，曼德拉回忆说，牢狱岁月给了他时间与激励，也使他学会了如何处理自己遭遇的痛苦。他说，感恩与宽容常常源自痛苦与磨难，必须通过极强的毅力来训练。获释当天，他的心情平静："当我走出囚室、迈过自由之门时，我已经清楚，如果不能把悲痛与怨恨留在身后，那么我仍在狱中。"确实像曼德拉说的：悲痛与怨恨就像是牢笼，束缚着我们的身心，而宽容与豁达则是打开牢笼之门的钥匙。

我们之所以总是烦恼缠身，总是充满痛苦，总是怨天尤人，总有那么多不满和不如意，多半是因为我们缺少曼德拉的宽容和感恩之心。

有些人说："我讨厌我的生活，我讨厌我生活中的一切，我必须做一点改变。"这些人必须改变的是他们不知感恩的态度。如果我们不懂得享受我们已有的，那么，我们很难获得更多，即使我们得到我们想要的，我们到时也不会享受到真正乐趣。

在现实生活中，我们常自认为怎么样才是最好的，但往往会事与愿违，使我们不能平静。我们必须相信：目前我们所拥有的，不论顺境、逆境，都是我们最好的安排。若能如此，我们才能在顺境中感恩，在逆境中依旧心存喜乐。

五　宽容心态

　　人与人相处，总要有一方先打开胸襟，对他人要真心实意，不能做两面三刀的事。如果彼此间等待对方先有所表示，那么别指望会有互相理解、彼此合作的那一天了。

　　宽恕是文明的责罚。只有在有权力责罚时而不责罚，才是宽恕；只有在有能力报复时而不报复，才是宽恕。

　　忘掉朋友对你的不好，记住朋友对你的好！这就是宽容与感恩。互相宽容的朋友一定百年同舟；互相宽容的夫妻一定千年共枕；互相宽容的世界一定和平美丽。

1.对事情看开些,你的心胸就会变得宽大

有度量去容忍那些不能改变的事,有勇气去改变那些可能改变的事,有智慧去区别上述两类事。
——成功的人需具备的三种素质

"海纳百川,有容乃大",这是民族英雄林则徐说过的话。著名美籍华人陈香梅女士把它看成自己人生的准则之一。陈女士尽管人生经历坎坷不平,但她靠着坚强的性格和超人的才智,集作家、政治家及社会活动家于一身,被评为全美国70位最有影响的人物之一。她对"有容乃大"的自我注释是:不管什么是非都去计较的话,你一辈子就没有办法生活了。在我们生活的社会里,许多事情,尤其是小事情,如果看开一些,自己的心胸就宽大。

宽容,不仅是一种社交的艺术,更是一种为人的度量和人格的伟大。明代朱衮在《观微子》中说过:"君子忍人所不能忍,容人所不能容,处人所不能处。"法国作家雨果说:"世界上最宽广的是海洋,比海洋更宽广的是天空,比天空宽广的是人的胸怀。"可见,以肚量襟怀比喻人的宽容,歌颂人的气度,中外尽然。

马琴利做美国总统时,特派某人为税务主任,但为许多政客所反对,他们派遣代表进谒总统,要求总统说出派那个人为税务主任的理由。为首的是国会议员,身材矮小,脾气暴躁,说话粗声恶气,开口就给总统一顿难堪的讥骂。如果当时总统换成别人,也许早已气得暴跳如雷,但是马琴利却视若无睹,不吭一声,任凭他骂得声嘶力竭,然后才用极温和的口气说:"你现在怒气应该可以平和了吧?照理你是没有权利这样责骂我的,但是,现在我仍愿详细解释给你听。"

这几句话把那位议员说得羞惭万分,但是总统不等他道歉,便和颜悦色地

说："其实我也不能怪你。因为我想任何不明究竟的人，都会大怒若狂。"接着他把任命理由解释清楚了。

不等马琴利总统解释完，那位议员已被他的大度折服了。他私下懊悔刚才不该用这样恶劣的态度责备一位和善的总统。他满脑子都在想自己的错了，因此，当他回去报告咨询的经过时，他只摇摇头说："我记不清总统的全盘解释，但只有一点可以报告，那就是——总统并没有错。"

传说太阳和北风打赌，看谁能先让行人把大衣脱去。于是太阳用它温暖的光轻而易举地使人脱下大衣；而北风使劲地吹，反而使行人把大衣裹得更紧。太阳与北风打赌的故事展示了一个道理：对别人要像太阳那样，用温暖去感化他们，让他们从中体会到温暖；如果一味地强逼压制，会使人感到极强的心理压力。

要做一个人人欢迎的人，就要有一个大的胸怀。人与人相处，总要有一方先打开胸襟，对他人要真心实意，不能做两面三刀的事。如果彼此都等待对方先有所表示，那么别指望会有互相理解、彼此合作的那一天了。

春秋时代，齐桓公取得的成就全赖宰相管仲的辅佐。但管仲曾因王位继承的问题与他作对，曾经刺杀齐桓公未成。因此齐桓公即位时，想惩罚管仲，后经鲍叔牙的劝说，"大王若想称霸天下，就得起用管仲"，而立管仲为相。管仲为报齐桓公的知遇之恩，在政治上大展才华，不但使齐国兵强国盛，更使齐桓公得以称霸天下。如果齐桓公对于曾经和自己敌对的人缺乏包容之心，不肯接受鲍叔牙的忠言，或许就不会有日后的成就。正因为他能够包容管仲，任贤而不避仇，并将政治的实权交给管仲，这种开明的做法，为他带来了日后的大业。

经常有人用"宰相肚里能撑船"来衡量别人和自己有没有气量。一部分人斤斤计较，眼里容不下沙子，肚里容不下气，甚至因气量小而闹出病来，他们明知自己气量小就强调自己不是宰相；一部分人则相反，本不是宰相却伪装宰相，在许多主要问题上不作斗争，一团和气，破坏原则。这两种做法都是不正确的。

对没有宰相气量的人不能有太高指望，明明没有气量却指望他宽宏大量，这是不切实际的想法。人们都应该大事清楚、小事糊涂,这样气量就会慢慢大起来。气量大,有涵养,能容人,这些都是在实际生活和社会交往中磨炼出来的。

为什么宰相的气量大,就是因为他们日理万机,管的事多,不大不行;再者,当了宰相,站得高望得远,原本以为是大事的,现在一看,算不上什么大事,也就不再计较。正因为是宰相,当然清楚"不忍不耐,不能做大"的道理,所以也就能约束自己,比以前更有气量,更能宽容了。

有一位老师曾经说:"今天,在大学中,同学或同事由于所谓的'竞争'而成为对手或敌人的事例屡见不鲜。在那些缺乏度量的人眼中,别人身上哪怕很小的一点优于自己的地方都会打翻自己心理上的'醋坛子';一旦看到别人遭到了挫折,他们就会因为'幸灾乐祸'而手舞足蹈。有人说'人品'是做人的第一位,但我进一步认为,好的人品其实是开阔的心胸造就的。作为老师,我想学校应该首先教学生做人,然后再教学生做学问。做学问的境界最终取决于做人的境界,而做人的境界就取决于一个人的心胸和器量。"

这位老师说得不错,中华民族向来重视胸襟开阔、雍容大度的优良传统。孔子说:"君子坦荡荡,小人长戚戚。"在事业上建功立业、取得成就的,绝非是那些胸襟狭窄、小肚鸡肠、谨小慎微之人,而是那些襟怀坦荡、宽宏大量、豁达大度者。只要有一种看透一切的胸怀,就能做到豁达大度;把一切都看作"没什么",才能在慌乱时从容自如。忧愁时,增添几许欢乐;艰难时,顽强拼搏;得意时,言行如常;胜利时,不醉不昏,有新的突破。只有如此放得开的人,才是豁达大度之人。而那些事事工于心计、器量狭小的人,处处流露出小家子气,那么,不但不会取得真正的成功,也不会体验到任何属于自己的满足和快乐。

2.宽恕伤害过你的人，这是最好的待人之道

天堂和地狱之间其实没有人间过渡，当人类社会被自私、冷漠、隔阂充斥，再圣洁的天使也会被魔鬼纠缠。然而，当人类被关爱、宽容包围，撒旦也会望而却步。为他人留一片爱的天空，放飞的不仅仅是天使，更释放了麻木的心灵。

——《落入凡间的天使》

人们在受到伤害的时候，最容易产生两种不同的反应：一种是憎恨，一种是宽恕。

憎恨的情绪，使人一再地浸泡在痛苦的深渊里。如果憎恨的情绪持续在心里发酵，可能会使生活逐渐失去秩序，行为越来越极端，最后一发不可收拾。

而宽恕就不同了。宽恕必须随被伤害的事实，从"怨怒伤痛"到"我认了"这样的情绪转折，最后认识到不宽恕的坏处，从而积极地去思考如何原谅对方。

甘地是 20 世纪印度民族独立运动最有权威的领导者，印度国民大会党的主要领导人，人称"圣雄"。甘地不仅是出色的领袖，也是杰出的思想家，他的思想和主张对整个印度半岛产生了巨大而深远的影响。甘地的思想很特别，他的政治观念是建立在印度传统宗教思想基础之上的。英雄式的忍耐性，使甘地的"非暴力运动精神"注入到了每一个印度人的灵魂之中，从而使得英国殖民当局武力式的压迫在非暴力运动精神面前束手无策。

甘地是一个纯粹的精神运动领袖，无限的宽恕和无限的忍耐，始终贯穿在他发动的革命运动之中。在甘地的领导工作中，找不出任何一点以权谋私的痕迹。他总是以牺牲自己的伟大精神来对待工作，并希望借此号召信徒、感服敌人。甘地的心灵永远是仁慈、虔诚的，甘地的胸怀永远是宽容、博大的，即使

面对敌人也是如此。在此略举一两件小事。

1907年，甘地因为所采取的非暴力抵抗运动遭到部分激进分子的抵制，同时，英国当局又用尽全部手段企图迫使他屈服。有一天，甘地在大街上被一群暴徒无情地攻击和毒打，这群人打到以为他断气了才离开。以后，甘地又被捕入狱、判刑后做了苦役。在那非常时期里，甘地仍然以他那无比的度量、最大的包容宽恕暂时的、永久的政敌，他继续为鞭打他的人奋斗，继续走自己既定的道路。

甘地曾经和泰戈尔在观念上产生了矛盾，两个人之间的友谊出现了微小的裂痕，可是甘地不想作任何文字、口头上的理论和辩解。当有人在他面前攻击泰戈尔时，甘地就想办法阻止他们说下去，并毫不客气地命令他们不要散布流言，破坏他和泰戈尔之间的交情。另外，他还发表声明，表示自己应该感谢泰戈尔。甘地就是依靠宽恕赢得了他的人民乃至敌人的信任和拥戴的。

宽恕是文明的责罚。只有在有权力责罚时而不责罚，才是宽恕；只有在有能力报复时而不报复，才是宽恕。做人做事应当拥有这种宽恕的德性。不具备邀请伤害自己的魔鬼吃樱桃的德性，是很难取得更大的成就的。

不要放弃，要努力做到宽恕。写过不少美妙幻想儿童故事的英国学者路易斯小时候常受凶恶的老师侮辱，心灵深受创伤。他几乎一生不能宽恕这位伤害过自己的老师，且又因为自己不能宽恕而感到困扰。然而在他去世前不久，他写信告诉朋友道："两三星期前，我忽然醒悟，终于宽恕了那位使我童年极不愉快的老师。多年来我一直努力想做到这一点，每次以为自己已经做到，却发觉还须再度努力一试。可是这次我觉得我的确做到了。"

冉阿·让，本是一个勤劳、正直、善良的人，但穷困潦倒，度日艰难。为了不让家人挨饿，迫于无奈，他偷了一个面包，被当场抓获，判定为"贼"，锒铛入狱。出狱后，到处找不到工作，饱受世俗的冷落与耻笑。从此，他真的成了一个贼，顺手牵羊，偷鸡摸狗。警察一直都在追踪他，想方设法要拿到他犯罪的证据，把他再次送进监狱。他却一次又一次逃脱了。

在一个大风雨的夜晚，他饥寒交迫，昏倒在路上，被一个神父救起。神父把他带回教堂给吃给住，但他等神父睡着后，却把神父房里的所有银器席卷一空。因为他已认定自己是坏人，就应该干坏事。不想，在逃跑途中，被警察逮个正着，这次可谓人赃俱获。

当警察押着冉阿·让到教堂，让神父认定失窃物品时，冉阿·让绝望地想："完了，这一辈子只能在监狱里度过了！"

谁知神父却温和地对警察说："这些银器是我送给他的。他走得太急，还有一件更名贵的银烛台也忘了拿，我这就去取来！"

冉阿·让的心灵受到了巨大的震撼。

警察走后，神父对冉阿·让说："过去的就让它过去，重新开始吧！"

从此，冉阿·让决心洗心革面，重新做人。他搬到一个新的地方，努力工作，积极上进。后来，他成功了，毕生都在救济穷人，做对社会有益的事情。

人的一生谁都会碰到个人的利益受到他人有意或无意的侵害的情况。为了培养和锻炼良好的心理素质，你要勇于接受忍让和宽容的考验，即使感情无法控制时，也要紧闭住自己的嘴巴，管住自己的大脑，忍一忍，就能抵御急躁和鲁莽，控制冲动的行为。如果能像上述故事中的神父那样再寻找出一条平衡自己心理的理由，说服自己，那就能把忍让的痛苦化解，产生出宽容和大度来。

如果说忍耐多少掺杂了无可奈何的作料，那么宽容则是发自内心的襟怀坦白。人的成熟表现在性情上的温厚平和，岁月的烘烤不知不觉地蒸发了心灵中多余的水分，使虚涵的胸怀不至于动辄滥觞，而外面投来的石子也难以激起太大的水花和波纹。宽容别人也就是宽容自己，不苛求别人也就是不苛求自己。在这个过于拥挤的地球上，在情感的润滑剂日见减少的情况下，人与人之间的正常联络需要通过宽容的方便之门。

穿梭于茫茫人海中，面对一个小小的过失，常常一个淡淡的微笑，一句轻轻的歉语，带来包涵谅解，这是宽恕；在人的一生中，常常因一件小事、一句不注意的话，使人不理解或不被信任，但不要苛求任何人，以律人之心律己，以恕己之心恕人，这也是宽恕。一只脚踩扁了紫罗兰，它却把香味留在那脚跟上，这更是宽恕。宽恕，是通向自由和快乐的捷径。

3.忘掉别人对你的不好,记住别人对你的好

什么是成功的人？就是今天比昨天更有智慧的人，今天比昨天更慈悲的人，今天比昨天更懂得爱的人，今天比昨天更懂得生活美的人，今天比昨天更懂得宽容的人。

——一位作家在山东大学演讲时告诉大学生们的成功的定义

当你受到无辜伤害或被他人欺侮时,你是以牙还牙呢,还是宽恕忍让呢?我们从泰戈尔的《画家报仇》一文中会找到答案。

一位画家在集市上卖画,不远处,走来一位大臣的孩子,这位大臣在年轻时曾经把画家的父亲逼死了。这孩子在画家的作品前流连忘返,并且选中了一幅,画家却用一块布把它遮盖住,并声称这幅画不卖。从此以后,这孩子因为心病而变得憔悴,最后,他父亲出面了,表示愿意付出一笔高价。可是,画家宁愿把这幅画挂在自己画室的墙上, 也不愿意出售。他还坐在画前自言自语地说:"该我报仇的时候了。"

每天早晨,画家都要画一幅他信奉的神像,这是他表示信仰的唯一方式。可是现在,他觉得这些神像与他以前画的神像有很大不同。这使他苦恼不已,他不停地找原因。然而有一天,他惊恐地丢下手中的画,跳了起来:他刚画好的神像的眼睛,竟然是那大臣的眼睛,而嘴唇也是那么酷似。

画家把画撕碎,并且高喊:"我的报复已经回报到我的头上来了！"

这个故事告诉我们,一个人对别人若心存报复,自己所付出的代价会比对方更大。

以下是一个人报仇需要付出的代价:

精神代价——每天计划报仇要花费很多精神，想到切齿处，情绪精神剧烈波动，会影响身体健康。

金钱代价——有人为报仇而放弃一辈子的事业，大有"玉石俱焚"的精神。

时间代价——有些仇不是说报就能报的，三五年，八年十年甚至几十年也报不成，纵使报成了，自己也老了。

由于报仇花费颇大，而且不一定成功，且不管结果如何，只要日夜想着报仇一事，便不只"心动"，还要行动，到时连自己都会元气大伤，因此做人最好有仇不报。

一位妇女来向著名作家林清玄哭诉，她的丈夫是多么不懂得怜香惜玉，多么横暴无情，哭到后来竟说出这样的话："真希望他早点死，希望他今天就死。"

林清玄听出妇人对丈夫仍有爱意，就对她说："通常我们非常恨、希望他早点死的人，都会活得很长寿，这叫做怨长久；往往我们很爱、希望长厢厮守的人，就会早死，这叫做爱别离。"

妇人听了感到愕然。

"因此，你希望丈夫早死，最有效的方法就是拼命去爱他，爱到天妒良缘的地步，他也就活不了了。"林清玄说。

"可是，到那时候我又会舍不得他死了。"妇人疑惑着。

"愈舍不得，他就愈死得快呀！"

妇人笑起来了，好像找到什么武林秘籍，欢喜地离开了。

人世间最好的报复是更广大的爱，使仇恨黯然失色的则是无限的宽容。

人间多少悲剧，多少恐怖，皆因人没有宽容心而发生！不能宽容，实和愚昧同义，而且这种愚昧，不是野蛮人和暴徒的愚昧，因为他们对于世间的事物认识不清，而是一种由隔膜而误会，由误会而发怒，使自己深受其害的因素。

法国谚语说："能够了解一切事物，须能宽容一切事物。"所以我们如果要做一个文明的人，就要了解人间的事物，对于别人的小过失，该予以宽容，切不可加以谴责，而伤了别人的自尊，影响彼此的和气。

两个朋友在沙漠旅行，旅途中他们为了一件小事而发生争吵，其中一个还

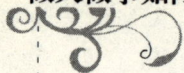

打了另一个一记耳光。被打的人觉得深受屈辱,独自走到帐篷外,一言不发地在沙子上写下了一句话:"今天我的好朋友打了我一巴掌。"

然后,他们继续往前走,一直到一片绿洲,停下来饮水和洗澡。在河边,那个被打了一巴掌的人差点被淹死,幸好朋友救起了他。上岸后,那个人拿了一把小刀在石头上刻下了一句话:"今天我的好朋友救了我一命。"

朋友看到后好奇地问道:"为什么我打了你后,你要写在沙子上,而现在要刻在石头上呢?"

那个人笑着回答说:"当被一个朋友伤害时,要写在易忘的地方,风会负责抹去它;相反,如果被帮助,我们要把它刻在心里的深处,那里任何风都不能磨灭它。"

忘掉朋友对你的不好,记住朋友对你的好!这就是宽容与感恩。互相宽容的朋友一定百年同舟;互相宽容的夫妻一定千年共枕;互相宽容的世界一定和平美丽。

4.改变以自我为中心的观念，容纳和接受别人的缺点

你的脸太大了，挡住了我的阳光，我要和你分手。

——韩剧《人鱼小姐》里的一句台词

每个人都希望自己完完全全被接受，希望能够轻轻松松与人相处。

在一般情况下和人相处时，很少有人敢于完完全全暴露自己的一切。所以，若是能让我轻松自在、毫无拘束，我们是极愿和他在一起的，也就是说，我们希望和能够接受我们的人在一起。专门找人家错处而吹毛求疵的人，一定不是个好亲人，好朋友。

一位心理学家说："要改变一个任性或残暴的人，除了对他表示好意，让他自己改变之外，再也没有其他更好的方法了。"

很多优秀的人，往往能影响本质善良的人，接受他们，使他们更好。但是对于任性、残暴的人，他们往往束手无策。为什么呢？因为优秀的那群人根本不能接受粗暴的人，甚至于避之如蛇蝎，在感情上并不相通，这怎么想象对方变好呢？

一位作家曾经和一位有名的精神科医生共进晚餐，话题谈到人际关系中的容纳问题时，那位精神科医生说："如果大家都有容纳的雅量，那我们就失业了！精神病治疗的真谛，在于医生们找出病人的优点，接受他们，也让病人们自己接受自己。每个人刚生下来，都很轻松自在，同时暴露出恐惧与羞耻心。医生们静静地听患者的心声，他们不会以惊讶、反感的道德式的说教来批判。所以患者敢把自己的一切讲出来，包括他们自己能够感到羞耻的事与自

己的缺点。当他觉得别人能容纳、接受他时，他就会接受自己、有勇气迈向美好的人生大道。"

鲁斯·哈比博士指出，如果每对夫妻都能牢记结婚仪式上的誓言："我不计较这个男人（或女人）的一切，我接受对方所有的行为。"就会挽回很多家庭的不和睦。

请不要设定标准叫别人的行动合乎自己的准则。请给对方一个自我的权利，即使对方有某些不足也无妨。别要求对方完全符合自己的喜好，行动完全符合自己的要求。要让你身旁的人轻松自在，愿意和你交往的话，就多些容纳和接受之情吧！

霍贝斯曾经写道："眼睛善于观察别人的人，一定疏于观察自己。"的确，一般人看问题，往往会有两套不同的标准，当这个问题发生在自己身上的时候，我们总是会用较宽松的标准来看待；但是，当同样的问题发生在别人身上时，我们认定的标准，可能就会变得严格许多。因为大多数人总是喜欢拿着放大镜到处放大别人的缺点，却只会拿着望远镜来检视自己的缺失。这就是一般人"严以待人，宽以律己"的心态。

要消除这种心态，首先必须改变凡事以自我为中心的自私观念。其次是必须经常自问，当问题发生在自己身上时，你最希望别人用什么样的方式对待你。然后，再将心比心，回过头用同样的方式去对待别人。

有一则小故事是这样的：

有个太太多年来不断指责对面太太很懒惰，"那个女人的衣服，永远洗不干净，看，她晾在院子里的衣服，总是有斑点，我真的不知道，她怎么连洗衣服都洗成那样子……"

直到有一天，有个明察秋毫的朋友到她家，才发现不是对面的太太衣服洗不干净。细心的朋友拿了一块抹布，把这个太太家的窗户上的灰渍抹掉，说："看，这不就干净了吗？"

原来是自己家的窗户脏了。

每一个人都曾经遇到过不少愤世嫉俗的人，或者，你也有过一些看什么都不顺眼，永远觉得命运对自己比较坏的朋友，但在倾听他们的怨言之后，总会发现有句老话说得很妙：可怜之人，必有可恨之处。

　　看到外面的问题，总比看到自己内在的问题容易些；而把错误推给别人，也比检讨自己来得容易（检讨自己和责怪自己，又是两回事了）。于是，愤世嫉俗的人常以年轻愤怒到老，遇上有人过得好，都想咬他一口，斜视久了你的眼睛看什么都不顺眼。

　　当你背向太阳的时候，你会只看到自己的阴影，连别人也只会看见你脸上阴黑一片。只拿愤世嫉俗来替代反省自己，对自己的成长成功是一种最大的耽误。

5.遇事不要斤斤计较，而要谦让大度

上帝会把我们身边最好的东西拿走，以提醒我们得到的太多！

——电影《四根羽毛》台词

成功的人有很多种：有的人可以在风云变幻的政治舞台上纵横捭阖、运筹帷幄；有的人可以在跨国企业的领导岗位上指挥若定、谈笑风生；有的人能够用十年磨一剑的执者精神探索未知的科学世界；有的人则甘愿在书香琴韵的天地里品味自然与艺术的恬淡、幽远……但无论是哪一种人，我们只要细心观察就不难发现，他们的成功和宽广的胸怀、坦荡的气度形影相随、寸步不离。

明代学者杨继盛有一次在写给儿子的书信中说："宁可我让人，不要使人让我；宁可我容人，不要使人容我；宁可我吃亏，不要使人吃亏；宁可我受气，不可使人受气。别人有恩于我，我终生不忘；别人有怨于我，我及时丢掉。看到别人的好处，就称赞不已；听到别人的缺点，就守口如瓶。有人向你说某人对你要感恩报答，就说他有恩于我，我无恩于他，这样就使感恩的人感受更深。有人对你说某人恼恨毁谤你，就说他平时与我最要好，怎么会有恼恨毁谤我的道理，这样就使恼恨毁谤的人听后怨恨自然化解。"

杨继盛这段话堪称是做人的最高原则，如果每一个人都做到这一步，天下怎能不美好？人类怎能不和平共处？

我们身边有许多人，对于别人一些无关紧要的小错误总是纠缠不休，结果弄得大家都不愉快。其实对于无关紧要的小错误我们没有必要去纠正它，放过去也无伤大雅。因为这样做不仅是为了避免不必要的烦恼和人事纠纷，而且也顾及了别人的名誉，不致给别人带来无谓的烦恼。同时还体现了你做人有大的胸怀和度量。

微软一位程序员发现公司的 Basic 语言软件中的着色功能有缺陷,他花了好几天时间才改好。然后,他得意地找到总裁比尔·盖茨说:"比尔,你看看这个,我找到了一处设计错误。"

盖茨问他:"错在哪里?"

程序员回答说:"你看,就在这里。我真不能想象是哪个没有脑子的混蛋写了这段程序。"

盖茨又问:"你能证明现在没有问题吗?"

"我敢肯定现在没有问题。"程序员回答说。

"很好!"盖茨点点头。

到后来,那个程序员才听说写错 Basic 语言软件中的着色功能程序的"没有脑子的混蛋"就是他的老板比尔·盖茨。

从比尔·盖茨身上我们可以学到,做人不要事事计较。在人际交往中,产生误解和矛盾是再正常不过的事情。因此,遇事不要斤斤计较,而要谦让大度;不要在意对方过激的态度或言辞,而要勇于承担自己的责任,做到"宰相肚里能撑船"。

裴遐是晋代地方长官,他与东平将军周馥是十分要好的朋友。有一次,裴遐到周馥家中做客,周馥立即吩咐下人沏茶。落座不久,裴遐和人下起围棋来,周馥的家人前来敬酒,裴遐正玩在兴头上,全部精力都集中在棋盘上,所以,他将递过来的酒搁在一旁,没有及时喝下去。这可气坏了周馥家人,他有意地顺手用力推了裴遐一下,裴遐一个没注意,硬生生地从椅子上跌下来倒在地上。裴遐若无其事地爬起来,仍旧回到座位上继续下棋,举止不变,神态安详,好像什么事也没发生。王衍后来问裴遐,在当时那种情况下,为什么没有反应?裴遐回答说:"因为当时我很糊涂。"

晋代兵司马谢万曾经和蔡系争抢一个座位,蔡系把谢万从位子上推了下去,弄得他帽子和头巾都掉了。谢万站起来拍拍衣服,边回到座位边说:"你差点弄伤我的脸。"蔡系说:"我本来就没有考虑到你的脸。"两个人都没有把这件事挂在心上,当时人们都称赞他们的气量大。

"大人不计小人过。"领导者要时时向人们显示自己的大度,尽可能原谅他们的过失,这也是一种重要的笼络技巧。可是有的领导在这些方面就做得有些过火,显得刻薄寡恩,不够容人之量。陈胜吴广在大泽乡起义,扯起反秦大旗后,陈胜被义军推举为张楚王,设都在陈县。陈胜未起义之前,在家乡耕田种地,给地主当雇工,结交了不少穷苦朋友。那时,大家在一起不分彼此,有说有笑。自陈胜称王后,这些穷朋友陆续到陈县来找他。见到阔别多年的老友,陈胜十分高兴,热情地招待他们,并让他们坐自己的辇车一同回宫。走进宫殿,这群面朝黄土背朝天的庄稼汉总算长了见识,他们东摸摸墙壁,西动动帷幕,都异口同声地说:"陈胜,你做了大王,真了不起,好气派!"接着,大家都随便起来,谈的话题都是陈胜种田雇工的旧事。这时,有人附在陈胜耳边说:"这班穷鬼愚昧无知,狗胆包天,竟然侮辱大王。"陈胜本就不高兴,现在听了谗言,更加生气,一怒之下将这些过去在一起吃喝谈笑的朋友处以极刑。这之后,由于陈胜缺少容人之量,许多老友纷纷退去,注定他最后无法成功。

《尚书》中说:"一个人有包容的雅量,他的德行就伟大。"做人只有容人之所不能容,忍人之所不能忍,恕人之所不能恕,忘人之所不能忘,才能理人之所不能理,为人之所不能为,成人之所不能成,达人之所不能达。

容得下几个小人,耐得住几桩逆事,过后感到心胸开阔,眉清目秀,有如咀嚼橄榄,虽然当时觉得酸涩,在回味时则满口清凉。范仲淹曾经在宋代担任过副宰相,心地仁厚,他曾说:"我一生所学唯'忠恕'二字,但受用无穷,以至于在朝廷之中辅佐君主,招待幕僚、朋友、亲戚、家人等人不曾有一刻离开过这两个字。"范仲淹曾经告诫他的子弟们说:"人哪怕十分愚笨,指责别人时就会变得十分聪明;哪怕十分聪明,宽容自己时就会变得十分糊涂。你们只要常常用责备别人的思想来责备自己,用宽恕自己的心意来宽恕别人,不怕不可以成为圣贤的人。"以容养量,以忍养气,以恕养性,以忘养心,这样做很少有不能达到宽容的境界的。

六　平常心态

　　谁人背后无人说，哪个人前不说人。每个人都难免遇到不公正的待遇，无礼貌的攻击。这时，你就要尽量克制自己，相信"清者自清，浊者自浊"，别人的闲话中伤不必放在心上。谣言等于是一缸混水，解释的话等于是越搅越浊。静静地等着它，它自会澄清。

　　我们不妨睁开眼睛仔细看一看，动动脑子认真想一想，在生活中有什么事情纯粹是利，有什么东西全然是弊？显然没有！所以，凡是心胸开阔的人都晓得，天下之事，有得必有失，有失必有得。

　　人生中，得与失，常常发生在一闪念间。到底要得到什么？到底会失去什么？仁者见仁，智者见智。不可否认的是，人应该随时调整自己的生命点，该得的，不要错过；该失的，洒脱地放弃。都得，一定是他人为你放弃；都失，也太对不起自己。

1.聒噪不如沉默,息谤得于无言

说我,羞我,辱我,骂我,毁我,欺我,骗我,言我,我将何以处之?
容他,凭他,随他,尽他,让他,由他,任他,帮他,再过几年看他。

——王炽领悟出的商道

世间有两类人,他们都有同等的健康和财富,以及舒适生活的其他条件,
但一类人是幸福的,另一类人却不幸福。幸福与否取决于他们看待人和事物
的不同观点,以及这些不同观点作用于他们自己的头脑所产生的效果。

大华每天上班都会听到这样的议论:

"哎呀!大华,你的皮肤这么水灵,是不是涂脂抹粉了?"

"你看人家大华,要长相有长相,要身高有身高,说起话来斯斯文文,难怪
他走到哪儿都有女孩子追他,抢手货呀!"

"我们单位进来的人都需要有点关系,大华,你认识哪条藤上的人?透露点
内幕好让我们也找个投标的对象啊。"

如果是别人,早就和他们较上劲了,可是大华落落大方,毫不生气。有的人
觉得他是否还有做人的尊严,怎么可以让人信口雌黄呢?终于有一位同事憋
不住问他:"他们这么说你,你个大男人一点也不觉得这是在侮辱你吗?你至
少也要回敬他们几句,灭灭他们的气焰。如果你一味忍让,往后还怎么做人
呢?"

可是大华却说:"何必发火呢?人家不过随便说说而已。"

"那你就忍气吞声?"

"谈不上忍气吞声,况且我不想因为生气而受到伤害。"

大华说他的为人哲学是:不生气。"只有不生气才能避免受到伤害。你如果

把玩笑当真,大吵大闹地争一个你清我白,不但伤了彼此之间的和气,还伤了自己的元气,到头来闷闷不乐,一肚子的闲气还不是自己受用、自己倒霉?何必呢?再说,那些玩笑话要么含沙射影,要么卖弄唇舌,都有些挑衅的味道,你若沉不住气,上了当,到头来还不是让别人看笑话?一个巴掌拍不响,你不理他们,他们倒觉得没趣对不对?"

这就是人们称大华为"好好先生"的秘诀。

谁人背后无人说,哪个人前不说人。每个人都难免遇到不公正的待遇,无礼貌的攻击。这时,你就要尽量克制自己,相信"清者自清,浊者自浊",别人的闲话中伤不必放在心上。谣言等于是一缸混水,解释的话等于是越搅越浊。静静地等着它,它会澄清。如果你平常为人做事都很正直,别人一时的误会是不会真正伤害到你的。

有人批评美国总统林肯有两张面孔。林肯指着自己那张相当平凡,而且不怎么好看的脸说:"如果我有另外一张脸的话,你想我还会戴着这张脸吗?"

大音乐家萧伯纳知道有人管他叫驴子的时候,他并不生气,反而把这当成是一种赞美,高兴地接受了并以驴子自勉,因为驴子有谦逊、质朴、勤勉和知足的特性,对粗食和轻视都能泰然处之。他说:"没有一个人会因为这样的特质而动怒的。"

英国首相丘吉尔在出席一次会议中,有位女议员指着他讥讽道:"如果我是你太太,我一定会在你的咖啡里下毒!"此时全场肃然,大家都在思忖丘吉尔将如何应对。只见丘吉尔不慌不忙地说:"如果你是我太太,我一定将此咖啡一饮而尽。"

人与事在今天变得越来越错综复杂、微妙神秘,要想完全脱身,置身于一切流言之外是不可能的。几乎很少有人能一生都不曾被人造谣中伤过,但我们必须相信:别人的嘴巴是长在别人的脸上,不可能管得了,但自己的耳朵却是长在我们自己身上的,完全有可能让它去少听少传。更重要的是,手脚是在自己身上的,自己勤快些做事,以行动成果来对抗流言蜚语是最有效的。

以下是处理是非的方法:

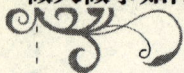

1.不说是非

俗语说:"谣言止于智者。"再多的谣言、是非,只要我不说,是非自然消失。

2.不传是非

我不但不说是非,而且面对是非,要做到不传播是非,以免是非渲染、扩大。

3.不理是非

对于世间的是是非非,你越理它,它就越添乱。所以,处理是非的另一个办法是"不理是非"。

4.不听是非

尽管再多的是非,我都不听,装作不知道,别人又有什么办法?

2.身外之物不要难以割舍，失去的就让它失去吧

令人筋疲力尽的，往往不是要做的事情本身，而是事前事后患得患失的心态。

——心累重于身累

李白有诗云："天生我才必有用，千金散尽还复来。"清代红顶商人胡雪岩破产时，家人为财去楼空而叹惜，他却说："我胡雪岩本无财可破，当初我是一个月俸四两银子的伙计，眼下光景没什么不好。以前种种，譬如昨日死；以后种种，譬如今日生吧。"胡雪岩失去了一手经营的万贯家财，却没失去心理上的平衡。

人生的许多烦恼都源于得与失的矛盾。如果单纯就事论事来讲，得就是得到，失就是失去，两者泾渭分明，水火不容。但是，从人的生活整体而言，得与失又是相互联系、密不可分的，甚至在一定程度上，我们可以将其视为同一件事情。我们不妨睁开眼睛仔细看一看，动动脑子认真想一想，在生活中有什么事情纯粹是利，有什么东西全然是弊？显然没有！所以，凡是心胸开阔的人都晓得，天下之事，有得必有失，有失必有得。

山姆是一个画家，而且是一个很不错的画家。他画快乐的世界，因为他自己就是一个很快乐的人。不过没人买他的画，因此他想起来会有些伤感，但只是一会儿。

"玩玩足球彩票吧！"他的朋友劝他，"只花2美元就可以赢很多钱。"

于是山姆花2美元买了一张彩票，并真的中了彩！他赚了500万美元。

"你瞧！"他的朋友对他说，"你多走运啊！现在你还经常画画吗？"

"我现在就只画支票上的数字！"山姆笑道。

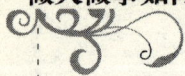

山姆买了一幢别墅并对它进行一番装饰。他很有品位,买了很多东西:阿富汗地毯,维也纳柜橱,佛罗伦萨小桌,迈森瓷器,还有古老的威尼斯吊灯。

山姆很满足地坐下来,他点燃一支香烟,静静享受他的幸福,突然他感到很孤单,便想去看看朋友。他把烟蒂往地上一扔,在原来那个石头画室里他经常这样做,然后他出去了。

燃着的香烟静静躺在地上,躺在华丽的阿富汗地毯上……一个小时后,别墅变成火的海洋,它被完全烧毁了。

朋友们很快知道这个消息,他们都来安慰山姆。"山姆,真是不幸啊!"他们说。

"怎么不幸啊?"他问。

"损失啊!山姆你现在什么都没有了。"朋友们说。

"什么呀?不过是损失了2美元。"山姆答道。

山姆是一个对得失不上心的人。

一位成功人士对得失有较深的认识,他说:得和失是相辅相成的,任何事情都会有正反两个方面,也就是说凡事都在得和失之间同时存在,在你认为得到的同时,其实在另外一方面可能会有一些东西失去,而在失去的同时也可能会有一些你意想不到的收获。

大学毕业后,珍妮进了一家刚起步不久的广告公司。在这家公司里,珍妮做得很辛苦,很投入,经常不计报酬地加班,她终于脱颖而出,工作刚满一年,荣升为项目主管。就在此时,珍妮正在国外工作的男友杰克决定回国发展并与她结婚。珍妮等了4年终于修成正果,众人都为珍妮而高兴:婚姻美满,事业顺利。

一年后珍妮怀孕了,而且是双胞胎,医生嘱咐她最好静养保胎,但这在工作超繁、压力超强的广告公司是很难做到的。杰克犹豫了:"你还年轻,事业刚刚起步,孩子我们以后还是可以有的。"珍妮一脸的坚毅,她说:"不,这是最好的礼物,我能拥有它,就是最大的幸福。"她义无反顾地辞掉了工作,生下了一男一女龙凤胎。

孩子3岁后,珍妮到一家公司里做协调员的工作,从头做起。而她以前供职的广告公司一跃而为著名跨国企业，以前的同事也大都升为项目经理，职位、薪金比珍妮要高得多，但珍妮依旧快快乐乐地工作着、生活着。

　　在新的公司里，以她的工作态度和工作业绩博得了上司青睐，家庭也相当和睦。朋友们都羡慕她的生活，认为珍妮将生活节奏掌握得很好。其实，原因就在于珍妮无论在哪种生活情形下，都保持着一种很好的心态，不患得患失，以自己现在手上拥有的就是最好的角度出发，努力生活，努力工作，结果生活、工作都称心、完美。

　　人有所得，就要有所失。该失去的东西就要毫不吝啬，甚至忍痛割爱。得到并不一定就值得庆幸，失去也并不完全是坏事情。人之一生，苦也罢，乐也罢；得也罢，失也罢——要紧的是心间的一泓清潭里不能没有月辉。哲学家培根说过："历史使人明智，诗歌使人灵秀。"顶上的松阴，足下的流泉以及坐下的磐石，何曾因宠辱得失而抛却自在？又何曾因风霜雨雪而易移萎缩？它们自我踏实，不变心性，才有了千年的阅历，万年的长久，也才有了诗人的神韵和学者的品性。终南山翠华池边的苍松，黄帝陵下的汉武帝手植柏，这些树中的祖宗，旱天雷摧折过它们的骨干，三九冰冻裂过它们的树皮，甚至它们还挨过野樵顽童的斧斫和毛虫鸟雀的啮啄，然而它们全然都无言地忍受了，它们默默地自我修复、自我完善。到头来，这风霜雨雪，这刀斧虫雀，统统化作了其根下营养自身的泥土和涵育情操的"胎盘"。这是何等的气度和胸襟？相形之下，那些不惜以自己的尊严和人格与金钱地位、功名利禄做交换，最终腰缠万贯、飞黄腾达的小人的蝇营狗苟算得了什么？且让他暂去得逞又能怎样？！

　　为人也一样。大家有缘相识相交，本来就是一种很难得的缘分，只要大家合得来，且在一起相处很开心，那么就不必太计较自己是不是付出太多而得到太少，宁可别人欠我的而绝不愿意自己亏欠别人，就算是真的付出太多而得到太少。最起码我心里可以很坦然，况且有很多表面上看起来是得到的，可是说不定也正是失去另外一些东西的前因呢。

　　人生中，得与失，常常发生在一闪念间。到底要得到什么？到底会失去什么？仁者见仁，智者见智。不可否认的是，人应该随时调整自己的生命点，该得的，不要错过；该失的，洒脱地放弃。都得，一定是他人为你放弃；都失，也太对不起自己。

3.既要拿得起,也要放得下

经营雅虎的感觉好像被人从直升飞机上扔下去,然后在山上滑雪的那个人,他不知道哪儿有树,哪儿有悬崖。我不会失去任何东西,我是白手起家,即使再一次两手空空,我也不在乎。 ——"雅虎"公司创办人杨致远说

李嘉诚曾经在长江集团周年晚宴上,说了这样一句座右铭:"好的时候不要看得太好,坏的时候不要看得太坏。"这句话是李嘉诚人生修炼最高境界的体现,也就是"拿得起放得下"。

歌德说:"一个人不能永远做一个英雄或胜者,但一个人能够永远做一个人。"这里,"做一个英雄或胜者",指的便是"拿得起"时的状态;而"做一个人",便是"放得下"时的状态。

有一个人一手拿着一只花瓶前来拜见三祖寺的宏行法师。

法师对他说:"放下!"

那个人于是把他左手拿的那只花瓶放下了。

法师又说:"放下!"

那个人于是把他右手拿的那只花瓶也放下了。

法师还是对他说:"放下!"

那个人说:"法师,能放下的我已经都放下了,我现在两手空空,没有什么可以再放下了,您到底让我放下什么呢?"

法师说:"我让你放下的,你一样也没有放下;我没有让你放下的,你全都放下了。花瓶是否放下并不重要,我要你放下的是心中的杂念。你的心已经被这些东西填满了,只有放下这些,你才能从生活的桎梏中解放出来,才能懂得真正的生活。"

那个人终于明白了,点了点头。

宏行法师最后说:"放下这两个字听起来容易,做起来却很难。有的人追求功名,他放不下功名;有了金钱,就放不下金钱;有了爱情,就放不下爱情;有了嫉妒,就放不下嫉妒。世人能有几个真正做到'放下'呢?"

心理的压力要重于手上的花瓶,"放下",不失为一条追求幸福的绝妙方法。

人之一生,需要我们放下的东西很多,孟子说,鱼与熊掌不可兼得,如果不是我们应该拥有的,就抛弃掉。几十年的人生旅途,会有山山水水,风风雨雨,有所得必然有所失,只有放下,才能拥有一份成熟,才会活得更加充实、坦然和轻松。

少年孟敏背着一个砂锅赶路,不小心绳子断了,砂锅掉到地上摔碎了,可是孟敏却头也不回地继续向前走。路人喊住孟敏问:"你不知道你的砂锅摔碎了吗?"孟敏回答:"知道。"路人又问:"那为什么不回头看看?"少年说:"既然碎了,回头又有什么用?"说完他又继续赶路。

看完这个故事,你有何感想?孟敏是对的,既然砂锅都碎了,回头看又有什么用呢?

这正如人生中的许多失败一样,已经无法挽回,再去惋惜悔恨也于事无补。与其在痛苦中挣扎浪费时间,还不如重新找到一个目标,再一次奋发努力。

放下就是快乐。只要你心无挂碍,什么都看得开、放得下,何愁没有快乐的春莺在啼鸣,何愁没有快乐的泉溪在歌唱,何愁没有快乐的白云在飘荡,何愁没有快乐的鲜花在绽放!

许多事情,总是在经历过以后才会懂得。一如感情,痛过了,才会懂得如何保护自己;傻过了,才会懂得适时地坚持与放弃。在得到与失去中我们慢慢地认识到自己。其实,生活并不需要这么无谓的执著,没有什么真的不能割舍。学会放下,生活会更容易。

一个遭受女友抛弃的青年来找著名作家林清玄,说他女朋友还活得好好的,感到愤恨难平。作家问他为什么。

他说:"我们在一起时发过誓的,先背叛感情的人在一年内一定会死于非命,但是现在两年了,她还活得很好。老天是不是太没有眼睛,难道听不到人的誓言吗?"

作家告诉青年,如果人间所有的誓言都会实现,那人早就绝种了。因为谈恋爱的人,除非没有真正的感情,全都是发过重誓的,如果他们都死于非命,这世界还有人存在吗?老天不是无眼,而是知道爱情变化无常,我们的誓言在智者的耳中不过是戏言罢了。

"人的誓言会实现是因缘加上愿力的结果。"作家说。

"那我该怎么办呢?"青年问作家。

作家对青年说了一个寓言:从前有一个人,用水缸养了一条最名贵的金鱼。有一天鱼缸打破了,这个人有两个选择,一个是站在水缸前诅咒、怨恨,眼看金鱼失水而死;一个是赶快拿一个新水缸来救金鱼。"如果是你,你怎么选择?"作家问。

"当然赶快拿水缸来救金鱼了。"青年说。

"这就对了,你应该快点拿水缸来救你的金鱼,给它一点滋润,救活它,然后把已经打破的水缸丢弃。一个人如果能把诅咒、怨恨都放下,才会懂得真正的爱。"

青年听了,面露微笑,欢喜地离去。

不要永远背着过去的包袱,放下它。佛家常说:"人生最大的幸福是放得下。"一个人拿得起是一种勇气,放得下是一种度量。对于人生道路上的鲜花与掌声,有处世经验的人大都能等闲视之,屡经风雨的人更有自知之明。但对于坎坷与泥泞,能以平常心视之,就非容易事。大的挫折与大的灾难,能不为之所动,能坦然承受之,这就是一种度量。佛家以大肚能容天下之事为乐事,这便是一种极高的境界。既来之,则安之,这是一种超脱,但这种超脱又需要多年磨炼才能养成。拿得起,实为可贵;放得下,才是做人的真谛。

4.想开一些，没什么大不了的

凡人常常活在趣味之中，生活在有价值之中，若哭丧着脸挨过几十年，那生命便成为沙漠，要来何用？

——火箭专家梁思礼在谈到父亲梁启超时说，父亲的字典里没有"悲观厌世"四个字。这句话对我们同样适用

一间屋子如果没有窗户，明媚的阳光就无法照进来，新鲜的空气也不能飘进来。

人也是一样，"心窗"没有打开的时候，就会感到气闷；"心窗"打开了，心才能通达，心灵的视窗才更清晰。

一旦窗户打开了，心灵的空间也就豁然开朗，对于一些事情也能看得更透彻了。

一家杂志曾经刊登过这样一篇报道：

参加海湾战争负伤回国的一位美国士兵，在手术台上，从麻醉中清醒过来。军医告诉他："睡一会儿你就没事了。不过，我必须告诉你一个坏消息，你失去了一条腿……"

那位士兵却抗议说："不，你错了，我不是失去一条腿，它是我自己丢弃的。"

一个悲剧性的事件，并没有使士兵产生绝望。这个故事颇有启示作用。把"失去"改称"丢弃"，借这种心理操作，他一跃跳过了绝望的高山。

诚然，不管是"失去"或是"丢弃"，都表示丧失了自己的东西，但是，意义与影响却全然不同。想成"失去"时，自己的意志并没有反映在它身上，亦即属于未经料到之事，因此苦恼；依据己意，当作无用之物而处理，亦即属于已经

料到之事,因此心无惦记。

人生就像是一场战争,终究必将失去的东西为数颇众,但是,只要改口称为"丢弃"就容易使人想得开,且使失望也减轻到最低限度。

乡村有一对清贫的老夫妇,有一天他们想把家中唯一值点钱的一匹马拉到市场上去换点更有用的东西。老头牵着马去赶集了,他先与人换得一头母牛,又用母牛去换了一只羊,再用羊换来一只肥鹅,又把鹅换了母鸡,然后用母鸡换了别人的一口袋烂苹果。

在每次交换中,他都想给老伴一个惊喜。

当他扛着大袋子来到一家小酒店歇息时,遇上两个英国人。闲聊中他谈了自己赶集的经过,两个英国人听后哈哈大笑,说他回去准得挨老婆子一顿揍。老头子坚称绝对不会,英国人就用一袋金币打赌,二人于是一起回到老头子家中。

老太婆见老头子回来了,非常高兴,她兴奋地听着老头子讲赶集的经过。每次听老头子讲到用一种东西换了另一种东西时,她都充满了对老头子的钦佩。

她嘴里不时地说着:"哦,我们有牛奶了!"

"羊奶也同样好喝。"

"哦,鹅毛多漂亮!"

"哦,我们有鸡蛋吃了!"

最后听到老头子背回一袋已经开始腐烂的苹果时,她同样不愠不恼,大声说:"我们今晚就可以吃到苹果馅饼了!"

结果,英国人输掉了一袋金币。

这个故事中的老婆婆真是一个宽容的人。她知道老头子是为了想给自己惊喜,所以并不责怪他得到的东西一次比一次少,而是从积极的一面考虑,不考虑失去了什么,而只考虑得到了什么。所以老夫妇俩总是无忧无虑。人生当中,如果把握住一份平和的心态,把是是非非、纷纷扰扰看作人生必要的心理锻炼,那么,谁都无法摧毁你,哪里还有什么挫折、失败和种种负面情绪伤害到你呢?

5. 一半一半, 也能成就

人的幸福一半在法则, 一半则在内心。生在鸭子窝里的天鹅需要社会给它以天鹅的训练, 以使它重上九天, 而想飞天的癞蛤蟆则应当教导它认识自我, 认识癞蛤蟆的幸福所在。

——徐中华《死而平等》

"一半一半, 也能成就", 这是台北一位国学大师对成功人生的教诲。他说:

世事都是"一半一半"的: 白天一半, 黑夜一半; 陆地一半, 河海一半; 好人一半, 坏人一半; 贫穷一半, 富有一半……随着时移世迁, 一半一半虽然互有消长, 却无法使这"一半"全然统治那"一半", 就因为如此, 人生才有无限的希望, 才有许许多多的成功路径。

世间原本是"一半一半"的, 我们不必强求自己在某一个领域里出人头地, 也不必抱住一棵大树不肯撒手, 因为还有另一方天地等待我们去开拓, 还有许多空白等待我们去填补。

我们明白自己只有"一半", 就能虚怀若谷, 接纳另外一半; 就会有自知之明, 努力精进, 百尺竿头, 更进一步。

人虽然在种族、职业、地位上有所差异, 但是只要我们肯随顺因缘, 在自己"一半"天地里恪尽职守, 奉献心力, 对人类同样能有所奉献。

当两个"一半"有所冲突时, 我们必须衡量轻重, 有所取舍。例如: 有人为了学业而耽误了恋爱时光; 有人为了事业而放弃了家庭建设和温馨; 甚至有人为了正义和民族尊严而舍弃了宝贵的生命……世事虽不圆满, 但只要你取舍得当, 同样能在"一半"中如愿以偿。舍弃了这"一半", 另"一半"会更丰富、更多姿多彩。

在"一半"与"一半"之间，只有选择，而不能全得，选择不当就会适得其反。有人为了功名利禄，只知道争先恐后地汲汲钻营前面那"一半"，而忽略了后面这"一半"。殊不知前面那"一半"。世界里已经被拥挤得杂乱不堪了，到头来东撞西撞，只能撞个鼻青脸肿，乃至粉身碎骨。也许只有在吃了大亏时，才能回头再来看看后面这"一半"，这"一半"似乎显得清静，没有前"一半"那么诱人……然而，当你实实在在走进这后"一半"世界中时，你就会觉得：这"一半"天高地阔，天清地爽，一切都实实在在，都能投缘。这也许就是古人常说的"退一步海阔天空"吧。

这位大师还以自身的经历告诫我们说："好的一半，能带动全部；坏的一半，也会影响全部。"世间上，"一半"是正义的，"一半"是非正义的；"一半"是正的，"一半"是邪的。所谓："正人行邪法，邪法也成正；邪人行正法，正法也成邪。"我们必须以智慧来洞察这"一半"和另"一半"的世界，明辨是非、黑白、正邪。不但要坚持这"一半"，谨防误入那"一半"，还要以这"一半"去改变、净化那"一半"，让好的"一半"，带动全部。

有首电影歌曲唱道："军功章里有我的一半，也有你的一半。"人们常说："男人的成功有女人的一半。""一半"与"一半"有它们的互融性和互补性，没有这"一半"，也就没有那"一半"。唯有打破执著和偏见，"一半"与"一半"之间沟通协调，互相合作，才能得到幸福，才能取得成功。

清朝李密庵曾写过一首"半半诗"，表达了"一半一半"的悠然境界：

看破浮生若梦，半之受用无边；
半中岁月尽幽闲，半里乾坤宽展。
半郭半乡村舍，半山半水田园；
半耕半读半经廛，半士半姻民眷。
半雅半粗器具，半华半实庭轩；
衾裳半素半轻鲜，肴馔半丰半俭。
童仆半能半拙，妻子半朴半贤；
心神半佛半神仙，姓字半藏半显。
一半还之天地，一半让将人间；
半思后代与桑田，半想阎罗怎见。

饮酒半酣正好，花开半时偏妍；

帆张半扇免翻颠，马放半缰稳便。

半少却饶滋味，半多反厌纠缠；

百年苦乐半相参，会占便宜只半。

人生最可贵之处在于大彻大悟，所以一半一半，必须是大彻大悟的一半一半。大彻大悟，我们才能消灭贪婪占有之心，才能消灭是非毁誉之心，才能消灭荣辱得失之心。

争名夺利，不如抱残守缺；穷奢极欲，不如乐道怡心。这句古训的确不假。所以，又有一位不知名的人士也做了一首"半半诗"，堪称做人做事的方圆之道：

参透乾坤只半，识得人生难全。

天道好缺而恶盈，何为碌碌求圆。

半贫半富半安足，半命半天半偶然；

半痴半聋半糊涂，半真半假半疯癫；

半用半舍半行藏，半智半愚半圣贤；

半人半我半自在，半醒半梦半神仙；

半有半无半苦乐，半荣半辱半因缘。

一半尽在于我，一半听其自然。

思量半生飘飘过，人生百岁不多年。

识得半的玄机在，世间到处总悠然。

6.赢得起，也输得起

死机不可怕，可怕的是没存，这就像生活，不怕失败，怕的是你没有从中学到什么。

——网络妙语

每个人都不必总乞求阳光明媚，暖风习习，要知道，随时都会狂风大作，乱石横飞。无论是哪块石头砸着了你，你都应有迎接厄运的气度和胸怀，在打击和挫折面前做个坚强的勇者，跌倒了再重新爬起来，将自己重新整理，以勇者的姿态迎接命运的挑战。

人生苦短，由此不难让我们联想到，云南大理白族的三道茶，就是一苦二甜三淡，象征了人生的三重境界。苦尽才能甜来，随之才有散淡潇洒的人生，才会不屈服于挫折的压力，开创大业，走出人生的辉煌。

这是一次残酷的长跑角逐。参赛的有几十个人，他们都是从各路高手中选拔出来的。

然而最后得奖的名额只有三个人，所以竞争格外激烈。

一个选手以一步之差落在了后面，成为第四名。

他受到的责难远比那些成绩更差的选手多。

"真是功亏一篑，跑成这个样子，跟倒数第一有什么区别？"

这就是众人的看法。

这个选手若无其事地说："虽然没有得奖，但是在所有没得到名次的选手中，我名列第一！"

谁说跑第四名跟跑倒数第一没有什么区别。在竞争中，自信的态度，远比名次和奖品更为珍贵。赢得起，也输得起的人，才能够取得大的成就。

韩国早期有一位乒乓球运动员李善玉，在国内屡战屡胜。一次，代表国家队参加世界锦标赛，临赛前的一天晚上，她承受不住心理压力，用刀将自己的手腕割破，谎称有人行刺她后跑了。结果这件事被查出，成为国际上一大丑闻，为此国家队将她开除出队。

但在随后的韩国国内比赛中，她又屡屡获胜，为了给她机会，又重新召她回国家队。在一次国际重大比赛中，对方的德国运动员，以前没赢过她。开始，李善玉连赢两局，第三局对方赶上几分后，李善玉开始动摇了，结果连输三局。外电评论：李善玉没输在技术上，而是输在只想赢不想输的心态上。

周谷城先生有一次接受记者采访，记者问他："您的养生之道是什么？"他回答说："说了别人不信，我的养生之道就是'不养生'三个字。我从来不考虑养生不养生的，饮食睡眠活动一切听其自然。"他讲得太好了，对比那些吃补药吃出毛病来的，练气功练得走火入魔的，长跑最后猝死的，还有秦始皇汉武帝等追求长生不老之药的，贾家宁国府里炼丹服丹最后把自己药死的……他的话就更深刻。

1996 年英国举行欧洲杯足球锦标赛半决赛，竞争双方分别是德国队和英国队。英国队状态极佳，又是在家门口比赛，志在必得，德国队当时也处在巅峰时期。常规时间两队踢了个平局，加时又是平局，最后只得点球大战决胜负。英国队极兴奋，踢进一个点球球员就表露出兴奋若狂不可一世的架势，而德国队显得冷静，踢进一个点球，竟基本上无反应。后来，英国队输了。一位中国足球评论员说："英国队太想赢了，所以反而输了。"

查斯特·菲尔德说："一个富足的个性，在生活中能够笑看输赢得失。他们深信自然和自己的潜能足以实现任何梦想，认为一个成功者周围倒下千百个失败者是不成功的，真正有效的成功者，只在自己的成功中追求卓越，而不把成功建立在别人的失败上。"有首禅诗写道："尽日寻春不见春，芒鞋踏破岭头云。归来都把梅花嗅，春在枝头已十分。"当我们拼命在物质世界中寻求快乐的时候，往往忽略了我们的内心世界——自己的精神家园，而当我们真正静下心来，重新审视自己的时候，却会发现，真正的快乐只来自于自己内心的安详。

第三部分　好习惯

写在前面的话

一位成功学家说，良好的习惯是成功的钥匙。当一个人把一种习惯反复地练习而变成无意识的时候，就会不由自主地按照正确的方式去做事，自然会少走许多的弯路。

从前，在一个城镇里有个很出名的剃头师傅，附近的人们因为仰慕他的手艺，纷纷找他为自己理发。后来剃头师傅年纪大了，决定找一名徒弟来继承自己的衣钵，同时也暂时帮忙照应越来越红火的生意。这位师傅几经挑选，终于选中了一位小徒弟。小徒弟来了之后，白天在店里打打下手帮帮忙，每天早晚客人较少时，师傅就开始教授他剃头的技巧。这位小徒弟果然聪明勤快，学习得非常快。为让徒弟练习，师傅特地买来了许多冬瓜，让小徒弟在冬瓜上练习刮脸的技巧。这个小徒弟虽然学得很快，但是有一个不好的习惯始终改正不过来，他在练习刮冬瓜时，如果有事情需要临时走开，他就会顺手将剃刀插在练习的冬瓜上。师傅多次对他说，这样的习惯是一定要改正的。但是徒弟觉得这根本就不是什么大不了的毛病，从来没有往心里去，也就一直没有改正这个习惯。就这样过了很久，这位小徒弟的技艺已经非常地熟练，师傅认为他应该可以独立招呼客人了。于是师傅决定让徒弟给自己剃一下头，看看他的手艺。徒弟剃着剃着，外面又来了一位要剃头的客人，徒弟决定先去应付一下客人，于是顺手将剃头刀往师傅头上插了上去，只听见可怜的师傅大叫一声，手捂着脑袋倒下去了。

好的习惯能够让一个人获益终生，但是一个不良的习惯，却足以毁坏一个人的事业。

(1) 习惯让我们与众不同

你是否认识这样一些人，他们很聪明，很有天赋，但却总是得不到他们应有的成功。他们的确天赋过人，但是天赋却没有转化为相应的成就。同样，在你的身边，是不是还会有另一些人，他们的成绩明显超越了他们的个人天分？看上去，他们似乎并不是特别聪明，也没有什么特别的天赋，但是，他们却总是做什么就能成就什么。

那么，这两者之间究竟有什么区别呢？通常，前者总是被人们打上懒散的标签，而后者会被认为很刻苦很勤奋。懒散实际上也是诸多坏习惯综合作用的结果——拖沓，做事没条理，糟糕的时间观念，缺乏实际行动，不守信用，没有毅力等等。同样，良好的处事风格其实也是若干好习惯的综合表现——做事有条理，时间观念强，信守承诺，坚韧不拔，从不拖沓等等。因此，只要查看一下个人习惯，你很快就会发现人与人之间的根本区别所在。

你或许认为，处事的风格是天生的，父母遗传的，好和不好都与生俱来。不过这只说对了一半。的确，人的所有性格特征都与遗传有关。但是，除了先天的素质之外，一个人的处事风格还受到环境的影响。这么一说，我们似乎回到了"性相近，习相远"的老生常谈了。其实，我们每个人，在表现出强烈的遗传倾向（天性的一面）的同时，也受到了教育、经验、环境等因素的巨大影响（后天的一面）。至于先天的本性与后天的培养各自占据多大的比重，则是人们永远争议的焦点。不过，有一点是可以肯定的，那就是后天的培养铸就了我们强大的习惯，而正是习惯根本上决定了我们的处事风格。

(2) 不同习惯有不同结果

类似的故事你可能听到过，就是一对双胞胎从小被分开后，在不同的家庭中成长……

故事的主人翁——比尔和杰伊便是这样一对从小长在不同家庭中的双胞胎。杰伊生活在农场，每天早晨他都早早起床，帮忙打点活计。此外，杰伊还帮着准备午餐和晚餐，饭前整理桌子，饭后收拾餐具等。杰伊参加了"少年联盟杯"的棒球比赛，在最艰难的第一年，父亲一直鼓励他坚持下去，并教导他不要做一个知难而退的懦夫。每天放学后，杰伊都会先练习30分钟的钢琴，然后完成家庭作业，再去玩耍。于是，"勤奋是光荣的"、"努力和坚持不懈终会得到回报"等观念便牢牢根植在了小杰伊的头脑中。

比尔有自己的房间，并常常独处。从来没有人要求比尔帮助做家务或收拾房间，同样也没有人告诉过比尔勤奋工作的重要意义以及如何去全力以赴。

尽管长大后，两兄弟身上存在的那些与生俱来的共性还是让人惊叹，但他们的处事原则和风格却截然不同。

显然，我们只能把这样的差别追溯到习惯的不同上来：好习惯结好果，坏习惯酿恶果。实干家的标志便是他们的实际行动，不是偶然为之的，更是持续的、有目的的实际行动。

（3）习惯是一种顽强而巨大的力量

人的思考取决于动机，语言取决于学问和知识，而行动多半取决于习惯。几乎一切都难以战胜习惯，以至一个人尽可以诅咒、发誓、夸口、保证，到头来还是难以改变一种习惯。

如果说个人的习惯只是把一个人变成了机械，使他的生活仿佛由习惯所驱动，那么社会的习惯势力可以说具有一种无比可怕的专制力量。例如印度教徒，为了遵守宗教的惯例，竟可以安静地卧于柴堆上，然后引火焚身，而他的妻子也心甘情愿地与他一起跳入火炕。古代的斯巴达青年，在习惯风俗的压力下，每年都要跪在神坛上承受笞刑，以锻炼吃苦的耐力。

记得在伊丽莎白女王时代的初期，曾有一个被判死罪的爱尔兰人，请求绞死他时用荆条而不用绳索——因为这是他们本族的习惯。在俄国据说有一种赎罪的习惯，要人在凉水里成夜浸泡，直到被冰冻上为止。

因此，人自幼就应该通过完美的教育，去建立一种好的习惯。我们知道，幼年学习过的语言，常常是终生不忘的，这也是一种习惯。而在中年以后再学一种新语言，就常常很困难了。在体育运动上也是如此。当然也有一些人，他们终生的性格仿佛是可以不断塑造的，因此可以在不断的学习中进步。

一　处事习惯

人们常说"做事先做人"，诚信是做人的基本准则。否则，就算你认为自己已经具备很多优秀的、能够成功的素质，你也未必会得到他人的尊敬，更不会得到成功企业的重视。在一个先进的企业里，员工最需要具备的素质不是优越的智力，而是诚信。诚信比才干更重要。

付出、给予，这是我们立身成人之本。我们懂得付出，就永远有可以付出的资本；我们贪图索取，就永远有必须索取的企求。付出越多，收获越大；索取越多，收获越小。

给人方便就是给自己方便。而那些想在竞争中出人头地的人如果知道，关照别人需要的只是一点点的理解与大度，却能赢来意想不到的收获，那他一定会后悔不迭。给人方便，是一种最有力量的方式，也是一条最好的路。

中庸，说通俗一点，就是中道，就是不偏不倚。用《中庸》这本书里的话来说，中庸就是要在复杂、多变的环境中，审慎而冷静地选择最好的解决方案；中庸就是要在诸多对立统一的因素中，敏锐而智慧地寻找最佳的均衡状态。

1.做一个讲诚信的人，诚信比才干更重要

在我们投机思维背后，隐藏着深深的玩弄他人和社会的思想，将自己看高，将别人看低。我的历次失败莫不如此。

——当年制造畅销商品百龙矿泉壶的百龙集团总裁孙寅隐居多年后的反思

有记者在采访一位诺贝尔奖金获得者时提了这样一个问题："您在哪里学到了您认为最重要的东西？"

对方回答说："在幼儿园里。在那里，我学到要诚实守信，不能讲假话，要把自己的东西分一半给小伙伴，不是自己的东西不拿，做错事要表示歉意等等做人的基本道德品质。不损害他人，不危害社会。这就是良心，是做人的底线。"

两千多年前，孟子讲过这样的话：居天下之广居，立天下之正位，行天下之大道。今天谁要想在竞争中胜出，就必须坚守做人的道德底线，尤其是诚信这条不可逾越的道德底线。人们常说"做事先做人"，诚信是做人的基本准则。否则，就算你认为自己已经具备很多优秀的、能够成功的素质，你也未必会得到他人的尊敬，更不会得到成功企业的重视。在一个先进的企业里，员工最需要具备的素质不是优越的智力，而是诚信。诚信比才干更重要。

有一次，百事可乐的总裁卡尔·威勒欧普到科罗拉多大学演讲的时候，有一个名叫杰克的商人想约卡尔见面谈一谈。卡尔答应了，并定在了演讲后的一个时间。卡尔兴致勃勃地讲着，讲他的创业史，讲商业成功之道，不知不觉中已超过了与杰克约定的见面时间，显然他已忘记了这个约定。

正在这时，一个人从礼堂外推门，径直朝讲台上走来。那人放下一张名片

后一言不发地转身离去。卡尔拿起名片一看,上面写着:"您和杰克在下午两点半有约在先。"意识到了自己的失误,卡尔没有犹豫,他对大学生们说:"谢谢大家来听我的讲演,本来我还想和大家继续探讨一些问题的,但我有一个约会,而且现在已经迟到了。我不能再失约,所以请大家原谅,并祝大家好运。"在雷鸣般的掌声中,卡尔快步走出礼堂。

他在外面找到了正在等他的杰克,向他致歉后,便告诉了杰克他所想要知道的一切。结果,原来定好的 15 分钟时间他们一直交谈了 30 分钟,后来,杰克成了一名成功的商人,他把这一段经历告诉给他的朋友。他的朋友们都对百事可乐产生了信任并决定经销和宣传百事可乐。

要做伟大的事业,就要从培养伟大的人格开始。不论我们的目标多么伟大,或者有多少伟大的事等着我们去做,我们一定要遵守自己的承诺并且去做好它。因为经商和做人的成功秘诀中最不能缺少的两个字就是——诚信。

1.你以真诚对人,别人也会以真诚对你

1969 年,美国著名的心理学家约翰·安德森在一张表格中列出了 500 多个描写人的形容词,他邀请近 6000 名大学生挑选出他们所喜欢的做人品质。调查结果显示,大学生们对做人品质付与最高评价的形容词是"真诚"。在 8 个评价最高的候选词语中,其中有 6 个和真诚有关,它们是:真诚的、诚实的、忠实的、真实的、信得过的和可靠的。大学生们对做人品质给以最低评价的形容词是"虚伪"。在 5 个评价最低的候选词语中,其中有 4 个和虚伪有关,它们是:说谎、做作、装假、不老实。

约翰·安德森这个调查研究结果在社会上具有普遍意义。生活中我们总是喜欢真诚信得过的人,讨厌说谎不老实的人。一个诚实的人,不论他有多少缺点,同他接触时,心神就会感到清爽。这样的人,一定能找到幸福,在事业上有所成就。这是因为以诚待人,别人也会以诚相见。

一个人只要真诚地待人处世,就容易获得他人的合作,甚至有人为你吃亏也不在乎。真诚地做人做事,则容易让人接纳。

大三下学期,甘伟找了一份家教,辅导一个公司经理的儿子。

每次上课之前,他都像老师一样,一丝不苟地备好课,认认真真地写教案。

上课时间，不管刮风下雨，烈日酷暑，他都准时到达，从不延误。室友见他这么认真负责，都猜想他得到的报酬一定十分丰厚。没想到他说每小时才 12 元钱。大家一听，个个迷惑不解。有人说："你怎么这么傻？教高三课程，每小时最少得 20 块钱。"

"这我知道，"甘伟平静地说，"但我觉得拿 12 元钱比较合理。如果家教效果不好，我也不好意思拿那么多钱。如果效果好，就当作我的一次社会实践。"

"她父亲是大经理，钱有的是，你有必要搞扶贫助教吗？"又有人劝告他。

"话虽这么说，但我是以一个大学生的身份去带家教，我首先就必须对得起大学生这个光荣的称号。如果我敷衍了事那就损害了大学生的形象。"甘伟仍不改初衷。

在此后三个月里，甘伟为他的学生精心设计复习方案，耐心讲解辅导。他的学生也很争气，成绩逐步提高。

甘伟毕业后，被那个学生的父亲邀请到其公司工作，因为这位经理说公司需要甘伟那样不计回报、诚实做人的大学生。

本杰明·富兰克林说："一个人种下什么，就会收获什么。"我们如果真诚地对待别人，别人也会真诚地对待我们。

真诚是财富，真诚是最宝贵的财富。在这方面进行投资的人，可以获得丰厚的回报。虽然没有谁必须做一个富人或做一个伟人，也没有谁必须做一个智者，但是每个人都必须做诚实的人。

2.敞开心扉，做一个真诚的人

人生中，无论做什么事都要抱着一种求真的态度。我们之所以追求代表真实的人和事物，因为它代表着最崇高的美德——诚实与正直。

美国著名的行为科学家丹尼斯·韦特莱博士说，所谓"因果定律法则"，无非是一个人的诚实与否，经过一段时间后所显示出来的结果。一个人不能诚实地面对自己，就无法真正拥有成功。用蜡塑成的人或房子，在某些情况下会融化；内心不诚挚的人，最终必将显露真面目。而一个愿意把自己隐藏在内心深处的东西坦白地暴露给对方，就能很容易地走进对方的心灵深处。

一个真诚的人对他所信任的人是不设防的，因为相互间的信任可以扫除沟通中的任何障碍。当你信任对方，敞开心扉的时候，对方反过来也会信任你，对你敞开心扉。因此，只要做一个真诚坦白的人，凡事言行合一、坦诚对人，不介意别人知道自己的缺点和动机，就能赢得他人的信任。

美国道格拉斯飞机制造公司为了把一批喷气客机卖给美国东方航空公司，创始人唐纳·道格拉斯本人专程去拜访东方航空公司的总裁艾迪·利贝克。利贝克告诉他说，道格拉斯公司生产的新型 DC—3 飞机和波音 707 飞机是两个竞争对手。但均有一个共同的毛病，那就是喷气发动机的噪音太大，并表示愿意给道格拉斯公司一个机会，如能在减小噪音方面胜过波音公司，就可以获得签订合同的希望。

当时这件事对道格拉斯公司来说，是一桩重要的买卖！但是，道格拉斯回去与他的工程师商量后，认真地答复说："老实说，我想我们没有办法去实现你的这一要求。"利贝克说："我想也是这样的，我这样做的目的，只是想知道你们是否诚实。"由于道格拉斯的诚实打动了利贝克，赢得了他的信任，道格拉斯终于听到了一直期待的好消息："你将获得 1.65 亿美元的合同。现在，去看看你如何将那些发动机的噪音控制到最小的程度。"

从这个故事中能看出诚实是促使别人采取行动最有效的方法。我们可以设想一下，如果当时道格拉斯夸夸其谈，满口答应能将发动机噪音降低多少分贝，那么将是什么样的结局呢？答案恐怕只有一个，那就是道格拉斯碰一鼻子灰，空手而归。因为这样做不仅违反职业道德，而且不起什么作用。空口答应丝毫不能跟真正的服务相比，并且它在今日竞争激烈的社会也无一席之地。

没有什么能够掩饰真心和诚意。一个真诚坦白的人从不介意把自己暴露在别人面前，不介意让人观察和理解。虽然这么做需要勇气，因为一个人的弱点、错误、动机都将暴露在外。但是，一个愿意冒这样的风险达到坦诚境界的人也更容易获得他人的信任。

3.说出心里话，做一个真情流露的人

做到真诚坦白会赢得别人的信任，但这还只是针对客观事物的态度。如果能够进一步地从主观感情出发，真正做到真情流露，用自己的激情感染他人，

或者用自己的感情打动他人,那么,不但会得到他人的信任,而且会真正与他人建立起沟通心灵的桥梁。

真情流露应该是自发的、自然的、真诚的、不设防的,让感情毫无保留地经由言语、表情、体态呈现在他人面前。如果你能够以真情打动他人,上司会信任你、下属会爱戴你,同事会把你当作搭档,朋友会把你当作伙伴,因为你的真情也会"反射性"地激起他人对你的真情。

这种反射性的感情流露是有科学根据的。科学证明,在一起交谈的两个人会慢慢达到同样的心理状态(喜怒哀乐)和生理状态(体温、心跳等)。所以不设防的、真心的情感流露会充分地证明你对别人的信任,同样的,他们也会真心地信任你。

亚伯拉罕·林肯出身于一个鞋匠家庭,而当时的美国社会非常看重门第。林肯竞选总统前夕,在参议院演说时,遭到了一个参议员的羞辱。那位参议员说:"林肯先生,在你开始演讲之前,我希望你记住你是一个鞋匠的儿子。"林肯看看他,没有表现出愤怒的样子,而是深沉地说:"我非常感谢你使我想起我的父亲,他已经过世了,我一定会永远记住你的忠告,我知道我做总统无法像我父亲做鞋匠做得那么好。"听了林肯这一席话,参议院陷入一阵沉默里,林肯又转头对那个傲慢的参议员说:"就我所知,我的父亲以前也为你的家人做过鞋子,如果你的鞋子不合脚,我可以帮你改正它。虽然我不是伟大的鞋匠,但我从小就跟随父亲学到了做鞋子的技术。"然后,他又对所有的参议员说:"对参议院的任何人都一样,如果你们穿的那双鞋是我父亲做的,而它们需要修理或改善,我一定尽可能帮忙。但是有一件事是可以肯定的,我无法像他那么伟大,他的手艺是无人能比的。"说到这里,林肯流下了眼泪,所有的嘲笑都化成了真诚的掌声。后来,林肯如愿以偿地当上了美国总统。

作为一个出身卑微的人,林肯没有任何贵族社会的硬件。他唯一可以倚仗的只是自己出类拔萃的扭转不利局面的才华,这是一个总统必备的素质。正是关键时的一次心灵燃烧使他赢得了别人包括那位傲慢的参议员的尊重,抵达了生命的辉煌。林肯在关键时刻的眼泪,让人们看到了他的铁汉柔情,赢得了最后的成功。

从林肯的例子可以看出,真心的话是发自内心的,任何人都可以感受到它的真诚。我们不是演员,无论经过多少次排练,这种真诚都是装不出来的。所以,大家不用刻意去预备一些"感人的话",但是要尽量敞开心扉,真诚地与人交流,说出自己心中的话。这样,就会很自然地感染到你周围的人。

4.言行一致,不做口是心非的人

说话办事不能口是心非。口是心非,即表面对你百依百顺,而实际上则是我行我素;表面上说得天花乱坠,而内心则并非如此;嘴里称赞你,而内心则诅咒你。口是心非,对别人不真诚,会使人失去许多宝贵的东西。一位教育科长有一次在作报告时,被人问道:"科长在百忙中出了不少作品,是否都是出自科长的大手笔?"这位科长答道:"我的书,当然是我写的呀!"问话的人接着说:"科长曾经提倡过'言为心声'以及诚实是办事的基本条件,前几天突然听别人说,您的书不少是别人捉刀代笔的,我们感到非常惊讶! 但是,我们大家都不相信这件事是真的,在众说纷纭的情况下,只好来求教科长本人,请您别介意。"这位科长被人用鄙视、怀疑的口气质问,意思好像是他在睁着眼睛说瞎话,那天可使他实实在在地出了一顿丑。

做人要做个真诚的人,办事要言行一致。林肯讲过:"你能在所有的时候欺骗某些人,也能在某些时候欺骗所有的人,但你不能在所有的时候欺骗所有的人。"在工于心计、算计别人中度过一生,是很累、很痛苦的事。坦诚地做人,用一颗真诚的心去对待别人,才活得开心。

英国作家哈尔顿,他为编写一本《英国科学家的性格和修养》的书,采访了达尔文。由于达尔文的坦率尽人皆知,哈尔顿就不客气地直接问达尔文:"您主要的缺点是什么? "达尔文回答:"不懂数学和新的语言,缺乏观察力,不善于合乎逻辑地思维。"哈尔顿又问:"您的治学态度是什么? "达尔文又答:"很用功,但没有掌握学习方法。"听了这些直截了当的回答,谁能不为达尔文的坦率鼓掌呢? 按理,像达尔文这样的大科学家,完全可以不痛不痒地说几句话,或为自己的声望再添几圈光环。但达尔文却能做到一是一,二是二,把自己的缺点毫不掩饰地袒露在人们面前,这种行为,必能换来真挚的信赖和尊敬。

历来人们都主张知人而交，对不很了解的人，应有所戒备，对已经基本了解、可以信赖的朋友，应该多一些信任，少一些猜疑，多一些真诚，少一些戒备。对可以信赖的人，真真假假，含含糊糊，是不明智之举。著名的翻译家傅雷先生说："一个人只要真诚，总能打动人的，即使人家一时不了解，日后便会了解的。"他又说："我一生办事，总是第一坦白，第二坦白，第三还是坦白。绕圈子，躲躲闪闪，反易叫人疑心。你耍手段，倒不如光明正大，实话实说。只要态度诚恳、谦卑、恭敬，无论如何人家不会对你怎么的。"

　　说真话，要坦荡无私，光明正大。一旦发现对方有缺点和错误，特别是对他的事业关系密切的缺点和错误，要及时地指出，督促他立即改正。虽然人总是不喜欢被批评，但意识到批评者确实是为自己着想时，便能理解接受，使彼此的心灵得到沟通，友情得到发展。

2.莫做自私的人，自私之心是万恶之源

> 为自己活着的人，低劣；为别人意见活着的人，渺小；为别人幸福活着的人，高尚。
>
> ——托尔斯泰的观点在今天依然不过时

一个只知道向别人索取的人，其内心自私透顶。自私这个词语在我们的做人词典中不太受欢迎，经常被他人批判、谴责。

点燃别人的房子，煮熟自己的一个鸡蛋。这句英国俗话形象地刻画出自私者的丑态。

培根在《论自私》这篇论文中以蚂蚁喻人，对自私者进行了无情的讽刺和嘲弄。他说："蚂蚁这种小动物替自己打算是很精明的，但对于一座花园，它却是一种很有害的生物。自私的人也如同蚂蚁，不过他们所危害的是社会。"通常，自私者都是用贪污挪用或直接地盗窃等手段把公共的或别人的财产侵吞为自己的财产，这样的人，其灵魂是卑鄙的、污浊的。

自私之心是万恶之源，贪婪、嫉妒、报复、吝啬、虚荣等不良心理从根本上讲都是自私的表现。自私之心，自古就有。战国时期，齐国有一美男子邹忌。一天另一美男子徐公来访，徐公走后，邹忌便问妻子、小妾、客人，他与徐公哪个长得更英俊，三人异口同声说邹忌长得好看。邹忌是一个有自知之明的人，他认为他们不讲真话，是因为他们都有私心杂念，妻子是偏爱他，小妾是害怕他，客人是有求于他。所以《书·周官》就提出"以公灭私"，孙中山先生也提出"天下为公"的主张。

自私的心理有其深层次性。首先，自私自利的人都是鼠目寸光者。他们所关心的永远是他眼前的利益，他所患的是利益上的近视症。因而当他们处理与他人的关系时，永远是斤斤计较的，永远是争先恐后的，总是担心自己吃

亏。而且还有这样一种奇怪的变态心理:若是争不上利益,那么就等于自己利益的失去,其内心将在相当长的一段时间中平衡不下来。正因为有这样一种心态,所以他自己无法享受的事,也决不(甚至阻止)让他人享受。所以自私自利的人永远处理不好与他人的关系,总结紧张的原因时,永远将责任归之于他人,而自己一点问题都没有。

其次,自私的人一般都很"小气",都很吝啬,将自己的东西看得很重。你要是让这些人捐献一点东西去帮助他人,就像挖他心头之肉那样痛苦,而且,即便是作出了一些"义举",也会赤裸裸地提出要他人回报的要求,他们希望自己"得到的"要大大多于自己"失去的"。人们经常将这些人称为"一毛不拔的铁公鸡"。

第三,自私的人一般都缺乏良心、同情心,缺乏一颗利他心。这类人永远是"只扫自己门前雪,不管他人瓦上霜",永远只知道爱己,不知道爱人,不热衷于公益活动,路遇不平,虽然自己长得膀大腰圆,也不会拔刀相助。他人受难,自己铁石心肠,躲得远远的,一副爱莫能助的样子。所以自私自利者并没有真正的精神生活,有的自私自利者,尽管财产很富有,却是一名精神的贫困儿。

如果人人都变成彻头彻尾的自私者,这个世界会变成什么样?诚如古人吕坤先生所说:"人人好公,则天下太平;人人营私,则天下大乱。"人人都利己,人人都自私,那么,人与人之间不是相爱,不是互助,而是充满了你争我夺,尔虞我诈,充满了相互损害,充满了猜疑、怨恨,人和人之间关系将会变成狼与狼的关系,人群和人群之间必将使矛盾激化,社会与社会之间必将是冲突的扩张,国家与国家之间必将是战争、饥饿,最后的必然结果是人类自身的毁灭。

俄国学者萨克雷先生在《名利场》中这样形容自私的危害:"在一切使人格堕落的不道德的行为之中,自私是最可恨的、最可耻的。"私心盛者,可以灭公,可以灭天理,因而使人粗俗,使人卑鄙,使人缺乏同情心,使人充满物欲,使人道德低下,使人……所以做人不能做自私的人。

下面是关于越战结束后一个美国士兵的故事。

参加越战时的一个士兵,打完仗回到国内,在旧金山给父母打了一个电话："爸爸,妈妈,我要回家了。但我有个小小的请求,希望你们能够答应。"

"你说,是什么? 只要不过分我们就一定答应。"父亲在电话里说道。

"这样,我有一个战友,在越战时,我们很要好,我想把他带回家跟我们一起生活。"

"当然可以。"父亲回答道,"我们见到他会很高兴的。"

"但有件事我必须提前告诉您,就是我们在一次执行上级交给我们任务的时候,他不小心被地雷给炸伤了,他只剩下了一只胳膊和一条腿!"儿子又说道。

"听到这件事我感到很遗憾,孩子,也许我们可以帮他另找一个地方住下。"父亲用比较含蓄的口吻说道。

"不,我希望他和我们住在一起。"儿子坚持。

"孩子,"父亲说,"你不知道你在说些什么,这样一个残疾人将会给我们带来沉重的负担,我们不能让这种事干扰我们的生活。我想你还是快点回家来,把这个人给忘掉,他自己会找到活路的……"没等父亲说完,儿子就挂上了电话。

过了几天,他们接到旧金山警察局打来的一个电话,被告知,他们的儿子从高楼上坠地而死,警察局认为是自杀。悲痛欲绝的父母飞往旧金山,在停尸间里,他们惊愕地发现,他们的儿子只有一只胳膊和一条腿。

不要等到失去的时候才去后悔,那样的后悔有什么用呢? 法国文学家雨果说:"最高的圣德便是为别人着想。"决定做什么事情之前先替他人想一想:对他人会产生什么样的后果,带来什么样不幸和痛苦,这样想得多了,自然能减少自己的自私行为,也将减少不少遗憾。

3.付出越多，收获也越多

　　我被丛飞的事迹深深震撼了。我们平常所谓的献爱心，不过是从丰厚的收入中抽出极少的部分来聊表心意，而丛飞却是倾其所有，甚至不惜为之背负债务。丛飞让我们汗颜，更让那些沉溺在灯红酒绿纸醉金迷中的人无地自容。　　——一篇名为《"爱心大使"丛飞的赤子情怀》的文章这样写道

　　任何事都有一定的收支。你付出了多少，才会收获多少，付出时不一定痛苦，收获时却一定快乐。

　　有一则寓言故事，蕴含了深刻的为人哲理：

　　赵秀才与钱商人死后一起来到地狱，阎王看过功德簿后对他们说："你们二人前生没有做什么坏事，我特准许你们来生投胎为人。但现在只有两种做人的方式让你们选择，一种是做付出的人，一种是做索取的人。也就是说，一个人需要过付出、给予的人生，一个人需要过索取、接受的人生。"

　　阎王说完，便让赵秀才和钱商人慎重考虑后再作选择。

　　赵秀才心想，前生我的日子过得并不富裕，有时还填不饱肚子，现在准许来生过索取、接受的生活，也就是吃、穿都是现成的，我只用坐享其成就行了，什么都不用干，那样真是太舒服了。想到这里，他第一个说道："我要做索取的人。"

　　钱商人看到赵秀才选择了来生过索取、接受的人生，自己只有付出、给予这条人生之路可供选择，没有别的选择，他还想到自己前生经商赚了一点钱，来生就把它们都施舍出去吧。于是，他心甘情愿地选择了过付出、给予的生活，做一个付出的人。

　　阎王看他们选择完了，当下判定二人来生的命运："赵秀才甘愿过索取、接

受的人生,下辈子做乞丐,整天向人索取饭食,接受别人的施舍。钱商人甘愿过付出、给予的人生,下辈子做富豪,行善布施,帮助别人。"

这个寓言故事告诉我们:一个人在选择人生时,其实也在选择态度。态度决定一切。谁懂得付出与给予,他人生的结局总不会太坏。

一个男乞丐与一个女乞丐在路上相遇。男乞丐惊讶地说道:"你多么像我,我也多么像你,你的神情、服装、举止,甚至那个碗,都和我的简直一模一样。"女乞丐也兴奋地嚷着:"我觉得在遥远的过去,似乎早就与你相识了。"

这一男一女两位乞丐被彼此吸引,他们渐渐地爱上了对方。于是,他们不再去天涯海角流浪讨饭,彼此只想依偎在一起。

男乞丐问:"我们已经在一起了,你还拿着碗乞求什么?"

女乞丐说:"这还需要问吗?当然是乞求你的爱,我知道你是爱我的,除了我之外,还有谁跟我一样与你有这么多相同点呢?"过了一会儿,女乞丐继续说道:"亲爱的,将你碗里满满的爱,倒在我的空碗里吧,让我感受你无比的温暖。"

男乞丐回答说:"我端的也是空碗,难道你没瞧见吗?我也祈求你的爱倒入我的空碗,让我的空碗满满都是你的爱。"

女乞丐一脸狐疑地说:"我的碗是空的,又怎么给你呢?""我的碗难道是满的吗?"男乞丐反问。

两个乞丐互相乞讨,都期望对方能给自己一些什么,可是一直到最后,任何一方都没有得到对方的爱。他们渐渐累了。各自叹息之后,走回自己原来的路,继续向其他人乞讨。

付出、给予,这是我们立身成人之本。我们懂得付出,就永远有可以付出的资本;我们贪图索取,就永远有必须索取的企求。付出越多,收获越大;索取越多,收获越小。

从前有个国王,非常宠爱他的儿子。这位年轻的王子,过着衣来伸手、饭来张口的日子,要什么有什么。可是,他从来没有开心地笑过一回,常常是愁眉紧锁,郁郁寡欢。

有一天,一位魔术师走进王宫对国王说,他能让王子快乐起来。国王兴奋地说:"如果你能办成这件事,宫里的金银财宝你随便拿。"

魔术师带着王子进了一间密室,他用白色的东西在一张纸上涂了些笔画,然后交给王子,并嘱咐他点亮蜡烛,看纸上会出现什么。说完,魔术师走开了。

年轻的王子在烛光的映照下,看见那些白色的字迹化作美丽的绿色,变成这样几个字:"每天为别人做一件善事。"王子依此做去,不久,他果然成为一个快乐的少年。

这个小故事告诉我们:有人之所以生活得有意义,有快乐,有丰足感,是因为他能奉献,而不是处心积虑地想到占有。奉献给人一个实现自我的空间,因为他知道要努力工作,为社会服务,他知道要肩负一个帮助和安慰大众的使命。在那努力的目标之中,他发现了生活实现的空间。

一个人只要肯为别人奉献自我,他就会生活在快乐之中。如果一个人能够用爱心无偿地给予别人以服务和帮助,他的生命一定闪烁着光彩,充满着喜悦和快乐。

曾获诺贝尔和平奖,受全世界敬仰的德兰修女,由于和英国平民王妃戴安娜的死期接近,所以有人将她们二人相提并论,但她们却是两个截然不同的类型。

德兰没有戴妃的风华绝代,她个子瘦小,相貌普通;她有的,是一颗美丽的爱心。戴妃在卫生、安全的医院里和艾滋病人握手,会有记者拍下照片刊登在报纸杂志上,让人歌颂她的爱心;可德兰却不知多少次在污秽、肮脏的街道拥抱那些患皮肤病、传染病,甚至周身流脓的垂死病人,把他们带回自己的住处,照顾他们,安葬他们,让人们享受她的奉献。

许多人一谈到德兰修女,都说她是个伟大的人,和她相比,自己实在太渺小了。可德兰修女却说:"我们都不是伟大的人,但我们可以用伟大的爱来做生活中每一件平凡的事。"

德兰修女一生没有做什么惊天动地的大事,她所做的,是每一个普普通通的人都有能力做到的事:照顾垂死的病人,为他们洗脚、抹身,当他们被别人践踏如尘的时候,还给他们做人的尊严,仅此而已。

刘备曾教导儿子刘禅说:"莫以善小而不为,莫以恶小而为之。"善良是一

种巨大的力量,任何力量都不如善良的力量大。善良并不体现在礼物上,而在于一个人诚挚的内心。有的人能从钱包里掏钱出来送给别人,但他的心却冰冷漠然。用钱财表现出来的好心不仅不可靠,而且往往带来负面影响。

或许,我们做人的境界还没有达到德兰修女这样的高度,但是我们如果常存乐善好施、成人之美的好心,这个世界又会减少多少忧伤和怨叹。

4.在有能力的时候,尽最大可能帮助别人

生命是那样短暂,如果一朵云的消失可以换来一个绿色的梦,那么,梦里永远有一个白色的精灵。这个世界最大的损失是我们选择袖手旁观,是我们错误地以为,我们只是为自己活着。   ——《一朵云》中这样写道

要想获取,必先给予。明明是在求人,而给人的感觉却是他们在施恩;本来了无大功,只是顺水推舟,却可两边落好,大落人情,这是成功人士的为人技巧。因为,人际关系存在着一个"成本",使用方法和时机得当,则能降低成本或不用投入也可获得人心。比如,捐助、义卖、让利等等公益活动,表面上资助非盈利甚至"倒贴"的社会性公益事业,"无私地"奉献出爱心,实际上所起的广告效应,会远远大于同等成本的"硬性"广告。并且,"硬"广告,只是让人知道,而"软"广告却在出名的同时获得好感与支持。

这里的关键,还是要"雪中送炭",而不要"锦上添花"。

我们容易发现这样的事实:每一个事业有成的人,在成功的路上,都曾经受到别人许多帮助。因此,我们以帮助别人作为对帮助我们的人的回报,这是公平的做人规则。所以做人一定要抛开自私,不能心中只有一个自己,应该在别人有困难的时候伸出援助之手。

19 世纪,在英国的哈罗学校,常常会出现以强凌弱、以大欺小的事情。

有一天,一个高个子男生,拦住一个新生,他粗暴地命令那个新生替自己做事。新生初来乍到,不明白其中"原委",断然拒绝。高个子恼羞成怒,一把揪住新生的领子,劈头盖脸地打起来,嘴里还骂道:"你小子,为了让你聪明点,我得好好开导你!"新生虽疼得龇牙咧嘴,却不肯乞怜告饶。

旁观的学生或者冷眼相看,或者起哄嬉笑,或者一走了之。只有一个外表

文弱的男生,看着这一幕,眼里渐渐涌出了泪水,终于忍不住嚷起来:"你到底还要打他几下才肯罢休!"

高个子朝那个又尖又细的抗议的声音望去,一看也是个瘦弱的新生,就恶狠狠地骂道:"你这个不知天高地厚的家伙,问这个干吗?"

那个新生用含泪的眼睛盯着他,毫不畏惧地回答:"不管你还要打几下,让我替他忍受一半的拳头吧。"

高个子看着他的眼泪,听到这出人意料的回答,不禁羞愧地停住了手。

从这以后,学校里反抗恶行暴力的声音开始响亮,帮助弱者的善举也逐渐增多,两个新生也成为莫逆之交。那位被殴打的少年,深感爱与善的可贵,后来成为英国颇负盛名的大政治家罗伯特·比尔;挺身而出、愿为陌生弱者分担痛苦的,则是扬名全世界的大诗人拜伦。

人生途中,我们也需要像拜伦一样,在别人只是畏惧地逃避,或幸灾乐祸地观看时,能够拿出罕有的勇气,为了善、为了爱,也为启迪和震撼那些冷漠的心灵,帮助别人一把。

有一种说法,叫做生活不需要技巧,讲的是人与人之间要以诚相待,不要怀着某种个人目的。因为一旦对方发现自己是被你利用的工具,即使你对他再好,也只能引起他对你的敌意,并拒绝和你继续保持关系。所以,要获得真正成功的人际关系,就只能用爱心去和别人推心置腹地打交道。在这种情况下,你再去帮助他,他才会感到人间处处是美好。对别人的帮助,要落到具体的行动上,不要只停留在口头上。帮助有两种可能,一种可能是随便帮助,一种可能是一帮到底,做足人情。第一种帮助不能说它不是帮助,因为它也能给人带来某种好处,但随便帮助的帮助不是真正的帮助,因为这种随便的帮助在关键的时候总是不管用。第二种帮助才是真正的帮助,它能帮人彻底解决实际困难。

20 世纪 70 年代初,石油危机波及香港。香港的塑胶原料全部依赖进口,香港的进口商趁机垄断价格,将价格炒到厂家难以接受的高位。不少厂家因此被迫停产,濒临倒闭。

在这个关涉许多企业命运的时刻,李嘉诚毫不犹豫地站到了风口浪尖。在他的倡议和牵头下，数百家塑胶厂家入股组建了联合塑胶原料公司。

原先单个塑胶厂家无法直接由国外进口塑胶原料，是因为购货量太小，现在由联合塑胶原料公司出面，需求量比进口商还大，因此直接交易。所购进的原料，按实价分配给股东厂家。在厂家的联盟面前，进口商的垄断不攻自破。笼罩全港塑胶业两年之久的原料危机，一下子烟消云散。

李嘉诚在救业大行动中，还将长江公司的 13 万磅原料以低于市场一半的价格救援停工待料的会员厂家。直接购入国外出口商的原料后，他又把长江公司本身的 20 万磅配额以原价转让给需求量较大的厂家。危难之中得到李嘉诚帮助的厂家达几百家之多。李嘉诚因而被称为香港塑胶业的"救世主"。

俗话说，患难见真情。佛家更说，救人一命胜造七级浮屠。李嘉诚救人危难的义举，为他树立起崇高的商业形象，他的信誉和声望义薄云天。信誉和声望无疑又会回馈他无尽的生意和财富。我们且不论李嘉诚是否有更高层次的思想意识，我们就以商论商，李嘉诚此举，无疑是经商的上乘之作。

5.行中庸之道，做人做事不偏不倚

所谓中庸就是："纪律"还是得要，"无我"还是得有，"奉献"、"理想"还是得尊重——也就是说，不要为了北极太冷而搬往南极。

——王鼎钧

"中庸"是儒家思想的精华，《中庸》也是千年国学的经典，中庸之道更是做人的超级智慧。遗憾的是，现在有不少人将中庸视为贬义词，说它是"温吞水"、"和稀泥"，并攻击它腐朽没落。这是对中庸的误解、曲解。古希腊哲学家亚里士多德和中国的孔子都发现了道德的两种错误倾向，一是偏激，一是退缩。而又同时认为在上述两种错误倾向之外，唯一正确的行为是中庸。

中庸，说通俗一点，就是中道，就是不偏不倚。用《中庸》这本书里的话来说，中庸就是要在复杂、多变的环境中，审慎而冷静地选择最好的解决方案；中庸就是要在诸多对立统一的因素中，敏锐而智慧地寻找最佳的均衡状态。

生活充满了五花八门、千姿百态的矛盾，这是人所共知的事实。俗话说得好："苦恼祸灾时时来，谁家挂得免战牌？"有人说幸福的家庭幸福是一样的，不幸的家庭各有各的不幸。仔细咀嚼以后，觉得这话不无道理，还挺符合实际。我们想要知道的是，在所有五花八门、千姿百态的生活矛盾面前，有没有一种调和矛盾的准则。答案是有的。它就是"中庸"。做人中庸，做事也中庸，这是我们处世的艺术。在既不想去征服对方，又不能被对方征服的情况下，调和主客体之间的矛盾，除了用持中的艺术外，别无选择。

为了更好地理解"中庸"的含义，我们可以用一种最能体现中国人整体和谐艺术的东西——围棋，来加以说明。围棋的棋盘纵横各十几道，共有 361 个交叉点。棋子分黑、白两种颜色，黑子共 181 个，白子共 180 个。按规定，执黑子者先行，轮流将棋子下在交叉点上，以占领多于所规定的交叉点的一方获胜。

围棋仿佛我们的人生，步步充满了矛盾冲突。然而，围棋界重量级大师吴清源先生却说："与其说围棋是竞争和胜负，不如说围棋是和谐。"这句话有其深刻的内涵。日本围棋评论家江崎诚致对此解释道："围棋若是黑白双方保持和谐进行，那么先出手的一方就占有优势，只要中途不贪得无厌，不畏首畏尾，不是不合情理，那么一定是黑棋获胜。因此围棋的本质与其说是竞争更应该说是一种对自然、和谐的破坏，形势的动摇，人们不可能企求完美。也正因此不一定都是黑棋获胜。而人呢，只不过是把这种结果定名为胜负罢了。"由这段话可知，能够在对弈的过程中超越胜负，而去追求棋局本身和谐的人，才算是最高段位的弈手，自然也是胜率最高的棋士。人们常说，"世事如棋局局新"，根据"和谐相依，方成棋局"的认识，处世的艺术除了"中庸"之外还有什么呢？

我们可以通过一则故事来认识"中庸"在历史上的影响。元朝蒙古族入主中原后，贤相耶律楚材有一句常挂在嘴边的名言，即"兴一利不如除一害，生一事不如省一事"。耶律楚材文功卓卓，他任过元太祖成吉思汗、太宗窝阔台的宰相，为使元的专制政治适应于中国的统治，维护各民族的生命财产，加强民族融和等等，他确实费过苦心。从他上面的这句话，就可想见他当时的治国之术的高超。在当时特别的历史背景下，中央集权统治下的各种矛盾非常尖锐，可谓危机四伏。为此，为了加强统治，就必须采取怀柔政策，行中庸之道。一方面加强民族团结，一方面休养生息，尽量以经济建设带动政治的展开。为求得政治统治的平衡，耶律楚材将自己的治国方针浓缩为上面的那句话了，这是非常贤明的做法。中国人甘心情愿地受平衡感的支配，不管工作上或日常生活态度上，都极力避免走极端，总希望四平八稳，这种希望有它独特的可贵之处。

兴一利不如除一害，生一事不如少一事，体现出中国人的中庸心态。虽然我们的祖先创造了"三十年河东，三十年河西"及"东方不亮西方亮"等充满睿智、哲理性的通俗民谚，但自有文字记载，中国人就追求持续的、永恒的平衡。

中国人不怕失落,不怕一时一地的损失。曾几何时,我们的国土遭受过列强铁骑的践踏,我们的肉体遭受过坚船利炮的创伤,但是我们在与强盗、土匪的搏击中练就了坚强的民族意志和坚忍不拔的民族性格,使我们巍巍如长城而屹立不倒。这是一种"失而复得"的平衡。我们深知"落后就要挨打"的残酷生存法则,因而"天行健,君子以自强不息"也就落到了每个中国人的行为之中。吸引与排斥、正流与异化、割裂与归流、改良与保守、激进与稳健、功利与平淡、盲目与清醒、堕落与升华、停滞与跳跃,等等,都将在这种"行动"中走向中庸。

我们的肩上承载得很多很多,重量使我们的脚步迈向沉稳,不容易失去平衡。再加上我们本身的潜能是无限的,因而,我们的生活不只是现在中庸,在未来更要中庸。

中庸强调的是至诚至善;中庸推崇的是不偏不倚;中庸鼓励养中气,行中道!我们要善于平衡各种力量,各种倾向,对事物有深刻的了解,清醒明智地选择最恰当和最适合自己的方式处世为人。

二　社交习惯

　　我们每个人都有一种欲望，即感觉到自己的重要性，这是普通人自我意识的核心。如果你能满足别人心中的这一要求，我们就会对自己，也对你抱积极的态度。使别人感到重要的同时，别人也会反过来使你感到重要，因为大多情况下，你怎样对待别人，别人也会怎样对待你。

　　赞美是欣赏，是感谢，给人的喜悦是无可比拟的。一副冷漠的面孔和一张缺乏热情的嘴是最使人失望的。

　　生活中，无论是普通人还是伟人，无论是家庭生活还是工作学习，人人都希望能够得到他人真诚的道歉和艺术地道歉于人。道歉如同理解和友谊，是人生组诗中不可缺少的篇章。

1.你怎样对待别人,别人也怎样对待你

有人问阿肯色州的一个家伙为什么那么喜欢克林顿,他回答:"他会看着你的眼睛,与你握手,抱起你的孩子,拍拍你的狗——而且是同时做到。"

——美国总统布什称赞前任总统克林顿

你有过这样的经验吗:看有自己在内的合影时,先看谁?谈话时,你使用最多的字眼是什么?与人谈判时失败,你考虑的是谁的利益?我们稍加思考就不难发现,人们最关心的人是自己。

有人做过一项有趣的调查,统计纽约电信局的每通一次的电话中,经常使用的是哪个字?结果发现"我"字排在首位。500次通话中,"我"字出现了3900次。维也纳心理学家阿德勒在其著作《人生意义》一书中曾这样写道:"不关心他人的人,一定过着痛苦的日子,也给旁人以极大困扰。人类所有的失败都发生在这种人身上。"这句话表明,能否善待别人,对人际交往活动的成败具有重要意义。

人际交往中,不能仅凭只言片语来判断别人对你的关怀,应看他在行动上是否渗透着对你的关怀,是否用心与你交往。在生活节奏明显加快的今天,真诚的无私奉献,尽力周到地关心他人,帮助他人是格外难能可贵的。只有这样才会赢得别人对你的忠诚和友谊。

钢铁大王卡内基早年就深得其上司史考特的信任,当史考特升任总公司的总务时,卡内基也随之到阿鲁那工作。

手下员工对史考特的高升很反感,于是有人就在暗中策划罢工的事。史考特与卡内基因人生地不熟,可以说完全处于孤立无援的状况下。眼看着工厂的气氛越来越紧张,全面性的罢工似乎一触即发。

有一天晚上,当卡内基独自在黑暗中走回宿舍时,一位跟踪者突然走近他身边,并压低嗓音说:"让人看见我跟你走在一起不太好。你可能不记得我了,以前我曾到你匹兹堡的办公室请你帮我找一份打铁的工作。当时你说匹兹堡不缺员工,也许阿鲁那还有机会,说完你特意为我放下手头的工作,在百忙中给我联络到此地的一份工作,现在我已有一个很不错的职位,与妻儿过着美满的生活。我有今天多亏了你的帮助,现在我要帮你一把。"于是,这个人便把计划下周罢工的工人名单告诉了卡内基。

　　第二天早上,卡内基将此事通报给了史考特。史考特立即采取了相应的对策,把签名罢工的名单公布在工厂角落,再通知那些人去领薪水。工人们一看罢工秘密泄露,便都一个个缩回脖子,再不提罢工的事情。

　　由这件事,使卡内基深深地感觉到人与人之间的体贴和帮助是何等可贵,在紧要关头它真可以说是无价之宝。

　　我们生活在一个快节奏的世界里,大多数人来去匆匆,一心想着要完成的任务。他们往往疏于腾出时间与他们所交往的人交流思想。

　　如果你能这样做,并关心重视他们,善待他们,就会对他们产生很好的后果,你会使他们的人生更有价值,他们也会给你更丰厚的报答。

　　我们每个人都有一种欲望,即感觉到自己的重要性,这是普通人自我意识的核心。如果你能满足别人心中的这一要求,我们就会对自己,也对你抱积极的态度。使别人感到重要的同时,别人也会反过来使你感到重要,因为大多情况下,你怎样对待别人,别人也会怎样对待你。

　　以下是社交的经验之谈:

　　(1)不讨厌那些曾经公开地与你争论、批评你的人。

　　(2)不随便拒绝人,也不随便答应人。不许愿,不吊人家胃口,不在无谓的事情上炫耀自己的实力。

　　(3)平时多接受别人的意见,看他们是怎么说的。

　　(4)绝对不布置安排一些人去搜集旁人背后说了你一些什么。

　　(5)不急于表现自己,也不急于纠正旁人,再听一听,再看一看,再琢磨琢磨。

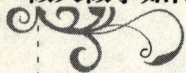

（6）绝对不接受煽动，不接受挑拨，绝对不因 A 的煽动而与 B 为敌，也不因 B 的煽动而向着 A 冲去。

（7）对某人某事感到意外时，先从好处想想，可能他做这件事是为了帮助你，至少客观上对你无损，而千万不要立即以敌意设想旁人。

（8）寻找结合点、契合点，而不是只盯着矛盾分歧。永远安然坦然，心平气和，视分歧为平常，视不同意见的人为现实的诤友或候补诤友，而不是小气鬼般地一见到意见不一的人就如坐针毡，脸上红一阵白一阵。

（9）永远不从个人利害的角度谈论与思考问题，永远不"我、我、我"与人争论。

（10）绝对不在公开场合，尤其不能在自己的权力影响范围内，即利用自己的权力或者影响召集一些人大谈旁人说了你什么，那样做等于拆自己的台。

2.微笑是一种心情,微笑比皱眉更能赢得朋友

笑,就是阳光,它能解除人们脸上的冬色。

——雨果

用微笑面对每一天、每个人、一件事,心中就不会堆积烦恼,世间的纷争也会减少。

如果你每天看到一个笑容满面的人,心情也会好起来的;而看到一个愁眉苦脸的人,心也会下沉不少。

胡适先生曾经写过一首名为《笑》的诗:十几年前/一个人对我笑了一笑/我当时不懂得什么/只觉得她笑得很好/那个人后来不知怎样了/只是她那一笑还在/我不但忘不了它/还觉得它越久越可爱……

当然这样刻骨铭心的笑,不是每一个人都能感受,不是每一个人都能体会,也不是每一个人都能收藏,特别是现代人。

在大街上走走,到处都是戴着面具的职业人,每张面具似乎都忘了有笑容这个表情。坐公交车,售票员凶狠狠的;机关办事,一个个表现得似乎前辈子有不共戴天之仇;去医院,我们的"白衣天使"好像忘了天使是怎样微笑的,医生更是冷酷到底。

笑,其实是一种生活的轻松和愉悦,是一种愉快情绪的自然流露。

现代人生活太沉重了,让人笑不起来。据现代心理学的研究表明,当代人们感到压抑的概率是上世纪 50 年代的 10 倍。有人说:在公司,有成打的人和你竞争,说不定哪一天就阴沟里翻船,哪里还顾得上微笑;生活上,要享受新时代带给自己的物质享受,不得不硬着头皮往钱眼里钻,哪还有时间考虑微笑的事情,那是学生时代的标签。听起来似乎挺有道理。

威廉·怀拉是美国推销人寿保险第一流的高手,年收入高达百万美元。他成功的秘诀就在于拥有一张令顾客无法抗拒的笑脸。威廉曾经效力于一家棒球队,后来成为美国很出名的职业棒球明星。但他一直喜欢推销这一职业,所以在他40岁退休后就去应征保险公司推销员。也许是当明星已经习惯了,所以他对自己很自信,认为以他的知名度,肯定会给保险公司带来利益,保险公司怎么会把他这样的人拒之门外。可是他错了,保险公司不要他。人事经理对他说:"保险推销员必须有一张迷人的笑脸,而你却没有。"听了经理的话,威廉才惊觉自己原来是这样吝啬的一个人,免费的一个微笑都不肯给周围的人,感觉自己白活了40年。于是下决心苦练笑脸,他每天在家里放声大笑。他还搜集了很多迷人的笑脸照片,有知名人士的,也有熟人的,把它们贴满屋子,以便随时效仿。而且,他买了一面与自己一样高的镜子摆在房间里,每天都对着它大笑,并且比较,以寻找微笑的真谛。最后,他终于悟出"发自内心如婴儿般天真无邪的笑容最迷人。"成为百万富翁的威廉经常说:"一个不会笑的人,永远无法体会人生的美妙。"

你看看,微笑可以使你成为百万富翁,可见微笑的魅力有多大。

心理学家发现,人类有许多种笑。但是其中,只有自然的、发自内心的笑,是有益于健康的。其他的,如奸笑、装笑、皮笑肉不笑等等只是一种做作的笑,是与健康无益的笑。现代医学也证明,发自内心的、快乐的笑,能刺激内分泌腺体分泌激素,并可使血流加速,细胞吞噬功能增强,抗体和干扰素增加。此外,发自内心的笑与增强大脑功能有着密切的联系,能使脑垂体释放一种欣快物质,以减轻压力,振奋精神,调节神经系统功能,阻断疾病的恶性循环。在发自内心快乐笑的过程中,人体各个器官犹如在做保健按摩体操,特别是神经系统、呼吸系统、胸腹腔内脏以及膈肌会经受有益的锻炼,使其功能增强。笑还能促使面部血液循环加速而有美容美颜的作用,因而,快乐的人不显老。总之,内心快乐的人吃也香甜、睡也安然;发自内心的、快乐的笑对于祛病、抗衰老可起到药物所起不到的作用。

把脸部肌肉放松;嘴角往上翘,慢慢的,轻轻的;眼角往上扬,微微的。这就是微笑,很简单的一件事情。它就像磁石一样吸引你周围的人,让别人无法抗拒你。

微笑不是浮浅,不是幼稚,不是不冷静,不是不沉着。她只是一座桥梁,一道彩虹,一个信息,在你和周围的人之间。

会微笑的人,是受人欢迎的,她表达了你的善意,你的真诚。有了微笑,你的朋友会遍天下。不会微笑的人,只能活在一个冰冷的世界里。要想得到别人的微笑,首先要自己对别人微笑,不吝啬你的笑容,世界会给你一切。

要让你的对手对你心悦诚服,要让你的敌人放下武器,微笑是最好的武器。俗话说"伸手不打笑面人",不是没有道理的。

微笑会让自己活得更好更开心,微笑会让整个世界属于你。

3.每个人都喜欢被赞美,你我都不例外

赞美是醉人的美酒,很容易上瘾。
　　　　　　　　　　　　　　——联合国前秘书长加利

　　人,总是喜欢被赞美的,无论是咿呀学语的孩子,还是白发苍苍的老翁,因为人任何时候都有一种被人肯定、被人赞美的强烈欲望。有位企业家说:"人都是活在掌声中的,当部属被上司肯定、受到奖赏时,他才会更加卖力地工作。"卡耐基也曾说过:"当我们想改变别人时,为什么不用赞美来代替责备呢? 纵然部属只有一点点进步,我们也应该赞美他。因为,那才能激励别人不断地改进自己。"

　　多年前,一个伦敦的孩子在一家布店当店员,早上 5 点钟他就要起床,打扫全店,每天干十几个小时工作,那简直是苦工、奴隶。两年后,男孩再也不愿忍受了,一天早晨起床后,男孩不顾吃早餐,跑了 13 里路,去找他在别人家里当管家的妈妈商量。他一边哭泣,一边发狂地向妈妈请求不再做那份工作了,并发誓,如果再留在那店里,他就要自杀。而后,他又给老校长写了一封悲惨的信,说明他心已破碎,不愿再生。他的老校长看信后,给他一点赞美,诚恳地对他讲,你实在是很聪明,应该适于更好的工作,并给他一个教员的位置。从此,那个赞美改变了那个孩子的未来,他在英国文学史上,曾著了 76 本书,留下了永久的形象。他的名字就是韦尔斯。在称赞最微小进步的同时,要称赞每一个进步,并要"诚于嘉许宽于称道"。

　　有一个女孩,5 岁就开始登台演唱。她有着优美的歌声,她的天才从一开始就显现无疑。长大后,她的家人请了一个很有名的声乐老师来训练她,不论何时,只要这女孩一想到放弃或节奏稍微不对,他都会很细心地指正。经过一段时间后,她嫁给了他。婚后他还是她的老师,但是她的朋友们发现她那优美

自然的歌声已有了变化，声带拉紧、硬邦邦的，不再像以前那样动听。渐渐地，邀请她去演唱的机会越来越少。最后，几乎没有人邀请她了。而这时，她的丈夫，也是她的老师去世了。

此后几年，她很少演唱，她的才能似乎枯竭了，直到有一位推销员追求她。每当她哼着小调，或一个乐曲旋律时，他都会惊叹歌声的美妙。"再唱一首，亲爱的，你有全世界最美的歌喉。"他总是这样说。事实上，他并不确知她唱得好不好，但是他确实非常喜欢她的歌声，所以他一直对她大加赞扬。她的自信心开始恢复了，她又开始前往世界各地演唱。后来，她嫁给了这位"良好的发现者"，又重新开始了成功的歌唱生涯。

赞美是欣赏，是感谢，给人的喜悦是无可比拟的。一副冷漠的面孔和一张缺乏热情的嘴是最使人失望的。以下是赞美的 4 种方式：

1.直接式

赞美他人最常见的方式就是直接赞美。特别是上级对下级、老师对学生、长辈对晚辈。它的特点是及时、直接。被誉为"近代物理学之父"的爱因斯坦平日酷爱音乐，喜欢弹钢琴，擅长拉小提琴。有一年，他应邀对比利时访问，比利时国王和王后都是他的朋友，王后也是一个音乐迷，会拉小提琴。他和王后在一起合奏弦乐四重奏，合作得非常成功。爱因斯坦对王后说："您奏得太好了！说真的，您完全可以不要王后这个职业。"听了爱因斯坦的赞美，王后为此很是兴奋了一阵。

2.间接式

在日常生活中，如果我们想赞美一个人，不便对他当面说出或没有机会向他说出时，可以在他的朋友或同事面前，适时地赞美一番。这样收到的效果会更好。南北战争开始时，北方联军连吃败仗。后来林肯大胆启用了一位将军——格兰特。他出身平民，衣着不整，言语粗俗，行为莽撞，有人还说他是个酒鬼。林肯心里明白，所有对他的传言都是夸大之辞……后来，竟然有人要求林肯撤掉格兰特的军职，其理由是说他喝酒太多。林肯则不以为然，他赞扬格兰特说："格兰特总是打胜仗，要是我知道他喝的是哪种酒，我一定要把那种酒送给别的将军喝。"格兰特没有辜负林肯的信任，为结束南北战争立下了赫赫战功,证明他的确是一位能力卓越的将军。后来,他竟成为美国第 18 任总统。

3.激情式

朋友之间需要赞美,同事之间需要赞美,恋人之间更需要赞美。赞美既是获取爱情的催熟剂,又是缓和矛盾的润滑剂,还是保持感情的稳定剂。正如拿破仑所说:"从来没有哪个女人像你这样受到如此忠贞、如此火热、如此情意缠绵的爱!"对他的女神,拿破仑总是不吝啬赞美。

情人眼里出西施,在拿破仑眼中,他的妻子约瑟芬是天下最有魅力的女人,他用尽了一切华美的、无与伦比的词语去赞美她。拿破仑在行军中给约瑟芬写信说:"我从没想到过任何别的女人,在我看来,她们都没有风度,不美,不机敏!你,只有你能够吸引我,你占有了我整个心灵。"他有一次甚至在约瑟芬耳边以哀求的语气说:"啊! 我祈求你,让我看看你的缺点;请不要那么漂亮、那么优雅、那么温柔和那么善良吧;尤其是再不要哭泣;你的泪水卷走了我的理智,点燃了我的血液。"

对于心爱的人,拿破仑无法掩饰自己的赞美之情,这种激情式赞美使约瑟芬十分的受用和满足。

4.意外式

出乎意料的赞美,会令人惊喜。丈夫工作一天后回家,见妻子已摆好了饭菜,称赞妻子几句;老师见学生把教室打扫得干干净净,夸奖一番。在妻子和学生看来是应该的,却得到赞美,心情是无比愉悦的。

有时,赞美的内容出乎对方意料,也会引起对方的好感。卡耐基在《人性的弱点》中写了一个他曾经历过的故事:一天,他去邮局寄挂号信,办事员服务质量很差,很不耐烦。当卡耐基把信件递给她称重时,他说:"真希望我也有你这样美丽的头发。"闻听此言,办事员惊讶地看看卡耐基,接着脸上露出微笑,服务变得热情多了。

又如,某位将军在战场上攻无不克、战无不胜,可谓英姿飒爽、出尽风头。当别人频频跷起大拇指称赞道:"真是位了不起的军事家"时,他却无动于衷,因为打胜仗对他来说是最为平常不过的事了。而当有人看着他的胡须时说

"将军,您的胡须可真美,简直能与美髯公相媲美"时,将军却孩子般地笑了。

渴望得到赞赏,是人性中最根深蒂固的本性。不管是谁,听到别人对自己的赞美之词都会开心。既然说好话可以让别人开心,我们又不会因此受损,何乐而不为呢?如果照这一准则办事,你几乎不会再遭到麻烦。如果你对此信守不渝,它会给你带来无数的朋友,会让你常常感到幸福快乐。

4.说"不"是你的权利,该说"不"时要说"不"

没有弄清对方的底细,绝不能掏出你的心来。

——巴尔扎克

在社会交往中,有时需要说"不"。比如,双休日你正在家休息,推销员不期而至,说什么"给您送礼来了",软磨硬缠推不出门;电话铃忽然响了,是某家电器公司的推销人员,向你介绍一种最新产品,是如何的物美价廉等等。你本来经济就有点紧张,却有朋友告诉您"××要结婚了,我们是否祝贺一下""××刚生了个小孩,我们去看看吗";当你正在办公室聚精会神地工作,来了一位工作刚告一段落的同事对你说:"休息一下,别那么累。"刚送走这位先生,又来一位聊天的同事。如果你对他们都热情地奉陪到底,这半天就泡汤了,什么事都做不成了。对付"聊天客",你可以说:"真抱歉,今天是我近来最忙的一天,再累都不敢休息。"稍微知趣者,会立即退出办公室。所以说,善于说"不",是摆脱一切干扰的艺术。

"不"字是一个情绪强烈的负面词,当我们对上司、对朋友使用它时,一定要面带微笑,语气亲切。即使是对素不相识的营销人员,也要讲究点方式方法。

在生活中,对来自亲戚朋友的请求更要学会一些拒绝的技巧。假如我们担心老朋友埋怨我们不近人情;怕人们说我们不愿帮助人;怕伤害别人的自尊心或怕给人带来不必要的不愉快和麻烦等等,便轻易答应别人一些事情,结果反而使自己陷于无穷的烦恼和纠缠中不能自拔,这样不只浪费了自己的时间,还浪费了自己的精力,伤害了自己与亲友的感情。

1.首先为说"不"字而表示歉意

当你要拒绝朋友的求助时,首先态度要温和,尽管说"不"是自己的权利,仍需先说："非常抱歉"或者说"实在对不起。"然后再详细陈述自己不能"帮忙"的各种理由。这样,朋友在感情上就能接受下来,从而避免一些负面影响。

让朋友在感情上体会到,你拒绝的是这件"事",而不是"人"。使朋友感觉这件"事情"虽然被拒绝了,而我们俩还是要好的朋友。你可以如此说："这件事我非常乐意干,只是不巧,我现在手头正做一个急件,下次您再有这样的美差,我一定干。"你还可以这样说："这几天我实在脱不开身,您是否请老张来帮忙,他在这方面业务比我精通,您若是不便于找他,我可以代您向他求助。"

2.委婉地拒绝朋友

不要生硬地拒绝朋友的求助,应该让朋友意识到你是为了他的"利益"而拒绝的。你可以这样说："我非常同情您,也非常想帮助您,但对这件事我并不在行,一旦干坏了,既耽误了工作,又浪费了财物,影响也不好。您不如找一个更稳妥的人办。"或者说："您的事限定的时间太短了,我若轻易接下来,在这么短的时间内,肯定干不好。您可以先找别人,实在不行咱俩再商量。"这位朋友即使转了一圈回来再求你,你已有言在先,这时你就可以提出一些诸如推迟完成日期之类的条件。如果这位朋友认为不行,他自己就会另请高明去了。

如果朋友请求帮助的事的确思考不周,你可以耐心地实事求是地给朋友分析这件事办与不办的利弊。让朋友自己得出"暂时不办此事"的结论。

3.在工作中学会拒绝

在工作中每个人都有自己的任务,虽然帮助同事是种好的品质,但若妨碍了自己的工作则应该学会拒绝。

当然,拒绝他人不是件容易的事,需要一些技巧。例如,拒绝接受不善体谅他人而又十分苛刻的上司的要求,通常都被视为不可能的事。但是,有些老练的时间管理者却深谙回拒方法,经常将来自上司的原已过多的工作,按轻重缓急编排办事优先次序表,当上司提出额外的工作要求时,即展示该优先次序表,让上司决定最新的工作要求在该优先次序表中的恰当位置。这种做法具有三个好处:第一,让上司做主裁决,表示对上司的尊重。第二,行事优先次序表既已排满,则任何额外的工作要求都可能令原有的一部分工作无法按原定计划完成，因此除非新的工作要求具高度重要性，否则上司将不得不撤销它或找他人代理。就算新的工作要求具有高度重要性，上司也不得不撤销或延缓一部分原已指派的工作，以使新的工作要求能被办理。第三，部属若采取这种拒绝方式，可避免上司误会他在推卸责任。因此，这是一种极为有效的拒绝方式。

4.不要不好意思说"不"

很多人在想要拒绝对方的时候，会产生一种"不好意思"的心理，这种心理阻碍了人们把拒绝的话说出口。由于这种矛盾的心情，态度上就不那么热心，说话吞吞吐吐，欲言又止欲藏又露。在这种心理的制约下，最终往往是依照对方的意图行事。即使拒绝了对方，其态度也容易使对方产生误解，认为你成心拿架子，不够朋友。因此，要想使自己在工作和社会交往中，不致惹出许多麻烦，首先要克服这种"不好意思"的心理障碍。

国外研究拒绝艺术的专家强调，要建立这样一种意识："你有权力说'不'，你不必因为对人拒绝了一件事而感到不好意思。"这样，你在拒绝时就会心情坦然、举止大方、态度明朗，避免被误解和猜疑。即使对方开始会对你的拒绝产生一点失望和遗憾，但由于你的态度表情向对方表明你是坦诚的，使对方受到感染，容易弱化对方心中的不快。如果你自己都觉得拒绝不应该，心里发虚，那么你的态度表情就会迟疑不决，对方也会觉得你拒绝的理由是不可信的。

在服装店，你在挑选一件衬衣，样式和做工都令人满意，但在价钱上你却觉得不够理想，但看到售货员的热情服务，使你不好意思不买它。售货员就是利用你的这种心理，越是看到你在犹豫，就服务得越热情越周到，帮你量好尺寸、试大小，甚至动手包装好，放进你的购物袋里，造成既成事实。

初次交女朋友，你也许会感到左右为难，因为她的长相实在让人爱不起来。但是，由于是你的上司介绍的，或者是上司的女儿，使你在拒绝上产生了犹豫，虽然每次会面都使你感到不舒服、不愉快，恨不得马上逃得远远的，但你一想到姑娘的身份，上司的威严，你就不得不仔细斟酌。姑娘却对你一见面倾心，脉脉温情，你的上司也觉得好事可成。随着时间的推移，你一再丧失拒绝的机会,勉强从事,这样的婚姻是不会幸福的。

　　不知生活中有多少人因为不好意思说出那个"不"字,而买了不称心的衬衫,娶了自己不喜欢的姑娘,答应了自己办不到的事情,耽误了自己不应该耽误的约会。

5.不小心犯错时，要勇于承认错误

原谅他人的错误，不一定全是美德；漠视自己的错误，倒是一种最不负责的释放。

——《三毛随笔》中谈对待错误

与人交往，难免说错话，做错事，也就难免得罪人，有时甚至会给人家带来精神上的巨大痛苦和经济上的巨大损失。对此，若是能及时认识到自己的错误，诚恳地向人家道歉，并主动承担责任，一般情况下，总是能得到别人的原谅的。

生活中，无论是普通人还是伟人，无论是家庭生活还是工作学习，人人都希望能够得到他人真诚的道歉和艺术地道歉于人。道歉如同理解和友谊，是人生组诗中不可缺少的篇章。

20多年前，刘先生当电视台记者的时候，有一次要去美国采访一个电影节。当时去外国的手续很难办，不但要各种证件，而且得请公司的人事和安全部门出函，于是他托电影公司的一位朋友代办。

刘先生好不容易备妥了各项文件，送去给那位朋友。可是才回公司，就接到电话，说少了一份东西。

"我刚刚才放在一个信封里交给您的啊！"刘先生说。

"没有！我没看到！"对方斩钉截铁地回答。

刘先生立刻赶到那位朋友的办公室，当面告诉那人他确实已细细点过。

那人举起刘先生的信封，抖了抖，说："没有！"

"我以人格担保，我装了！"刘先生大声说。

"我也以人格担保，我没收到！"那个人也大声吼回来。

"你找找看，一定掉在了什么地方！"刘先生吼得更大声。

"我早找了,我没那么糊涂,你一定没给我。"那个人也吼得更响。

眼看采访在即,刘先生气呼呼地赶回公司,又去重新"求爷爷、告奶奶"地办那份文件。就在办的时候,突然接到那个朋友的电话。

"对不起!是我不对,不小心夹在别人的文件里了,我真不是人……"那位朋友说。

刘先生怔住了,忘记是怎么挂上那个电话的。

刘先生说虽然那件事是他朋友的错,可是他却十分敬佩他的朋友敢于承认错误的勇气。

勇于承认自己的错误是一种大智慧和大勇敢。俗话说:"智者千虑,必有一失。"一个人再聪明,再能干,也总有失败犯错误的时候,人犯了错误往往有两种态度:一种是拒不认错,找借口辩解推脱;另一种是坦诚承认错误,勇于改正,并找到解决的途径。

每个人都有犯错误的可能,关键在于你认错的态度。只要你坦率承担责任,并尽力去想办法补救,你仍然可以立于不败之地。

有些人认为错误有失自尊,面子上过不去而害怕承担责任,害怕惩罚。与这些想法恰恰相反,勇于承认错误,你给人的印象不但不会受到损失,反而会使人尊敬你,信任你,你在别人心目中的形象反而会高大起来的。

在葛底斯堡战败之后,罗伯特·E·李告诉他的残兵败将,没有取得胜利完全是他的责任。温斯顿·丘吉尔对亨利·杜鲁门的第一印象十分不好,后来他告诉杜鲁门,白己曾 度严重地低估了他 这是一句用高明的恭维话表示的歉意。

道歉,它能够挽救危机、除窘迫、出困境、愈裂痕、和解受损的关系。它可以巩固友谊,推进新的人际关系的发展,使双方将会更加珍惜经过波折而重归于好的感情。道歉,在低头鞠躬的同时,是自己将自己在人生的台阶上又提高了一步。道歉,是利人益己的鞠躬,是真诚的悔悟,而不是妄自菲薄;是人格的完善,而不是卑躬屈膝;是性格的成熟,而不是丧失尊严。

你会道歉吗?

1.勇于承担责任

道歉首先要有承担责任的诚心和勇气。道歉不仅不是一件丢脸的事情,反而更能体现一个人良好的人品与修养。"负荆请罪"的典故中,人们不仅佩服蔺相如的"豁达大度",更佩服廉颇"有过则改"的勇气和负荆请罪的真诚。有人道歉"犹抱琵琶半遮面",左一个"因为",右一个"假设",强调种种客观因素,或将责任推到他人身上,说"要不是他……,我不会……"而很少扪心自问是否无愧。这样的道歉自然苍白无力,无法让人生出谅解之情。道歉要有"廉颇式"的诚意,有了诚意,才会有说"对不起,我错了,请原谅"的勇气。

2.善于把握时机

很难想象几十年后的"对不起"不是一句迟到的忏悔。道歉要善于把握适当的时机,应选在对方心平气和有喜事临门等心情较好的时候。"人逢喜事精神爽",这时,他更容易接受你的道歉,与你握手言和、重归于好。时间宜早不宜迟。道歉要善于选准适当的地点,最好是亲自上门道歉,或约对方到一个环境幽雅安静的地方,双方都能平心静气,自然也就容易推心置腹、开诚布公地谈一谈心,化干戈为玉帛。

3.巧于借物传情

如果直接道歉不适宜,也不妨在适当时间打个电话或写封言辞诚恳的信,向对方表示歉意。也可以请一位彼此都信任的朋友、同事或领导代为转达歉意。日后,时机适宜时再登门致歉赔礼。雨不小心伤害了同学文,他感到很内疚。于是,文生日那天,雨到学校广播站为文点歌一首,并说:"文,对不起,我真的不是故意的,你能原谅上周末惹你生气的朋友吗?今天是你的生日,我祝你生日快乐,前程似锦!"文听到广播后很感动,立刻登门致谢,两人和好胜初。

4.贵在持之以恒

也许你的失误给了对方刻骨铭心的伤害,这时,你要有诚心,更要有耐心。一次不行就两次,两次不行就三次。濒于失去耐心与信心时,你要站在对方的立场上想一想:要是你,你能轻易原谅深深伤害你的人吗?滴水尚能穿石,只要你敞开心扉真诚地对待对方,"精诚所至,金石为开",朋友间再不会有解不开的心结。

5.不要找借口

人们在道歉时,往往不理智地倾向于为自己寻找一些造成过失的借口。实际上,这只会冲淡你的诚意,还会失掉对方表示原谅或宽容的机会。不找借口的致歉可为双方留下更为良好的自我感觉。至于道歉者对过失应承担多少责任,其关系实在是微乎其微。因为越是主动地把责任揽于自身,就越会激励别人主动承担自己应当承担的责任。

6.不可敷衍了事

诚恳的道歉才能弥补过失。轻描淡写的道歉,会使对方感到羞辱,认为你瞧不起他或者他无足轻重。有的人仅仅学会说"对不起",犯了什么错都随口一声。久而久之,人们会疏远你,不再相信和原谅你。

7.不必一再道歉

有人虽属说话高手,但在道歉艺术上却欠功夫。苏姗在办公室里不小心将蓝墨水洒到乔伊斯的粉红色裙子上。她连忙赔礼,道歉不迭。乔伊斯安慰她说,不要紧。下班后,乔伊斯用药水把墨迹洗掉,并且忘了这件事。可是事隔三天,苏姗见着乔伊斯,再次向她道歉。以后,每次两人碰面,苏姗都要赔不是,弄得乔伊斯很烦。她说:"你不必总记着那件小事。我早把它搁到脑后。你要是还这样折磨自己,我就没法跟你做朋友了。"当对方谅解你以后,你心里不要再觉得过意不去。

8.做件好事当作赔礼的表示

有的人出于个人尊严,不愿意当面赔礼,但又觉得不向对方道歉又过意不去。因此,不妨换一种方式,给对方暗中做件好事,以使他明白你的歉意。比如,你借朋友的一本书,不慎遗失,你不好意思解释,便可买另外一本你朋友喜欢的书送给他,或者帮他办一件他不易办到的事。这种替补式的道歉还能增进人们的情感。

道歉者至诚至恳,接受道歉者也要宽容。对道歉者,应当真挚地说一声:"没什么!""我原谅你!""我接受你的歉意!"如果大家能坐到一张桌子上,边吃边谈,那定会平息一切风波,消除一切隔阂。严于责己,宽以待人,才是一种

高尚的美德。

9.以下是日常道歉用语：

"对不起！"

"请原谅！"

"很抱歉！"

"打扰了！"

"给您添麻烦了！"

"对不起，是我的不对！"

"我错怪你了！"

"请你转告李先生，就说我对不起他！"

"请你把这束小花转交给王小姐，我向她道歉。"

6.换一种方式,委婉道出对方的错误

　　殷勤善意在社交中是必需的,但也应有限度,一旦过分,殷勤就变成了卑下……在尊重朋友感情的同时也要让朋友们相信,我们尊重的也是我们自己的感情。
　　　　　　　　　　　　　　——法国著名作家拉罗什福科在《处世书》中说

　　科学家伽利略在 300 多年以前就说过:你不能教人什么,你只能帮助他们去发现。苏格拉底也一再告诉门徒:我唯一知道的,就是我不知道什么。这就是说,最好不要直接指出人们有什么错,那是要付出代价的。换言之,别与配偶、顾客等人发生冲突。别直接指责他们的错误,要运用一点技巧,替他们想一想,别惹他们动怒。

　　生活中每个人不可能没有缺点和过失。与朋友、同事相交时,不仅要在他们有了过失时批评并帮助他们,更重要的是帮助他们防患于未然。

　　我们的音调、手势、眼神都可以用来指责别人的缺点错误。它可以收到和言辞表达一样有力的效果。我们必须承认这样一个事实,当直接指出对方错误时,只能引起他的反击,因为你已一拳伤害了他们的判断、荣誉、智力和自尊,因为你伤了他们的感情。

　　所以,假如想使你说的话能产生效果,能迅速而有效地改变另一个人的错误的行为或想法,必须持尊重别人的态度。

1.尊重别人的自尊心

　　世界上任何一位真正伟大的人,都尊重别人的自尊心,决不浪费时间去捞取个人的好处。

　　1922 年,经过几个世纪的敌对之后,土耳其人下决心把希腊人逐出土耳其领土,最终获胜。当希腊的迪利科皮斯和迪欧尼斯两位将领前往土耳其总部投降时，土耳其士兵们对他们大声辱骂。而总指挥凯墨尔却丝毫没显现出胜利的骄傲。他以军人对待军人的口气说："请坐，两位先生，你们一定走累了。战争中有许多偶然情况，有时，最优秀的军人也会打败仗。"

同样，批评一个人时，伤害了他的自尊心，那样就容易抹杀你与别人之间原有很深的感情，你将得不偿失。

2.要懂得从正面称赞入手

当听到别人对我们某些长处表示赞赏之后，再听到他的批评，心里会感觉好受些，也容易接受批评。

美国总统柯立芝有一次批评女秘书，他是这样说的："你今天穿的这件衣服很漂亮，真是一位迷人的小姐。不过，希望你以后能对标点符号稍加注意，那么，你打的文件会跟你的衣服一样漂亮。"

3.要懂得间接地提醒别人的错误

查尔斯·史考勃有一次中午经过他的钢铁厂，看见几个职工在"严禁吸烟"的大招牌下吸烟。史考勃没有简单地斥责他们："难道你们都是文盲吗？！"那样只会招致工人对他的憎恨，而是使用了充满人情味的方式。他走向前，友好地递给他们几根雪茄，然后说："诸位，如果能到外边抽烟，那我真是感激不尽了。"吸烟人都不好意思，知道自己违犯了规则，自觉地掐灭烟头，同时对史考勃产生了好感和尊敬之情。这样的人，谁不乐于和他共事呢？

三　说话习惯

做人做事有这样一条规则：判断别人时你自己也被别人判断。一个经常说别人坏话，挑别人短处，指责别人错误的人，只会让人感到挑剔而难于相处，让人感到品质恶劣而厌烦。

我们在听别人说话时，对方说"我"、"我认为……"带给我们的感受，将远不如他采用"我们……"的说法，因为采用"我们"这种说法，可以让人产生团结意识。

每个人都有自己的过去，都存在一些不为人知的秘密。朋友之间，哪怕感情再好，也不要随便把你过去的事情、秘密告诉对方。

人，总是在一定的时间、一定的地点、一定的条件下生活，在不同的场合，面对着不同的人，不同的事，从不同的目的出发，就应该说不同的话，用不同的方式说话，这样才能收到理想的效果。

1.背后说别人的好话,能体现你的胸怀

好听的话容易打动人,好心的话容易得罪人。

——无论如何,你得好自为之

德国历史上的"铁血宰相"俾斯麦为了拉拢一位敌视他的议员,便有计划地在别人面前说那位议员的好话。俾斯麦知道,那些人听了自己对议员说的好话后,一定会把他的话传给那位议员。后来,俩人成了无话不说的朋友。

人往往喜欢听好听的话,即使明知对方讲的是奉承话,心里还是免不了会沾沾自喜,这是人性的弱点。一个人听到别人说自己的好话时,绝不会感到厌恶,除非对方说得太离谱了。作为一门学问,说好话的奥妙和魅力无穷,然而,最有效的好话还是在第三者面前说。

设想一下,若有人告诉你,谁谁谁在背后说了许多关于你的好话,你能不高兴吗?这种好话,如果是在你的面前说给你听的,或许适得其反,让你感到很虚假,或者疑心对方是否出于真心。为什么间接听来的便会觉得特别悦耳动听呢?那是因为你坚信对方在真心地赞美你。

当你直接赞美对方时,对方极可能以为那是应酬话、恭维话,目的只在于安慰自己。要是通过第三者来传达,效果便会截然不同。此时,当事者必定认为那是认真的赞美,没有半点虚假,从而真诚接受,还对你感激不尽。

在现实中,我们往往看到这样的现象:当父母希望孩子用功读书时,采用整天当面教训孩子的方法,还是很难获得一些效果,但是,假如孩子从别人嘴里知道父母对自己的期望和关心,父母在自己身上倾注了很多心血时,便会产生极大的动力。

卡尔上初中后,由于他父亲去世的影响,学习成绩逐渐下降。他的妈妈苏

珊想方设法帮助他，但是她越是想帮儿子，儿子离她越远，不愿和她沟通。卡尔学期结束时，成绩单上显示他已经缺课 95 次，还有 6 次考试不及格。这样的成绩预示他极有可能连初中都毕不了业。苏珊想了很多办法，比如带他到学校的心理老师那里去咨询，软硬兼施、威胁、苦口婆心地劝他，甚至乞求他，但是，这一切都无济于事。卡尔依然我行我素。

一天，正在上班的苏珊接到一个自称是卡尔学校的心理辅导老师的电话。老师说："我想和你谈谈卡尔缺课的情况。"

老师刚说了这一句，不知为什么，苏珊突然有一种想倾诉的冲动。于是她坦率地把自己对卡尔的爱，对他在学校里的表现所产生的无奈，她自己的苦恼和悲哀，毫无保留地统统向这个从未谋面的陌生人一吐为快。苏珊最后说："我爱儿子，我不知道该怎么办。看他那个样子，我知道他还没有长大，他是一个好孩子，只要他努力，他会学出好成绩，我相信他，我的儿子是最棒的。"

苏珊说完以后，电话那头一阵沉默。然后，那位心理辅导老师严肃地说："谢谢你抽时间和我通话。"说完便挂上电话。

卡尔的下一次成绩单出来了，苏珊高兴地看到他学习有了明显的进步。后来卡尔一跃成为班上的头几名。

一年过去了，卡尔升上了高中，在一次家长会上，老师介绍了他怎样从差生向优生的转变过程，还夸奖苏珊教子有方。

回家的路上，卡尔问苏珊："妈妈，还记得一年前那位心理辅导老师给您打的电话吗？"苏珊点了点头。

"那是我。"卡尔承认说，"我本来是想和您开个玩笑的。但是我听见了您的倾诉，心里很难过。我就想，是我伤了您的心。这使我很震惊。那时候我才意识到，爸爸去世了，您多不容易啊！我必须努力，再也不能让您为我操心了，我下定决心，一定要让您为有我这个儿子而骄傲。"

卡尔的一席话，使苏珊的心里顿时充满了温暖。

请多多和孩子沟通与交流，让彼此的心灵不再遥远。如果你对孩子有什么看法和建议，不妨找个机会开诚布公地谈一次。

又如，当下属的人，平时上司在其面前说了很勉励的话，但还是没有多大感触,但当有一天从第三者的口中听到了上司对自己的赞赏后,深受感动,从此更加努力工作,以报答上司对自己的"知遇"之恩。

多在第三者面前去说一个人的好话,是你与那个人关系融洽的最有效的方法。假如有一位陌生人对你说:"某某朋友经常对我说,你是位很了不起的人!"相信你感动的心情会油然而生。那么,我们要想让对方感到愉悦,就更应该采取这种在背后说人好话的策略。因为这种赞美比起一个魁梧的男人当面对你说"先生,我是你的崇拜者"更让人舒坦,更容易让人相信它的真实性。这种方法不仅能使对方愉悦,更能表现出真实感的优点。

我们平常的谈话实际上有百分之九十是闲聊,那种品质恶劣的人则总是以议论人及诽谤人为中心,仿佛这个世界上人人都不行,只有他最行。或者通过指责别人的不是来抬高自己,这种人正是自尊心极低的人。他没有真本事去表现自己,只有借助于挑别人的短处来提高自己身价,这样的人令人齿冷。

做人做事有这样一条规则:判断别人时你自己也被别人判断。一个经常说别人坏话,挑别人短处,指责别人错误的人,只会让人感到挑剔而难于相处,让人感到品质恶劣而厌烦。如果你总是认为这个也不好,那个也不行,人人都有问题,那么只能说明你自己不善于与人相处,自己有问题。别人正是通过你对别人的判断,来判断你的为人。

背后说别人的好话,远比当面恭维别人说好话的效果明显好得多。不用担心,我们在背后说他人的好话,是很容易就会传到对方耳朵里去的。

假如我们当着上司和同事的面说上司的好话,同事们会说我们是在讨好上司,拍上司的马屁,从而容易招来周围同事的轻蔑。另外,这种正面的歌功颂德所产生的效果是很小的,甚至还会有起到反效果的危险。同时,上司脸上可能也挂不住,会说我们不真诚。与其如此,还不如在上司不在场时,大力地"吹捧一番"。而我们说的这些好话,是终有一天会传到上司耳中的。

有一位员工与同事们闲谈时,随意说了上司几句好话:"刘经理这人真不错,处事比较公正,对我的帮助很大,能够为这样的人做事,真是一种幸运。"这几句话很快就传到了刘经理的耳朵里,刘经理心里不由得有些欣慰和感激。而那位员工的形象,也在刘经理心里上升了。就连那些"传播者"在传达时，也忍不住对那位员工夸赞一番：这个人心胸开阔人格高尚，难得。

在背后赞扬别人，能极大地表现说话者的"胸怀"和"诚实"，有事半功倍之效。比如，夸赞上司，说他办事公平，对你的帮助很大，还从来不抢功。那么，往后上司在想"抢功"时，便可能会手下留情。

当别人了解到你对任何人都一样真诚时，对你的信赖就会日益增加。

2.把话说好,把话说到别人的心窝里

如果你考虑两遍以后再说,那你说得一定比原来好一倍。 ——培根

富兰克林在自传中有这样一段话:"我在约束自己的言行的时候,在使我日趋成熟,日趋合乎情理的时候,我曾经有一张言行约束检查表。当初那张表上只列着十二项的美德,后来,有一位朋友告诉我,我有些骄傲,这种骄傲经常在谈话中表现出来,使人觉得盛气凌人。于是,我立刻注意到这位友人给我的忠告,我并相信这样足以影响我的发展前途。随后我在表上特别列上虚心一项,以专门注意我所说的话。现在,我竭力避免一切直接触犯伤害别人情感的话,甚至禁止使用一切确定的词句,如:'当然'、'一定'等,而用'也许'、'我想'来代替。"

说话,是一个传递信息的过程。因此,提高自己的语言表达能力,把话说好,不仅在于说话者本人能否准确、流畅地表达自己的思想,而且还在于你所表达的思想、信息,能否为听众所接受并产生共鸣。也就是说,把话说好,关键在于说话能否把话说到别人的心窝里,打动人家的心弦。

电车模范售票员王苹不但具有全心全意为乘客服务的热情,而且还有一口暖人肺腑的语言。口才,使她说话深深打动乘客的心弦,使她在平凡的工作岗位上创造了不平凡的业绩。她是怎样工作的呢? 请看:

有一天,车上的乘客很多,而这时又上来了一位抱小孩的妇女。于是王苹例行地对乘客们说:"哪位同志给这位抱小孩的女同志让个座儿。"但她连讲两次,无人响应。王苹没有着急,缓缓地站了起来,用期待的眼光看了看靠窗口的几位小伙子乘客,提高了嗓音:"抱小孩的那位女同志,请您往里走,靠窗坐的几位小伙子都想给您让座儿,可就是没有看见您。"话音刚落,"忽啦"一

声,几位小伙子都不约而同地站了起来让座。这位女同志坐下以后,光顾喘气定神,忘记对让座的小伙子道谢,小伙子面露不悦的神色。王苹看在眼里,心中明白,她忙中偷闲,逗着小孩子说:"小朋友,叔叔给你让了座儿,你还不谢谢叔叔。"一语提醒那位妇女,连忙拍着孩子说:"快谢谢叔叔,快谢谢叔叔。"那小伙子听到"谢谢叔叔"时,连声说:"不客气。"

王苹的几句话为什么产生这么大的魔力?因为她了解人们的自尊心,只有充分理解人们的自尊心,才能把话说到人家的心窝里。

美国著名的哲学家詹姆斯曾经说过:"人类天性的至深本质就是渴求为人所重视。"从某种意义来说,人类正是凭着寻求自尊的激情,才造就了古往今来的千千万万的丰功伟绩,从古老的长城,到现代的宇宙飞船。

我们与人说话,要想收到"心有灵犀一点通"的效果,就要理解人们的合理需要,爱护人们的自尊心。要做到这一点,我们在谈话的时候就要经常注意"转换角度",即善于"站到对方的立场上,从对方的观点来观察问题,如同用你的观点一样"。

如果在社交活动中不能根据交际对象的心理,选择恰当的语言形式,而挫伤他人的自尊心,后果将又如何呢?

詹丽颖心地善良,待人热情,常常给人以最无私的帮助,可是周围的人却对她反感,厌恶她。这是为什么呢?原来詹丽颖在社会交往中违背了言语交际所应该遵循的原则。所以,虽然她主观愿望很好,结果却适得其反,事与愿违。

熟人、同事、朋友之间为增进友谊而父际,说话"随便"一点儿本无可非议。但是,这种"随便"应该掌握一定的分寸,应该有一个限度,因为每个人心灵中都有自己神秘的一隅。交谈时,应该照顾对方的自尊,以免使人陷入难堪的境地。詹丽颖却完全不考虑这些,她对一位因发胖而羞赧的女同事高声宣布:"哟,你又长膘啦?你爱人净弄什么给你吃,把你喂得这么肥啊?"发出这一串语言信号时,詹丽颖本没有丝毫恶意,可是,这些话语无疑激起了对方的反感,以至恼怒,使双方原本亲密的感情发生裂变,不仅达不到亲近的交际目的,而且极大地拉开了双方的心理距离。

失去丈夫是件最不幸的事。一位朋友刚刚死了丈夫,正处在悲痛之中,詹

丽颖却极端热情地邀请人家去看外国喜剧影片。她嘻嘻哈哈地说:"装什么假正经哟!谁不想开开心,乐一乐。"这种亲近别人的说话方式,无论如何是令人难以接受的,它无情地破坏了对方的心理平衡。

　　大家也许都有这样的生活体验,生活中往往出现这样的情况,有的人在行为上、物质上热心地帮助了别人,但由于在特定场合下措辞不当,使对方的感激之情烟消云散,化为乌有,詹丽颖就是这种人。比如:她给一位新娘子买了一枚精巧的胸针,对方十分感谢,她却这样议论人家的衣着:"哎呀,你这身西服剪裁得真不错,可就是颜色嘛——跟你里头的衬衫太不协调!干吗非这么桃红柳绿地搭配?该有点中间过渡色的东西点缀,平衡一下才好。"人们在办喜事时,总喜欢听些吉利话,新娘子爱美爱漂亮,为参加婚礼曾精心打扮过,她却说人家"桃红柳绿"。因此,尽管詹丽颖的行动使交际对象感动,可是她的言谈却给对方增添了不快。由此可以看出,帮助别人时,应该多行动,少言语。詹丽颖不了解这种情理,所以没有收到预期的交际效果。

　　詹丽颖的言行,是探索言语交际规律的一面镜子,我们在言语交际过程中应引以为戒。

3.言不在多，达意则灵

从电话费的账单中，最能体会出"言多必失"的道理。

——一位市民缴完电话费之后的深刻认识

好的语言并不在多，达意则灵。已故著名艺术家赵丹先生的遗孀黄宗英女士是一位作家，又是一位企业家。有一次，有人问黄宗英是否再嫁，黄宗英回答说："我已经嫁给大海，就不能再嫁给小河了。"这句话非常简洁明快，并且意蕴深刻，耐人寻味。

高尔基曾说："简洁的语言中有着最伟大的哲理。"在当今的信息时代，人们的生活节奏大大加快，人们不喜欢那些穿靴戴帽、庞杂冗长、繁文缛节的空话套话。说话要达到简洁、明快，就要千锤百炼，使自己的词汇富足、思路清晰。因为词语贫乏，表达必词不达意、啰嗦干瘪；思维模糊，表达必语无伦次，枉费口舌。所以，在说话时应要求自己长话短说，要"筛选"、"过滤"出最精辟的，恰如其分地表情达意的词句，尽可能以省略的语言表达出深刻的内涵。

1863年11月19日，公墓举行落成典礼，美国总统林肯应邀到会演讲。这对林肯来说，有很大难度，因为这次仪式的主讲人是艾弗雷特，林肯只是由于总统的身份，才被邀请在艾之后"随便讲几句适当的话"。艾弗雷特不仅是个著名的政治家和教授，而且是当时被公认为美国最有演说能力的人，尤其擅长在纪念仪式上的演讲。在这个典礼上，他那长达两个小时的演讲，确实精彩极了。

在这种情况下，怎样讲才能和观众建立良好的交往关系，并最终赢得他们的掌声呢？林肯决定，以简洁取胜。结果林肯大获成功。尽管他的演讲只有10句话，从上台到下台不过两分钟，可掌声却持续了10分钟。林肯的演讲不仅赢得了在场一万多名听众的热烈欢迎,而且轰动了全国。当时的报纸评论说:"这篇短小精悍的演说是无价之宝,感情深厚,思想集中,措词精炼,字字句句都很朴实、优雅,行文完全无疵,完全出乎人们的意料。"就是艾弗雷特本人第二天也写信给林肯道:"我用了两个小时总算接触到了你所阐明的那个中心思想,而你只用了两分钟就说得明明白白。"后来,林肯的这篇出色的演讲词被收藏到图书馆,铸成金文存入牛津大学,作为英语演讲的最高典范。

林肯这次演讲获得巨大的成功,给了我们一个启示:简洁明快的语言会使说话更添魅力。

1.历史上冗长的演讲记录

在人际交往中,要想得到一种较佳的效果,语言必须简洁、明快,要能使听者在较短的时间里获取较多而有用的信息。

历史上曾记载了一些冗长的演讲纪录,这些演讲绝对是不能称为优秀的。比如,1933 年一位名叫爱尔德尔的美国参议员,为了反对通过"私刑拷打黑人的案件归联邦法院审判"的法案,在参议院高谈阔论了 5 天时间。一位记者统计:他在演讲台踱步 75 公里,共做了 1 万个手势,吃了 300 个夹肉面包,喝了40 公升清凉饮料。

1957 年,斯特罗姆·瑟蒙德作阻止"民权法案"通过的演讲,历时 24 小时18 分,但遭失败。

1912 年, 英美发生战争, 一个美国众议员试图用马拉松式的演讲来阻止通过对英宣战的决议。直到战火烧到家门,形势迫在眉睫,可这位议员仍在喋喋不休。时至半夜,听众席上鼾声四起,最后,一议员急中生智,将一个痰盂甩到演讲者的头上,才得以终止辩论,通过了宣战决议。

2.演讲大师都惜语如金

"言不在多,达意则灵。"要语不烦,字字珠玑,简练有力,能使人不减兴味;冗词赘语,语绪唠叨,不得要领,必令人生厌。在中外历史上,不少演讲大师惜语如金,言简意赅,同样留下了许多珍贵的篇章,成为"善辩者寡言"的典型。比如:

最短的总统就职演说,也就是 1793 年的华盛顿总统的演说,仅用 135 个字,便举世闻名。

恩格斯在马克思墓前的演说只有 1260 个字。

列宁在马克思、恩格斯纪念碑揭幕典礼上的讲话只有 552 个字。

斯大林在 1941 年 7 月 3 日发表的反对德国法西斯入侵重要广播演说只有 3800 个字。

罗斯福的就职演说仅有 985 个字。

1984 年 7 月 17 日,37 岁的法国新总理洛朗·法比尤斯发表的演说,更是短得出奇,演讲词只有两句:"新政府的任务是国家现代化,团结法国人民。为此要求大家保持平静和表现出决心。谢谢大家。"措辞委婉、内容精辟。

上述这些演讲大师驾驭语言的功力都是非凡的。同时,这也就说明了简洁明快在语言交际中的举足轻重作用。

第一,简洁明快的语言是认识能力和思维能力高超的表现。话语的简洁常常体现出说话人分析问题的快捷与深刻。

第二,简洁明快的语言是果敢决断的性格表现。自信心强、办事果敢的人都说话干脆果断,不拖泥带水。

第三,现代社会节奏快,时间观念强,说话简洁会给人一种生机勃勃的现代人的感觉,所以,简洁明快的话语还是时代风貌的反映。

第四,简洁的话语既能不占用听者太多的时间,又能使听者觉得说话者很尊重他,所以,说话简洁的人受人欢迎。

我们都会有这种感觉,即那种说话唠唠叨叨、啰啰嗦嗦、拖泥带水、言语空泛的人,是很令人讨厌的。曾有位"啰嗦先生"写给家人的信,信中说:

"……吾于下月即将返故里。不在初一即在初二,不在初二即在初三,不在初三即在初四,不在初四即在初五,不在初五即在初六,不在初六即在初七,不在初七即在初八,不在初八即在初九……不在二十八即在二十九。其所以不写三十,因月小之故也。……"

"啰嗦先生"这封可简为"吾下月将返故里"的书信,却啰嗦了这么长,谁看了也会觉得索然寡味,十分讨厌。虽然这仅是一则笑话,但它也告诉我们一个深刻的道理:说话啰嗦就会失去魅力。

许多说话啰嗦的人,常常是因为情绪激动而造成思维混乱,且语言表达前后倒置,条理不清。所以,要做到说话简洁明快,我们就要在思维和语言两个方面下工夫,不断练习,掌握技巧,适当发挥。

3.丘吉尔的演讲词

1948 年,牛津大学举办了一个"成功秘诀"讲座,邀请到了当时声誉已登峰造极的伟大的丘吉尔来演讲。三个月前媒体就开始炒作,各界人士引颈等待,翘首以盼。

这一天终于到来了,会场上人山人海,水泄不通。全世界各大新闻机构都到齐了。人们准备洗耳恭听这位大政治家、外交家、文学家(丘吉尔曾获诺贝尔文学奖)的成功秘诀。

丘吉尔用手势止住大家雷动的掌声后,说:"我的成功秘诀有三个:第一是,决不放弃;第二是,决不、决不放弃;第三是,决不、决不、决不放弃!我的讲演结束了。"说完就走下讲台。

会场上沉寂了一分钟后,才爆发出热烈的掌声,经久不息。

4.前总裁的回答

一个年轻人才 28 岁便获选为银行总裁。他从没有想到自己会成为总裁,更无法想象自己这么年轻就能担当这个职位。一天,他与股东会议主席,也就是前任总裁谈话。他说:"正像您所知道的那样,我刚刚被指定担当总裁的职务,这真是个艰巨的任务。我非常希望您能根据您自己多年的经验给我一点建议。"

年长的前任总裁看着坐在自己面前的新总裁,微微一笑,很快地以六个字作为他的回答:"作正确的决定。"

年轻的总裁期望能得到更进一步的建议,他说:"您的建议很有帮助,我能得到您的帮助感到很荣幸,也非常地感激。但是能否请您说得详细一点儿呢?我是真的很需要您的帮助以便我作出正确的决定。"

可这个睿智的老人惜言如金,因此他仍然很简单地回答:"经验。"

新总裁仍然很困惑,再次问道:"没错,那正是我今天出现在这里的原因。我不具备我所需要的经验,我该如何获得这些经验呢?"

老人无声地笑了,但依旧以简短精练的话语总结道:"错误的决定。"

5.措词简洁明快应注意的六大方面:

第一,尽量简明扼要。

说话越简明越好,有些人在叙述一件事情时说了很多话,但还是无法把他的意思表达出来,以致听者花了很多时间和精力,仍然不知道他想说明什么东西。如果你犯有这种毛病,一定要自己矫正。矫正的最好办法是,在说话之前,先在脑子里作一个初步的计划,然后再把计划要说的东西讲出来。

第二,用语不要过多重叠。

在汉语里,有时的确要使用叠句来引起别人的注意,或者加强语气。但是,如果滥用叠句,就会显得累赘。例如,许多人在疑惑不解的时候常常会说:"为什么为什么?"其实,一个"为什么"就足以表达你的疑惑之情,为什么偏要多加一个呢?还有的人答应别人一件事情的时候,常常说"好好好……",一连说上好几个。其实,说一个"好"字就足够了。

第三,同样的词语不可用得太频繁。

听者总希望说者的语言丰富多彩。我们虽然不必像某些名人所说的那样,每说一事都要创造一个新词汇,但也应该在许可的范围内尽量使表达多样化,不要把一个名词用得太频繁。即使是一个非常新奇的词,如果你在几分钟之内就把它复述了好几次或十几次,那么人们对它的新奇感会丧失,并对它产生一种厌倦感。

第四,要避免口头禅。

有些人在交谈中爱说口头禅,诸如"岂有此理"、"我以为"、"俨然"、"绝对的"、"没问题"一类的话几乎是脱口而出。不管这些话是否与所说的内容有关联,这类的口头禅说多了,不仅影响说话的效果,而且容易被别人当作笑柄。因此,这类的口头禅应下决心不说。

第五,避免使用粗俗的词。

常言道:"言语是个人学问品格的衣冠。"一个相貌堂堂、看上去高贵华丽的人,如果一开口就说出粗俗不堪的话,那么别人对他的敬慕之心就会马上烟消云散。其实,这些人中的相当一部分并非学问品格不好,只是在追求语言

的新奇和俏皮的过程中染上了这种难以更改的坏习惯。试想一想，在一个陌生人面前，你说了粗俗的话，他会怎么想呢？他不一定会认为这是一个习惯问题，而可能会认为你是一个修养不足、不可交往的人。

第六，不要滥用术语。

粗俗的词不可用，太深奥的词如专用术语也不可多用。如果不是同一个学者讨论学术问题或不得不用，过多地使用专业术语，即使你使用得很恰当，也会给别人以故弄玄虚的感觉。

上述几点只是列举了几个易于为人们觉察到的问题，那些较为隐晦的问题还有赖于你在实践中去揣摩和克服。如果你在说话时能措词简洁、生动、高雅而又贴切，那么就可能会成为一位交际明星、说话好手。

4. 多说"我们"，少说"我"

要使人信服，一句话常常比黄金更有效。

——德谟克里特

小孩子在做游戏时，常会说"我的"、"我要"等语，这是自我意识的强烈表现。在小孩子的世界里或许无关紧要，但有些成人也是如此，他们说话时，仍然强调"我"、"我的"，这给人自我意识太强的坏印象，人际关系也会因此受到影响。

有位心理专家曾做过一项有趣的实验。他让同一人分别扮演专制型和民主型两个不同角色的领导者，而后调查人们对这两类领导者的观感。结果发现，采用民主型方式的领导者，他们团结意识最为强烈。而研究结果又指出，这些人当中使用"我们"这个名词的次数也最多。而专制型方式的领导者，是使用"我"字频率最高的人，也是不受欢迎的人。

我们在听别人说话时，对方说"我"、"我认为……"带给我们的感受，将远不如他采用"我们……"的说法，因为采用"我们"这种说法，可以让人产生团结意识。

俄国十月革命刚刚胜利的时候，许多农民怀着对沙皇的刻骨仇恨，坚决要求烧掉沙皇住过的宫殿。

别人做了许多工作，农民都置之不理，非烧不可。最后，列宁亲自出面做说服工作。列宁对农民说："烧房子可以。在烧房子之前，我们大家一起来思考几个问题可以不可以？"农民答道"当然可以。"列宁问道："沙皇住的房子是谁造的？"农民说："是我们造的。"列宁又问："我们自己造的房子，不让沙皇住，让我们自己的代表住好不好？"农民齐声回答："好！"列宁再问："那么这房子我们还要不要烧呢？"农民觉得列宁讲得好，同意不烧房子了。

《福布斯》杂志上曾登过一篇"良好人际关系的一剂药方"的文章,其中有几点值得借鉴:

语言中最重要的 5 个字是:"我以你为荣!"

语言中最重要的 4 个字是:"您怎么看?"

语言中最重要的 3 个字是:"麻烦您!"

语言中最重要的 2 个字是:"谢谢!"

语言中最重要的 1 个字是:"你!"

那么,语言中最次要的一个字是什么呢?是"我"。

亨利·福特二世描述令人厌烦的行为时说:"一个满嘴'我'的人,一个独占'我'字,随时随地说'我'的人,是一个不受欢迎的人。"

1.少说"我"多说"你"

说话好像驾驭汽车,应随时注意交通标志,也就是要随时注意听者的态度与反应。如果红灯已经亮了仍然向前开,闯祸就是必然了。无聊的人是把拳头往自己嘴里塞的人,也是"我"字的专卖者。

人们最感兴趣的就是谈论自己的事情,而对于那些与自己毫无相关的事情,众多的人觉得索然无味,对于你含有最大兴趣的事情,常常不仅很难引起别人的同情,而且还觉得好笑。年轻的母亲会热情地对人说:我们的宝宝会叫"妈妈"了,她这时的心情是高兴的,可是旁人听了会和她一样地高兴吗?不一定。谁家的孩子不会叫妈妈呢?你可不要为此而大惊小怪!这是正常的事情,如果不会叫妈妈的孩子才是怪事呢。所以,你看来是充满了喜悦,别人不一定有同感,这是人之常情。

竭力忘记你自己,不要总是谈你个人的事情,你的孩子,和你的生活。人人喜欢的是对自己最熟知的事情,那么,在交际上你就可以明白别人的弱点,而尽量去引导别人说他自己的事情,这是使对方高兴最好的方法。你以充满同情和热诚的心去听他叙述,你一定会给对方以最佳的印象,并且对方会热情欢迎你,热情接待你。

2.把"我的"变为"我们的"

说话时,把"我的"变为"我们的",可以巧妙拉近双方距离,使对方更容易接受你。

如果你在说话中，不管听者的情绪或反应如何，只是一个劲地提到我如何如何，那么必然会引起对方的反感。如果改变一下，把"我的"改为"我们的"，这对你并不会有任何损失，只会获得对方的好感，使你同别人的友谊进一步地加深。

我们经常看到记者这样采访："请问我们这项工作……"或者"请问我们厂……"经常发现演讲者使用"我们是否应该这样"、"让我们……"等表达方式。这样说话能使你觉得和对方的距离接近，听来和缓亲切。因为"我们"这个词，也就是要表现"你也参与其中"的意思，所以会令对方心中产生一种参与意识。

比如说"你们必须深入了解这个问题"，便拉开了听众与演讲者的距离，使听众无法与你产生共鸣。如果改为"我们最好再作更深一层的讨论"就会缩短与听众之间的距离，使气氛立刻活跃起来，达到共鸣的效果。

墨西哥的大企业家办公室中常有两只椅子并行排列，"商谈"时并肩而坐，这样，格外能使"商谈"顺利完成，因为这时由于双方的步调一致、立场一致，给人们的就不是"你我"的感觉，而是"我们"的感觉。

5.给嘴巴上把锁，有些话不能说就不说

如果你是个傻瓜，那么一言不发是聪明的；如果你是个聪明人，一言不发则是最愚蠢的。

——哲学家奥佛拉斯回答"在交际场合上一言不发好不好"

罗曼·罗兰说："每个人的心底，都有一座埋藏记忆的小岛，永不向人打开。"马克·吐温也说过："每个人像一轮明月，他呈现光明的一面，但另有黑暗的一面从来不会给别人看到。"

这座埋藏记忆的小岛和月亮上黑暗的一面，就是人的隐私世界。每一个人都有自己的隐私，都有一些令人不快、痛苦、悔恨的往事。比如恋爱的破裂，夫妻的纠纷，事业的失败，生活的挫折……这些都是自己过去的事情，不可轻易示人。

在工作中和同事相处，不要把自己过去的事全告诉别人，特别是那些不愿让他人知道的个人秘密，要做到有所保留。向他人过度公开自己秘密的人，往往会因此而吃大亏。因为世界上的事情没有固定不变的，人与人之间的关系也不例外。今日为朋友，明日成敌人的事例屡见不鲜。你把自己过去的秘密完全告诉别人，一旦感情破裂，反目成仇或者他根本不把你当作真正的朋友，你的秘密他还会替你保守吗？

振华是一个公司的职员，他与他的好朋友林明无话不谈。一次，借着酒兴，向林明说出他不为人知的秘密。年轻时，与别人打群架，砍伤了别人，结果被判了两年刑。从监狱出来后，改过自新，重新做人，考上了大学，进了现在的这家公司工作。

时值年底，公司效益不佳，并准备裁员。振华和林明从事同一个工作，这个

位置精简后只能留下一人,但论实力,振华比林明要略胜一筹。

不久,公司就传开了,大家都知道振华是坐过牢的"劳改犯",对他的印象大大削弱了。谁愿意跟劳改犯一起共事呢?结果振华被裁掉,林明幸运地留了下来。

每个人都有自己的过去,都存在一些不为人知的秘密。朋友之间,哪怕感情再好,也不要随便把你过去的事情、秘密告诉对方。

1.和同事说话不可尽言

如果你是职场中人,你将你的秘密告诉你的同事,在关键时刻,他很可能会跟林明一样,拿出你的秘密作为武器回击你,使你在竞争中失败。他将你不光彩的秘密说出来,你的竞争力就会大大削弱。

自己的秘密不要轻易示人,守住自己的秘密是对自己的一种尊重,是对自己负责的一种行为。"逢人只说三分话,未可全抛一片心。"这话虽有偏颇,但却有些道理。尤其是同事之间,存在着竞争关系,可能你觉得这样做过于圆滑,但现实生活就会告诉你这样的道理,孔子说过:"不得其人而言,谓之失言。"又有古语告诉我们:"言多必失","君子三缄其口"。

与同事说话,要分人、分场合、分时间。你所说的话,对方是不是爱听,说你自己的事,同事必须关心吗?说同事的事,你的说法正确吗?不分场合地讲你的事情或同事的事情,他们会不会反感?不管同事的心情好坏,时间松紧,唠唠叨叨,同事不厌烦吗?这些都是你要考虑的,要"三思而后言"。过多的暴露,会让人觉得你肤浅;过分的热情,会让人产生讨好的印象。因此,与同事说话,要因人而异,否则物极必反。

不分青红皂白地把同事当作知心朋友,动辄一吐心曲,更是需要小心的。特别是与同事交情微酣或话语投机之时,更要把住口舌关。当自己觉得别人在倾诉知心话时,感到如果自己不把心掏出来就负了一份人情似的。这时要特别注意,你不知道哪句话会犯了对方的禁忌。而且人际关系是经常变化的,今天的知心人或许就是明天的对手,你的知心话就会成为明天握在他手中的把柄。给自己留一点余地,留一条后路,总会让人觉得安全、踏实。

2.逢人只说三分话

逢人只说三分话,不是不可说,而是不必要说的不要说。善于处世的人,说话圆滑而保守,是不必说、不应该说的缘故,决不是他不诚实,更不是狡猾。

说话本来就有三种限制。一是人,二是地,三是时,非其人不说;非其时,虽得其人,也不必说;得其人,得其时,而不是说话的地方,仍是不必说。

不是说话的人,你说三分话已是太多。得其人,而不是说话的地方,你说三分话,正给他一个暗示,看看他的反应。得其人,得其时,而不是说话的地方,你说三分话,正可以引起他的注意。如有必要的话,不妨选个地方仔细谈谈,这才是通达明智的人。

有时你只说三分话,正是你的职业道德。做医生的人,如果是普通病人或者可以对人提起;如果是绝症的人,你就是只字不能对别人提及的。这是医生的职业道德。经办银行业务的人,业务大概情形或者可以对人提及,对于存款人的姓名与存款额,你是绝对不可提起的。这是银行从业人员的职业道德。这些例子还多得很。有时你因为不能遵守只说三分话的戒条,酿成大祸,往往使你的精神大受痛苦,甚至蒙受更大的损失。

如果你从事的是机密工作,或者特殊的行业,对人只说三分话,还要在重要话题之外。重要话题是一字都说不得,你说的三分话,应该是风花雪月,应该是柴米油盐,应该是上天下地。总而言之,应该是无关紧要的材料。无关紧要的材料,虽是说得头头是道,说得兴味淋漓,说得皆大欢喜,其实是言之无物,不会带来什么麻烦。

6.察言观色，边看人边说话

出于身当言者，缓颊而陈；不当言者，卷舌而退。 　　　　——陶觉

俗话说，"看菜吃饭，量体裁衣"，这是指办事时要看具体情况，灵活机动，不能拘泥于现成的条文，生搬硬套。说话也是这样，也要看具体情况，灵活机动，因人而异。

《鬼谷子·权篇》将"看人说话"的技巧演绎得淋漓尽致："与智者谈话，要以渊博为原则；与拙者谈话，要以强辩为原则；与善辩的人谈话，要以简要为原则；与高贵的人谈话，要以鼓吹气势为原则；与富人谈话，要以高雅潇洒为原则；与穷人谈话，要以利害为原则；与卑贱者谈话，要以谦恭为原则；与勇敢者谈话，要以果敢为原则；与上进者谈话，要以锐意进取为原则。"这些都是与人谈话的原则。

有位生性高傲的处长，他的生硬冷漠面孔常使人望而却步。一位外地来的办事员听说了他的脾气，见面后就微笑着扔了一支烟说："处长，我一进门就有人告诉我，处长是个爽快人，办事认真，富有同情心，特别是对外地人格外关照。我一听，高兴极了。我就爱和这样的领导办事，痛快！"处长的脸上立刻露出一丝笑容，接下去谈正事，果然大见成效。

这位办事员的成功便得益于开头的那几句对处长脾气的话。这样，处长就不好意思给人脸色看了，反之会在维护自我形象的心理支配下变得和蔼可亲起来。看人的脾气说话需注意两点：一是要实事求是。你说的话不是无中生有，而是确有其事，对方才会感到高兴。如果进行肉麻的吹捧、拍马屁，清醒的人会把你当成小人。二是赞美要适可而止。赞美在这里不过是使高傲者改变态度的手段，是交际的序幕。如果一味赞美，而不及时转入正题，就失去了意

义。

有一位大学毕业生去见一位企业家，试图向这位总经理推销"他自己"——到该企业工作。由于这位总经理见多识广，比较固执，根本没把这个乳臭未干的小伙子放在眼里，没搭上几句话，总经理便以不容商量的口吻说："不行。"

这位聪明的小伙子，眉头一皱，计上心来，想起孔明激孙权的故事来了。于是他决定转移话题。他若无其事地轻轻问道："总经理的意思是，贵公司人才济济，外人纵有天大的本事，似乎也无需使用。再说像我这样的庸才能做什么也还是未知数，与其冒险使用，不如拒之于千里之外，是吗？"

他说到这里故意突然中断，只是微笑着直视总经理，在一两分钟的时间里，彼此都保持沉默，总经理终于开口了："你能将你的经历、想法和计划告诉我吗？"

小伙子又将了他一军："噢，抱歉，抱歉，刚才我冒昧了，请多包涵，不过像我这样的人还值得一谈吗？"说完，小伙子又沉默了。

总经理反而催促他说："请不要客气。"

于是小伙子便将自己的经历、学历及对该企业经营发展规划的看法系统地告诉了经理。经理听完他的话后，态度立刻就由严肃转为慈祥。临走时经理对他说："小伙子，我决定录用你，明天来上班，请保持过去的热情与毅力干吧！"

如果这位小伙子在"此路不通"的时候不看总经理的脾气说话，不转换话题，绝不能力挽狂澜，转败为胜。

李杰外语专业毕业后就来到外事部门工作。由于他一口英语讲得很流利，开始时领导很器重他，准备派他出国深造。但一年后，这个很让人眼红的机会却给了另一个和他一起进入这个单位的同事。而此后，李杰在单位呆得也很不顺心，最后辞职去了另一家单位。事后，有人问起他原因，他不无遗憾地说自己在原单位太爱卖弄了，动不动和领导交谈两句英语，正巧这个部门的一位副职领导是位老干部，没学过英语，所以小李的行为很让这位领导厌烦，于是这位领导就把"小鞋"给他穿上了。

不同的人爱听不同的谈话内容,这是容易理解的。但困难的是你怎么知道他爱听什么、不爱听什么呢? 这就要"看"人说话——边"看"边说,边说边"看"。这"看",即是观察:在与对方谈话时,要善于一边说一边注意察言观色。

　　注意对方什么呢?

1.注意对方的心理

　　了解听者的心理,是掌握说话技巧的基础。我们只有在了解听者心理的基础上,才能正确地选择在某个场合该讲什么,不该讲什么,哪些话能够打动听众的心坎,能使听众产生共鸣,真正使谈话达到水乳交融的境地。

　　人的心理捉摸不定、较难把握,但是,在有些场合,人内心的东西又常通过各种方式而外露。善于观察听者的一举一动,并能据此加以分析和推测,那么,基本上可以掌握听众的心理和情感。譬如,在讲话时,听者发出欷歔声,说明听众不喜欢那些话;如果听者两眼注视,说明说话的内容非常吸引人;如果听者左顾右盼,思想不集中,说明他心里可能很着急,但又出于尊敬而不愿离开……当然,有许多人善于抑制自己的感情,不让它外露,即使这样,也会露出蛛丝马迹。

　　战国时,魏文侯和一班士大夫在闲谈。文侯问他们:"你们看我是怎样的一位国君? "许多人都答道:"您是仁厚的国君。"可一位叫翟黄的人却回答说:"你不是仁厚的国君。"文侯追问:"何以见得?"翟黄有根有据地答道:"你攻下了中山之后,不拿来分封给兄弟,却封给了自己的长子,显然出于自私的目的,所以我说你并不仁厚。"一席话说得文侯恼羞成怒,立刻令翟黄滚出去,翟黄若无其事地昂然离去。文侯仍不甘心,他又接着问任痤:"我究竟是怎样的一个国君?"任痤答道:"您的确是位仁厚之君。"文侯更加疑惑了,任痤说:"我听说过,凡是一位仁厚的国君,其臣子一定刚直,敢说真话。刚才翟黄的一番话说得很直,而不是阿谀奉承之词,因此,我知道他的君主是位宽厚的人。"文侯听了,觉得言之有理,连声说:"不错,不错。"立即让人把翟黄请了回来,而且拜他为上卿。

　　在这则故事中,我们不但能看出任痤的人品高尚,救助同事;而且能看出他机巧聪明,善于抓住魏文侯愿意被人尊为仁厚之君这种心理,从同一事件中巧妙地引出了有利的结论,化解了文侯和翟黄之间的矛盾。

2.注意对方的身份

几乎没有一个人在说话的时候不考虑到对方的身份。不分对象,不看对方的身份,都用一样的口气说话,是一种幼稚无知的表现。虽然身份不同不会妨碍人际交流,比如下级对上级、晚辈对长辈、学生对老师、普通人对于有名气地位的人等等,不必表现得屈从、逢迎,但在言谈举止上有必要表现得更加尊重一些。在不是十分严肃隆重的场合,身份较高的人对身份较低的人说话越随和风趣越好,而身份较低的人对身份较高的人说话则不宜太过随便,尤其在公众场合,说话要恰如其分地把握好自己与听者的身份差别。

1953 年 6 月 28 日,毛主席到了北京市郊区鱼池村视察,他走访的第一家,主人名叫张振。走进院里,毛主席就问寒问暖,他摸着院子里晾的一床露棉花的破被套问,冬天盖这样的被子薄不薄?又走进屋里问,冬天烧不烧炕?还问家里几口人?都叫什么名字?多大年纪?小孩子上学没有?庄稼长得好不好?当问到粮食够吃不够吃时,张振如实回答:"过去吃野菜,现在有吃的啦,不过还不大好,荒月还要吃些白菜团子。"毛主席点点头,安慰他说:"不用急,生活会一天天好起来的。"

与乡亲拉家常,毛主席对不同的人擅长说不同的话,讲究话语的形式与自己和对方的身份相符,既得体又恰当,更把自己与乡亲的距离拉近了。

3.注意对方的地位

地位,是个人在团体组织中担负的职位和在社会关系中所处的位置。个人的社会地位不同,就会有不同的人生经历、社会职责和交际目的,对口才表达也会产生不同的需求。

清朝乾隆皇帝有一次到镇江金山游览。当地的方丈派了一个能说会道的小和尚做向导。当乾隆皇帝上山时,小和尚边走边说:"万岁爷步步高升。"乾隆听了很高兴。一会儿,下山了。乾隆皇帝有意试试小和尚的口才,便问:"你在上山时说我步步高升,现在你看我怎样?"小和尚不假思索,立即答道:"万岁爷后步更比前步高!"——下山时后面的脚当然比前一只脚要高,所以也暗含着"步步高升"的意思。这个小和尚能注意说话对象的身份地位恰当用语,体现了他随机应变的智慧。

4.注意对方的性格特征

性格,又称性子或脾气,是对人、对事的态度和行为方式所表现出来的心理特征。一个人的性格特征通过自身的言谈举止、表情等流露出来,如:那些快言快语、举止简捷、眼神锋利、情绪易冲动的人,往往是性格急躁的人;那些直率热情,活泼好动、反应迅速、喜欢交往的人,往往是性格开朗的人;那些表情细腻、眼神稳定,说话慢条斯理,举止注意分寸的人,往往是性格稳重的人;那些口出狂言、自吹自擂、好为人师的人,往往是性格骄傲自负的人;那些懂礼貌、讲信义,实事求是、心平气和、尊重别人的人,往往是性格谦虚谨慎的人。

对于这些不同性格的人,和他们说话时要具体分析,区别对待。如他喜欢婉转的,就说流利的话;他喜欢亢直的,就说激切的话;他喜欢学问的,就说高远的话;他喜欢家常的,就说浅近的话;他喜欢诚恳的,就说朴实的话。说话方式与对方性格相符,自能一拍即合。

5.区别对方的知识水平

与人说话要区别听话人的文化知识水平。知识水平与人的经历、职业、文化教养等等是紧密相关的。孔子周游列国时,马跑脱吃了庄稼,庄稼的主人很生气,扣留了马。孔子弟子子贡能言善辩,主动前去说情,可是他费尽口舌,农夫仍不放马。孔子说:"你拿人家听不懂的大道理去说服人,就好像是用马牛羊三牲去祭奠野兽,用悦耳的音乐去娱乐飞鸟,怎能行得通呢?"孔子派马夫去对农夫说:"你不在东海种地,我不往西海旅行,我的马哪能一点也不碰你的庄稼呢?"农夫便接上了茬,两人谈得很高兴,也放了马。子贡"对牛弹琴",结果事与愿违。孔子圣明,人尽其用,使马夫成子贡不成之事。

6.考虑对方的语言习惯

说话要考虑感情、褒贬、民族、时代、地域等问题,不可大意。我们说某人"壮得像头牛",英语则说"壮得像匹马",就是语言习惯的问题。有个牧师,想翻译《圣经》给非洲居民读,可是译到"你们的罪恶虽然是深红的,但也可以变成像雪一样的白"的时候,难题就出现了。因为热带的土人,根本不知道雪是

什么东西,雪的颜色和煤的颜色有什么不同。后来,牧师从椰子得到启发,把这句话改译成"你们的罪恶虽然是深红的,但也可以变成像椰子肉一样的白"。这样,非洲居民就懂了。

把"罪恶可以变成像雪一样的白"译成"罪恶可以变成像椰子一样的白",这正是考虑到了对方的语言习惯。

7.顾及对方的情绪反应

说话所引起的反应,可有几种,第一种是有隽永之味,第二种是有甜蜜之味,第三种是有辛辣之味,第四种是有爽脆之味,第五种是有新奇之味,第六种是有苦涩之味,第七种是有寒酸之味,而最坏的反应,是伤痛之味!言谈之中,令人回味,对方能产生隽永的反应;热情洋溢,句句打人心坎,对方自会产生甜蜜的反应;激昂慷慨,言人所不敢言,对方自产生辛辣的反应;知无不言,言无不尽,对方自产生爽脆的反应;"以反人为实","好为无端涯之言",对方自产生新奇的反应;陈义晦涩,言辞拙讷,对方自产生苦涩的反应;一味诉苦,到处乞怜,对方自产生寒酸的反应;好放冷箭,伤人为快,伤人越甚,越以为快,对方自产生伤痛的反应。能得隽永反应者为上,能得甜蜜反应者为次,能得爽脆反应者又次,能得辛辣反应者更次,得到新奇的反应、苦涩的反应、寒酸的反应的话都是下等,而得到伤痛反应的话,更是大反人情!说话不能不顾虑别人的反应。

8.顾及对方的兴趣爱好

兴趣是一个人力求认识、掌握某种事物,并经常参加该种活动的心理倾向。说话时,需要顾及对方对事物的兴趣,顺着他的心理倾向而言,如对一位潜心学问的学者就不能谈"股票"、"生意经";对一位经商的人就不能谈"治学之道"。一个具有敬业精神、勇于开拓创造的人,喜欢听事业、工作方面的具体指导和建议;生活困难,穷困潦倒的人喜欢听到扶贫济困,发财致富的信息。不同的兴趣有不同的"兴奋点",兴趣相投的人聚在一起交谈,可以激发出话题焦点的"火花",进而产生思想感情的共鸣。

面包商图维一直试着将面包卖到纽约某家饭店,可连续4年都失败了,最后图维决定改变策略。他打听到饭店经理是"美国招待者协会"的主席,于是不论在何处举行活动,他都必定去出席。当图维再次见到经理时,就和他谈论他的"招待者协会",这一下打开了经理的话匣子,其反应异乎寻常。经理在图维离开办公室之前,"卖"给了他一张协会的会员证。图维只字未谈面包销售之事。几天以后,饭店的人主动打电话要他们送面包样品和价格单。4年努力未成,一朝交谈得手,全在于投其所好的功劳。

9.观察对方的举止状态

在社会交往中,既有竞争,又有合作;既有对情人的爱怜,又有对仇人的憎恨。这些心理活动及内心意图,会被具体的态度、姿势表现出来,而我们也是通过别人所表现出的举止状态来了解他的心理活动和内心意图的。

态度表现出一个人的心理意图,而态势是将各种各样的心理活动作为一个整体特征来表现的,它所反映的是人们内心的情感、情绪,或是限制心理活动的基本倾向。当看到一个垂头、屈膝、弓腰、驼背的态势,我们可以断定此人心理不会是处于紧张状态,而是处于一种沮丧的松弛状态。当看到一个人不断神经质地摇摆,双手不知放在哪儿,眼睛四处观望的态势,我们可以断定此人心理一定处于紧张状态。当你同别人交谈中,他由开始的普通的姿势转换成抱着胳膊,架起二郎腿,头往上扬的时候,恐怕他要发表不同意见,大唱反调了。他之所以这么做,是因为他对现有的谈话内容感到无聊,或是谈话内容对他有反面刺激,产生了难以忍受的疏远感或被拒之门外的感觉。

古希腊哲学家德谟克利特有一段精彩的故事:一天,德谟克利特在街上偶然遇见一位熟识的姑娘。德谟克利特便同她打招呼:"姑娘,你好!"第二天,德谟克利特再一次碰到与头一天同样打扮的那位姑娘时,却这样打了个招呼:"这……这……这……位太太,你好!"德谟克利这样一语道破,便转身离去。一夜之间成为"太太"的那位姑娘被德谟克利特看穿时,脸上涌起了羞惭的红潮。那么,德谟克利特是如何看穿那位姑娘一夜之间变成了太太呢?这是他仔细观察那位姑娘的脸色、眼睛的活动、面部表情及走路姿势的结果,从而看出心理活动容易从态势上表现出来。

所谓"看人说话",主要是观察上述几个方面。从这些方面,我们便可随时猜度对方的心理态势,透视对方的心理需要,然后也就可以随时调整自己谈

话的内容与方式,使之更适应对方的思想线索。这样,说话便可获得预期的良好的效果。

看人说话,将使你在成功的道路上路路绿灯,处处顺畅。

7.语言是思想的衣裳,时刻必须注意礼貌用语

失足可以很快弥补,失言却可能永远无法补救。
——富兰克林

有位名叫亚诺·本奈的小说家曾说:"日常生活中大部分的摩擦冲突都起因于恼人的声音、语调以及不良的谈吐习惯。"此话说得颇有道理。何故?只要我们细察生活于自己身边的人就会发现,谈吐的缺陷往往可能导致个人事业的不幸或损及所服务机构的荣誉与利益,可能导致父子不和、夫妻离异乃至人际关系的紧张恶化。一个人的谈吐如何,往往决定企业是否愿意聘请他工作、与之交往,或是否愿意投他信任一票与之发生商业关系。

有位商店老板,在接待应聘者小汤时,本来是准备聘请小汤的。在面试临近结尾的时候,老板表示对事情的发展感到满意,并将于今后几天内与小汤会面。然而小汤说:"难道现在你不能告诉我,我是否能得到这份工作吗?因为过几天我要外出旅游去了。"老板说:"噢,你不是告诉我,一得到通知就马上开始工作吗?"小汤说:"你最好别指望我能坐下来等你几天的电话。"老板说:"好吧,那我只能说,如果我们需要你,就会与你联系的。"然而,这位老板始终没有给小汤打电话。这是小汤缺乏礼貌语言的必然结果。

语言是思想的衣裳,它可以表现出一个人的高雅或粗俗。如果你要接通情感的热流,使社交畅通无阻,就应得体地运用礼貌谦词。

很早以前,有位士兵骑马赶路,至黄昏时还找不到客栈,倏地见前面来了位老农便高喊:"喂,老头儿,离客栈还有多远?"老人回答:"五里!"士兵策马飞奔十多里,仍不见人烟。"五里、五里"他猛地醒悟过来,"五里"不是"无礼"

的谐音吗？于是他掉转马头赶回来亲热地叫了一声："老大爷"。话没说完，老农说："你已经错过路头，如不嫌弃，可到我家一住。"

交际中谈话如能用礼貌语言，就会让人感到"良言一句三冬暖"，使人与人之间的感情很快地融洽起来。例如：您好，谢谢，请，对不起，别客气，再见，请多关照等等。

在我国，同人打招呼常习惯问："你吃饭了吗？你到哪里去？"似乎太单调，也有点不雅致。在这方面，我们应丰富自己的礼貌语言。如见面时称道"早安"、"午安"，"晚安"、"你夫人（先生）好吗"、"请代问全家好"等等。语言务必要温和亲切，音量适中。若粗声高嗓，或奶声奶气，别人就难有好感。运用礼貌语，还要注意仪表神态的美，当你向别人询问时，态度尤其要谦恭，挺胸迭肚，直呼其名，或用鄙称，必遭人冷眼，吃"闭门羹"。

一个人的形象是一封无字的介绍信。人们通过你的语言、行为、仪表，就能判断出你是一个什么样的人。如果你想成为一个高尚的、受欢迎的人，请学会说"文明礼貌三句话"：

1.见面要说："早上好！""您好！"

美好的一天是从一句亲切热情的问候——打呼开始的。"早上好！"这亲切的问候传递着你对长辈的尊敬和爱，营造了温馨的家庭气氛。到学校，见到老师、同学，面带微笑地说一声"老师，您好！""××同学，你好！"在公共汽车上，对司机，乘务员说："早上好！"在公司里见到同事说："早上好！"在这简单自然的问候中，不知不觉地塑造着你自己在别人心目中的良好形象，培植着你与别人之间的友谊。

2.道歉要说："对不起！""请原谅！"

人活在世上，没有不出错的。出了错，应该懂得道歉。向人道歉，就是承认自己的言谈举止或某些做法不妥，并把愧疚的心情传达给对方，请求对方原谅。

打扰了对方，给对方带来了不方便，或做错了事，如果你及时说一声"对不起！""请原谅！"就会修补已经受到损坏的形象。

事先约好的见面你不能去了，要提前告诉对方："对不起，我有事来不了。"

别人求你办事,你因故要拒绝,要说:"抱歉,这事我帮不了你的忙。"

3.致谢要说:"谢谢您!""给您添麻烦了!"

每当别人给了你一点方便和照顾,即使这种照顾帮助是对方分内的事,你也应该说:"谢谢您!""给您添麻烦了!"

说"谢谢"的时候,要诚心诚意,双眼充满感激之情地注视着对方的眼睛,真诚、自然、郑重地说。

如果你请求别人帮忙,最好说:"能请您帮我个忙吗?"如果对方表现出面有难色,你要说:"如果您觉得困难的话,就不麻烦您了!"

8.注意说话场合,到什么时候唱什么歌

急事慢慢地说,大事想清楚再说,小事幽默地说,没把握的事小心地说,做不到的事不乱说,伤害人的事坚决不说,没有发生的事不要胡说,别人的事谨慎地说,自己的事怎么想就怎么说,现在的事做了再说,未来的事未来再说。——美国前国务卿鲍威尔在回答别人问他成功的秘诀是什么时说

场合对说话的影响,与场合对交际者的心态和情绪的折射作用分不开。场合不同,氛围不同,人们的心情心绪也不同,他们对一些问题的感受和理解的程度也不大一样。同样一句话,在此场合会被认为合理,有见解,在彼场合则会引起人家的厌恶和反感。因此,在不同的场合就要说符合场景气氛的话,说话要特别注意分寸,否则,不看场合说不合情景的话就必然要碰壁,得罪人。

鲁迅先生有一篇散文《立论》,非常生动地揭示了说话应注意场合的特点。

一家人家生了一个男孩子,合家高兴透顶了。满月的时候,抱出来给客人看——大概自然是想讨点好兆头。一个人说:"这孩子将来要发财的。"他于是得到一番感谢。一个人说:"这孩子将来要做官的。"他于是收回几句恭维。一个人说"这孩子将来是要死的。"他于是得到一顿大家合力的痛打。

这篇故事性散文里,孩子满月是喜事,主人这时愿意听赞美之词,尽管是信口之言;而说孩子将来必死确是有据之言,却使主人反感。因为在轻松的场合言语也要轻松,在热烈的场合言语也要热烈,在清冷的场合言语也要清冷,在喜庆的场合言语也要喜庆,在悲哀的场合语言也是要悲哀。所以说话要看场合,到什么时候唱什么歌。

一位早年毕业于某高等院校中文系、勤勤恳恳工作了几十年的老教师退

休了，为此，学校为他和另一位曾多次荣获过"先进"的退休老同志一并举行了一个欢送会。领导对他们的工作和为人进行了热情洋溢而又非常得体的肯定和赞扬，相比之下，对那位曾多次荣誉过"先进"的老同志的美誉则尤多。当轮到两位受欢迎的退休老同志致答辞的时候，他们对大家的欢送作了深情的感谢。一时间，会场里充满了一种令人动情的温馨气氛。作为答谢，话本该说到这里为止。然而，那位老教师却并未就此打住，却由人们对另一位"先进"的赞扬中引起了感触，并作了颇为欠当的联想和发挥："说到先进，很遗憾，我从来也没有得过一次……"

话犹未尽，坐在他对面的、平日与他相处得不很融洽的一位青年教师突然抢了话头："不，那是我们不好，不是你不配当先进，是怪我们没有提你的名。"话语带着不肯饶人而又让人难堪的"刺"。冷不防，老教师的眼角眉梢被"刺"出了一股感伤的表情，一时间会场中出现了怏怏不悦的尴尬气氛。

领导见势不对，马上接过话茬，想把气氛缓和一下。照理说，这时，他应避开"先进"这个敏感的话题，转而谈论其他。然而，他却反反复复劝慰那位退休老教师，叫他对"先进"的问题不要在意，说没有评过先进，并不等于不够先进，先进不仅在名义，更要看事实。如此等等，一席话，等于是把本应避而不谈的话题作了重复和引申，使本已尴尬的局面显得更为尴尬。

这是一个发生在我们身边的真实故事，我们不妨把它叫做一个"不会说话的故事"。从这个故事中，我们能引出几点发人深思的教训来：

一是那位退休老教师的教训：不该作无谓的比照。比照，是谈话中常用的一种手法。用得好，可以使谈话产生某种积极的效果。这里，"积极的效果"是应该特别注意的。在退休欢送会这样的场合，人家所说的都是一些富有情感而又不失真意的十分得体的人情话和好话。对于这种充满人情味的好话，听话者要善于倾听，善于应答，大可不必拿别人的长处来衡量自己的短处，从而引起不快。

二是那位青年教师的教训：不要在别人失意之火燃烧时加油。一位勤勤恳恳工作了一辈子的老前辈即将退休时，虽然可能因为老先生平时在某些方面不善为人处世而与自己伤了和气，然而在欢送会这种场合，我们却不能乘别人一时失言,抓住不放,图一时之痛快而说出那些不合人情的刻薄话,在这种场合,无论如何,还是要在"欢"字上多考虑一些,"欢送欢送","欢"而"送"之,要尽可能多留一点美好给人家。

三是那位领导人的教训:应注意避开敏感话题。领导者的能力固然表现在原则性上,在会场一时出现了某种始料不及的尴尬局面时,他没有直接去批评那位言之有失的青年教师,而是竭力肯定那位教师的贡献,具有这种应急应变的意识并立即着手应变,这些都是无可厚非的。然而,从具体的应变能力和说话方式的一面看,却又显得很不够。照理说,在这种场合,他应竭力避开"先进"这个敏感的话题,"顾左右而言他",巧妙地把话题岔开,使欢送会的气氛由暂时的不欢而重新转向欢快,并顺势掀起新的高潮,而不是如他所做的那样,在敏感的话题上唠叨不休。能否机敏地避开某些不宜多说的话题,对领导者的领导能力也是一种很好的检验。

三个方面的教训,合为一点,就是:说话要注意场合。不看场合,随心所欲,信口开河,想到什么说什么,这是蠢人的拙劣表现。人,总是在一定的时间、一定的地点、一定的条件下生活,在不同的场合,面对着不同的人,不同的事,从不同的目的出发,就应该说不同的话,用不同的方式说话,这样才能收到理想的效果。

以下是不同场合下的不同用语:

1.应邀参加某种娱乐时

"如果还有空额,我希望有加入的荣幸机会。"

2.好友重逢时

"××先生,很高兴又见面了。"

3.如何表示歉意

拨错电话时:"对不起,打错了。"

疾走时撞了他人时:"对不起,我不是有意的。"

4.如何接受赞美

对方说:"你早上所提的建议真好。"

"你今天早上看起来特别亮丽清爽。"

回答:"谢谢,你真客气。"

5.何时说请

对你的另一半说:"周日我要请老板吃饭,请帮我一起接待他。"

对出租司机说:"请送我到国际机场。"

对饭店出纳员说:"请给我 301 房的账单。"

对秘书说:"请把这份材料传真给建筑材料公司张经理,另一份给××市的红光贸易公司。"

对餐厅的服务员说:"请给我菜单。"

对公司副经理说:"请注意代表们对我们的计划第二段所提的批评,相当重要哟。"

6.表示对朋友的关心

"马丽,你的病好些了吗?"

"安东,我听说你们公司已经打入美国市场了,好好干吧。"

"霍克,早上的会议多亏你提了个好建议,真是不胜感激。"

7.礼貌逐客时

"我的天,都快 11 点了,我必须赶着去开会了。"

"很抱歉,我还有另一个会议,几分钟前就开始了。"

"真对不起,我现在必须赶到飞机场。"

"这次见面获益匪浅,希望再次见到你。"

"谢谢您的光临,一旦有结果,我会马上告诉您。"

"真抱歉必须结束这次面谈,因为上班要迟到了。但我希望能有机会完成这次面谈,现在我必须马上赶到办公室去。"

8.想求得他人帮助时

"我刚才发言的声音是不是有些不自然?"

"我的手握起来是不是湿湿的?"

"早上汇报时,我是不是说了不少废话,是不是应该更简练些?"

"明天我要去订做一套西服,您能不能跟我一起去,当场给我参谋点意见?"

9.需要下属加班时,高明的经理会这样说

"××,我实在很不忍心让你留下来加班完成这项工作,不过你是我唯一能够信任的人,所以请你务必帮忙。但我保证,对于今晚所造成的不便,我日后一定会有所补偿。"

或者:"请完成这份工作。这样要求你实在很抱歉,非常谢谢你的帮忙。"

四 思考习惯

对于每个人来说，思考必不可少。试想，如果你能每周想出一个行之有效的好主意，并把它用于改善企业的经营活动，这对于保持企业活力，将起很大的作用。经过缜密思考产生的好主意，它的潜在价值是很难用金钱来衡量的。

每天拿出一定的时间思考问题，对每一个人都很重要。无论是早晨花几分钟时间思考，还是下午结束工作之前花时间思考，或者两者兼而有之。只有花时间思考才能给工作带来好处。

天才和愚蠢仅一步之差。这一步之差，与其说智力不同，倒不如说是思维方式不同。以正确的方法进行思维，即使才智平平，有时也可以做出天才的决断。

1.思考是一种力量,是一种财富

人们解决世界上的问题,靠的是大脑和思维,而不是照搬书本。

——爱因斯坦

虽说"初生牛犊不怕虎",不过莽撞的小牛会被有经验的老虎吃掉。没有根据的瞎想就像莽撞的牛犊,极易在现实中夭折。善于思考的人,必定具有较高的素质修养。

有知识的人才有可能独立思考、敢于突破,这里所谓的知识并非指在学校里学到的那些,而是任何能让你增长见地的东西。爱迪生小学都没有读完,但并没有妨碍他成为伟大的发明家。

不过,知识并非力量,确切地说,知识的运用才是力量。满脑子都是知识,如果没有运用,这样的知识有什么用呢? 不过一个腐儒而已。

知识经济时代,知识指的不是储存,而是运用。那些成功者所具备的知识并不一定比别人的多,但一定比别人更能够正确地运用已有的知识。

有个 10 岁的男孩,不小心把自己家的一个花瓶打碎了。他的母亲走过来,对男孩说:"花瓶打碎了,你从中得到什么启发了吗? 我们家的花瓶可不能白白打碎呀! "

男孩对着碎花瓶沉思了很久,但什么也没有想出来,他只好将碎片一块块捡起来。后来,他只要打碎了什么东西,都要思考,都要捡起来。

终于有一天,这个男孩发现:被打碎的碎片有它的规律,即大碎片与次大碎片的重量比是 16:1,次大碎片与中等碎片的重量比也是 16:1,中等碎片与较小的重量的碎片的比也相同。后来, 这个男孩又将他的这一发现应用于天文学和考古研究,很顺利地就将文物、陨石的残肢碎片恢复出原貌来。这个男孩就是著名科学家雅各布·博尔。

　　美国汽车大王福特,只受过很少的正规教育。第一次世界大战期间,芝加哥的一家报纸称福特是"无知的和平主义者",福特得知后很生气,向法庭提出"恶意诽谤"的控告。

　　开庭审理的时候,报社的律师向福特提出了许多"常识性"的问题,以此证明福特确是一个"无知的人"。这些问题大多是书本上的,对受过正规教育的人确实是"常识性问题",比如:"美国宪法第三条是什么?""独立战争时英国曾派驻多少军队来美国?"等等。

　　福特对这些提问有些不耐烦,他讥诮地对报社律师说:"请让我来告诉你,在我的办公桌上有一排按钮,只要我按下某个按钮,就会招来一位所需要的助手,他能够回答我企业中的任何问题。至于企业之外的问题,只要我想知道,可以用同样的方法获得,既然我周围的人能够提供我所需要的任何知识,难道仅仅为了在庭上能回答出你的提问,我就应该满脑子都塞满那些东西吗?"

　　知识就是力量,知识就是财富,这早已成了人们的共识。然而,学习又有一个是照单全收、不假思考,还是边学习、边思考,在思考中进行学习的问题。

　　人类思考是一种理性的劳动。学而不思,死啃书本,其结果只能是学一是一,学一知一,不能达到举一反三,触类旁通的境界,最后不是故步自封,掉进迂腐教条主义的泥坑,就是变成死于句下、思想迷惘的书呆子。

　　所以,在成功人士看来,能够用自己的脑子整合别人的知识也是一种思考的好习惯。

　　有位年轻人想学禅,找到一位著名的禅师。禅师开导他很长时间,年轻人还是找不到入门的路径。于是,禅师端起茶壶,朝年轻人面前的碗里倒茶。茶碗已经斟满,禅师还在往里倒。年轻人终于忍不住了,提醒说:"师父,别倒了!茶杯已经装不下了。"禅师这才停住手,慢悠悠地说:"是啊,装不下了。你也是这样,要想学到禅的奥秘,就必须把头脑腾空,把充塞其中的幻象和杂念清除出去。"闻听此言,年轻人当下大悟。

　　"读书不为书所累",为了激发新观念,有时候需要我们把某些知识强行从

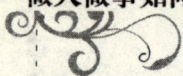

脑子中"清除"出去。上面的例子并不是说知识的拥有量与想象力和创造力成反比,对善于思考的人来说,知识多多益善。据说,马克思做过股票买卖,并且水平极高,基本是只赚不赔。关于这段经历,马克思在给舅父的信中如是说:"医生不允许我从事紧张的和长时间的脑力劳动,所以我——这会使你大吃一惊——就做起投机生意了……搞这种事情占去的时间不多,而且只要冒一点风险就可以从对手那里把钱夺过来。"听起来很轻松,其实这完全得益于他丰富的经济学知识。

人的思维也像股票,有很多种需要你去选择,善于运用知识的人才能果断、准确地选中最优股。

2.思考必不可少，勤于思考出效率

真正的财富是一种思维方式，而不是每个月收入的数字。

——每个人的思考方式的正确与否决定他一生收入的高低

企业界盛传着这样一则故事：两个同龄的年轻人杰克和汤姆同时受雇于一家蔬菜店，并且拿同样的薪水。可是过了一段时间，叫杰克的小伙子青云直上，而汤姆却仍在原地踏步。

汤姆很不满意老板的不公正待遇。终于有一天他带着满腹牢骚到了老板那儿。老板一边耐心地听着他的抱怨，一边在心里盘算着如何让他清楚他和杰克之间的差别。"汤姆，"老板开口说话了，"你到菜市场上去一下，看看今天有卖什么的。"

汤姆从菜市场上回来向老板汇报说，只有一个农民拉了一车番茄在卖。

"有多少？"老板问。

汤姆赶快戴上帽子又跑到菜市场，然后回来告诉老板一共 40 口袋番茄。

"价格是多少？"

汤姆又第三次跑到菜市场问来了价钱。

"好吧，"老板对他说，"现在请你坐到这把椅子上一句话也不要说，看看杰克怎么说。"

杰克很快就从菜市场上回来了，汇报说到现在为止只有一个农民在卖番茄，一共 40 口袋，价格是 2 美元一袋。番茄质量很不错，他带回来一个让老板看看。这个农民一个钟头以后还将弄来几箱土豆，据他看价格非常公道。昨天他们铺子的土豆卖得很快，库存已经不多了。他想这么便宜的土豆老板肯定会要进一些的，所以他不仅带回了一个番茄做样品，而且把那个农民也带来

了，他现在正在外面等回话呢。

此时老板转向了汤姆，说："现在你肯定知道为什么杰克的薪水比你高了吧？"

汤姆跑了三趟才在老板的不断提示下了解了菜市场的部分情况；而杰克仅走一趟，就掌握了老板需要和可能需要的信息。两人高下，一望即知。

现实工作中有不少人像汤姆那样，上司吩咐什么，就干什么，自己从不动脑筋主动去想任务以外的事情，结果长期不被重用，还不明就里，抱怨命运的不公和老板的偏心。而像杰克那样办事高效、灵活的人，不仅圆满完成了领导交给的任务，还主动给领导提供参考意见和尽可能多的信息，那么他得到领导的赏识和青睐亦在情理之中。

每个人都明白时间需要节约，时间很宝贵。但是有一点要注意，千万不要节约思考的时间。对于每个人来说，思考必不可少。试想，如果你能每周想出一个行之有效的好主意，并把它用于改善企业的经营活动，这对于保持企业活力，将起很大的作用。经过缜密思考产生出的一个好主意，它的潜在价值是很难用金钱来衡量的。

英国人艾伦·莱恩17岁就进入伯父开办的鲍得利·希德出版社工作。伯父去世后，莱恩继承了伯父的事业，出任该出版社董事。

这时，出版社已是举步维艰。为了使伯父穷一生精力创办的这项事业不致在自己的手中夭折，莱恩苦苦思索着，他知道：只有另辟蹊径才能使出版社走出困境。

有一天，莱恩漫无目的地闲逛，同时思考着问题。沿路逛到了一个候车室旁的书摊。思考得有点累的莱恩信手拿起一本书翻看，感觉没什么意思，换了一本，还是很庸俗，就又换了一本，却是一本新书，外面塑封着无法看到里面的内容，且价格也贵得不容易接收。莱恩索然无味，扔下书便走。走了几步，莱恩突然灵光一闪：为什么没有适合普通人，且价格合理的书。

这一偶然的发现触发了莱恩的灵感，一个大胆的设想跃上了他的心头：出版价格低廉的平装书，肯定能赚大钱！原来，当时英国的新版书都是精装本，价格很高，普通民众根本买不起。莱恩坚信，价格低廉的平装书肯定会受他们的欢迎。想到便做，于是，他立即制定了出版廉价系列丛书的计划。

　　莱恩决定出版的第一套系列丛书包括 10 本，全部采用平装，并缩小开本。与精装书相比，不但节省了封面制作的成本，而且由于缩小开本又节省了纸张。再加上莱恩决定以购买再版图书重印权的方式出版这 10 本书（许多出版商都愿意以较低的价格将自己的图书再版权出售给莱恩，因为他们都认为莱恩这么做无疑是把钱往水里抛），使得成本费用大大降低。莱恩把每本书的价钱压到 6 便士，这样，人们只要节省 6 根香烟，就可以购买一本书。

　　为了吸引读者，莱恩亲自为这套书设计了一个惹人喜爱的标志物——一只翘首站立的小企鹅，它黑白相间，站立于椭圆形的圈内，栩栩如生。莱恩为这套书起名为《企鹅丛书》。莱恩还用颜色表示图书的类别：紫色为剧本，橘红色为小说，浅蓝色为传记，绿色为侦探类，灰色为时事政治读物，黄色为其他类别。经过这一系列创新，莱恩新推出的这套书，不仅装订简单、字迹工整，而且色彩鲜艳明快，令人耳目一新。

　　第一批 10 卷本企鹅丛书上市非常畅销，不到半年时间，这套书就销售了100 万册，莱恩从中获得了巨大的成功和财富。莱恩伯父的出版社获得了空前的发展。

　　学会思考吧。尽管思考花费了一定时间，但思考减少了行动的盲目性，带来了事业的成功，又为你赢得了大量的时间。思考里面出时间！对于成功者来说，想，就是在"做"。

3.减少工作量,给思考留些时间

传统观点的作用在于,使我们免于从事痛苦的思考工作。

——经济学家 J·C·加尔布雷斯

美国人杜拉克在《有效的管理者》一书中写了一段很有意思的小故事。说的是某份杂志刊载的一幅漫画,画中一间办公室的玻璃门上写着"某某公司业务经理史密斯",办公室的墙上贴着一个字:"想"。画中的经理大人,双脚高搁在办公桌上,面孔朝天,不断向上吐着烟圈。办公室外有两位员工小声嘀咕:"天晓得史密斯在想什么!"杜拉克的评点写得很到位:的确,谁也不知道一个领导人在想些什么。"想"正是领导者的本分。

这对于我们很有启迪,如果你过于忙碌地工作而没有时间去思考你所做的事,那么你将无法充分施展你的才能。减少工作量,留出一定的思考时间来反省已做过的事情,如"这有什么意义?""怎样做才能更好?"同时还让你有时间思考是否有其他的方式,以及如何增加配合的紧密度等等,也许会收到许多意想不到的效果。

英国著名的物理学家卢瑟福,是最早完成原子核裂变实验的科学家。他很注重思考,认为只有思考得越多,实验的成功率才会越大。

有一天晚上,卢瑟福走进实验室,见他的一位学生仍然在做实验。他很不高兴地问道:"这么晚了,你还在这做什么?"

学生回答说:"我在工作。"

"那你白天干什么呢?"卢瑟福又问。

"我也工作。"学生答道。

"那么你早上也在工作吗?"卢瑟福问。

"是的，教授，早上我也工作。"学生自信地回答。

卢瑟福更加不高兴了，皱了皱眉头，说："你这样一天到晚地工作，用什么时间来思考呢？"

学生被问得哑口无言。

这种浪费时间的表现是每时每刻都努力工作，每时每刻都紧张学习，不讲效率埋头苦干，时间花去不少，成果却不显著。抓紧时间工作固然重要，但是行动要受到思想的支配。有了正确的思想，才能走上正确的道路。给思考留些时间，对所要解决的问题首先进行全面彻底的分析，并制定出确实可行的计划，然后再付诸行动，才能使每一步行动都有目的、有意义。

孔子曾说过："学而不思则罔，思而不学则怠。"思考与学习的辩证关系正是说明这个道理。

在实际生活中，众多人每日都在匆匆忙忙之中度过，问他们都在忙些什么，回答却是"在瞎忙"——确实是在瞎忙。

对自己要做的每件事情我想想它的每个环节以及这件事情代表的两类问题，主动提供更多的参考意见和尽可能多的信息。要想比别人做得更好，无良法，勤于思考足矣。每天拿出一定的时间思考问题，对每一个人都很重要。无论是早晨花几分钟时间思考，还是下午结束工作之前花时间思考，或者两者兼而有之。只有花时间思考才能给工作带来好处。

想法亦如灵感一样不期而至，总是在偶然的时刻和不寻常的地点产生。也许在你刚要坐下来看电视时会突然想起某个久拖未决的问题的解决办法，但这种偶然性想法往往是来得快，消失得也快。大作家把动人的作品临时写在信封上的故事，或是你曾目睹过有的成功者习惯性地把瞬间闪现的想法草草地记入记事本或便条纸上的情景。这值得你效仿吗？答案是肯定的。当一个新奇的想法出现时，马上放下手中的工作，拿起笔和纸简要地记录下来。

有时候你手头可能没有准备笔或纸，想法瞬间就会溜走。所以你要尽可能快地记下来，这不仅可以防止丢失闪光的想法，而且可以给你带来更高的效率。这种方法的操作过程很简单：把每一个想法记下来并把它们分类归档。第一步是为保存各种想法的档案设一个抽屉；第二步是随身携带一支笔和一些

纸片,带有铅笔的小笔记本是不错的选择。

思维火花乍现的想法可从三个方面加以记述。

第一,记下产生想法的时间和地点。过后,当你回忆这个想法时,它可以提供更多的相关线索帮你把火花的每个细节弄得更详细、更清楚。

第二,记下想法的本身。注意不要用任何代号记述,因为代号会使你过后忘记它所指代的意义。完整而详细地写下你的想法,才能正确地理解它。

第三,写下你想做什么。也就是这个想法对于你的实际价值是什么。这样做不仅可以帮助你记住某个想法的具体情节,而且有助于把不完整或不充分的想法从思想档案里剔除出去,去粗取精,去伪存真。

当你写下这三个方面的情况以后,便可以把它们存进想法档案里了,以备必要时查用指导工作。这样做就能保证你不丢失、不遗忘、不误解瞬间产生的好主意。

这样一来,你的好想法就能一点一滴积累起来。把两三个想法有机地结合起来,就可能形成一个很有价值的好主意。如果你查看一下想法分类档案,便可能发现其中几项有某些相似的地方。具体分析以后,又可能发现把这几种想法组合起来会形成某种突破性的概念。想法分类档案为你形成这种突破性概念提供了可能。作为我们每一个人来说,应该养成这个好习惯。

4.开发大脑功能,平衡左右脑的思维支点

不善思索的有才能的人,必定以悲剧收场。

——甘必大

我们要做事,就要打破传统的思维方式,从创新的角度出发,不按照常规思考问题。不断开发大脑的功能,不断进行创造性思维,进而增强我们的创新能力。

著名心理学家迈尔斯曾对高中学生与小学生做过这样的实验:在一所高中里,他走进一间高三的教室,拿起粉笔,在黑板上画一个实心的小圆。他问学生:"这是什么?"90%以上的学生都说那是一个点,其他的学生则说是一个句号。

迈尔斯在小学三年级学生的教室里又重复这个实验。结果出现了 27 种不同的答案,比如"我爸爸的秃头"、"太阳"、"月亮"等等。

小学三年级和高三学生的答案为什么出现这么大的差异?答案就是,右脑充分发展所致。1981 年罗杰·史派瑞因为发现人的大脑分为左右两半并球各具不同功能,而获得诺贝尔奖。我们的左脑负责逻辑、线性及分析性的思考;右脑则控制想象力、创造力及冲动性思考。左右脑虽然各负其责,但运作却相辅相成。例如:当想到某人时,右脑的运作使我们想到他的脸,左脑则使我们联想到他的名字。

对于一般人,遇到新问题时,常会与以往的经验相比较:以前我学到的知识是如何教我解决此问题的?而后即选出以经验为基础的解决该问题的方法,并沿着确定的方法去解决问题。因为有经验奠基,所以我们对这种方法的可靠性坚信不疑,形成定势,也不愿探索其他更佳的方法。这种思维方式常易导致思维僵化。若你永远按照惯常的思路去思考,你得到的永远是原有的东

西。所以:想别人不敢想的,你已经成功了一半。

成功人士中,有不少人是用左右脑思维的,他们依靠自己的创新的思路,成功地改变了自己原来的处境。

28 岁时,华特金还在纽约自己的律师事务所工作。面对众多的大富翁,华特金不禁对自己清贫的处境感到辛酸。他想,这种日子不能再过下去了。他决定要闯荡一番。有什么好办法呢? 左思右想,他终于想到了借贷。

这天的一大早,华特金来到律师事务所,处理完几件法律事务后,他关上大门到街对面的一家银行去。找到这家银行的借贷部经理之后,华特金声称要借一笔钱修缮律师事务所。在他能说会道的口才下,银行借贷部经理彻底屈服了。因此,当华特金走出银行大门的时候,他的手中已握着 1 万美元。完成这一切,前后总共不到 1 个小时。

之后,华特金又走了两家银行,重复了刚才的手法。这三笔钱共 3 万美元的借款利息,用存款利息相抵,大体上也差不了多少。几个月后,华特金就把存款取了出来,还了债。

这样一出一进,华特金便在上述 3 家银行建立了初步信誉。此后,华特金便在更多的银行进行这种短期借贷和提前还债的交易,而且数额越来越大。不到一年,华特金的银行信用已十分可靠了,凭着他的一纸签条,就能一次借到 15 万美元。

信誉就这样出来了。有了可靠的信誉,还愁什么呢? 不久,华特金又借钱了。他用借来的钱买下费城一家濒临倒闭的公司。10 年之后,华特金成了大老板,拥有资产 1.5 亿美元。

多湖辉说:"人类的思维发展就好像一个圆环一般。"能否转变构想的关键在于要有意识地去做平日里不常做或不曾想过的事。当面临问题的核心是由两个对立的概念所产生时, 即使还没有发现具有类似性,也应大胆地去尝试把它结合起来,这样才能拓展你的思路,改变你的思维方式。

试着学会用平衡思维支点的方法做事吧,否则你只是用别人一半的大脑去应付强大的挑战。

5.深思熟虑，三思而后行

我给青年的建议是，第一要思考，第二要思考，第三不要总是思考。

——思考也要有个限度呀

几年前，波士顿凯尔特人队的篮球明星球员莱吉·刘易斯心脏感觉不好。于是，由著名的心病学专家组成的医疗小组对他的心脏进行会诊。这些专家得出的结论是，如果刘易斯继续他的篮球生涯，就会有生命危险。刘易斯对专家们的诊断结果不满意，又征求了一位同样著名的心病学专家的意见，这位专家确信刘易斯可以继续他的 NBA 篮球生涯，而不会有生命危险。

在这种情况下，刘易斯该相信哪个专家的意见呢?刘易斯继续打球的压力很大，他的家庭、队友和成千上万球迷的希望都寄托在他的身上。最终，他选择了听取后者的意见，开始重返赛场。几个月之后，在体育场训练时，刘易斯倒在了地上，不治而亡。

莱吉·刘易斯的死说明，人们在作某种决定时有必要深思熟虑，三思而后行。刘易斯先生本应该对著名的专家小组的建议，采取特别谨慎的态度，因为他们的诊断结论是令人信服的，充分考虑了刘易斯本人的利益。他也应该认真而客观地对他的决定加以分析，不要被他人期望的压力所左右，更不要凭自己想打球的热情去行事。

做事情，时时刻刻都要讲究一个用心。做一件事，如果不是经过心中反复考虑才决定的，那肯定是一种任意鲁莽的行为；与人交谈，如果没有用心去听，很快会惹来朋友的不快，以至拂袖而去；同样，课堂的学生上课时没有用心地去听老师讲课，这一节的内容知识肯定没有掌握，以至到考试时，才抓耳挠腮。时时事事都要三思而行，要用心去听、去看、去学，才能不鲁莽行事，才能具有生命的活力,才能以不变应万变。

《荀子·劝学篇》中说:"思索以通之。"凡事三思,聪明的人能长进,蠢笨的人变聪明,是所谓:愚者千虑,必有一得。

天才和愚蠢仅一步之差。这一步之差,与其说智力不同,倒不如说是思维方式不同。以正确的方法进行思维,即使才智平平,有时也可以作出天才的决断。

《孙子兵法》中说,为将为官的,有一个重要的必备条件,那就是敏锐的洞察力和卓越的预测能力。在行军打仗之前,要从利与害的两个方面,作周密的客观的全盘考虑。既考虑了事情的顺利,获胜的一方面,因而胜利了也不骄傲;也考虑了可能出现的意外或不利因素,以及损失的代价,一旦处于败境也不会惊慌失措,六神无主。这就是深思熟虑,这就叫做有先见之明,并非愚笨的固执。不单是行军打仗,生活中的各种事情,言行举止都要深思熟虑,三思而后行。

以下是三思而行的具体方法:

1.确定目标

凡做事,必须思考做事的目的,避免行动的盲目性。如果对行为的目的始终非常明确,可以把注意力集中到如何解决问题上,找到解决问题的方法。

2.博采广选

凡事思考还要博采众议,对各种意见和看法进行广泛地选择,筛选最佳方案。

3.大胆设想

有时,在解决某个问题时,常感到已经绞尽脑汁,但仍是百思不得其解,便需要开拓思路,突破原有的模式,进行大胆的设想,就能有所发现,有所创造。要学会"狂想",要想到所有可能的情况,即使被认为不着边际,乃至荒诞不经,也不妨试它一试。

4.剔除成见

凡事思考,不要戴有色眼镜去观察事物,作出判断之前不要带有成见,本能的不是喜欢,就是反对。剔除成见的思维方法,目的在于使你能够客观地认识世界,不受头脑中的定势所左右。

5.设身处地

人们在各抒己见时,常常与对方的见解发生抵触。尽管是邻居之间,上下级之间,甚至夫妻之间,这种情况也时有发生。如果能设身处地站在对方的角度去考虑问题,也许可以打破僵局,使问题得到妥善解决。

6.面面俱到

凡事决定以前,要确切地看清所考虑问题的任何细节,不要有所遗漏与忽视。任何细节的遗漏和忽视,都会影响事情的质量。

7.重点思考

凡事不仅要多方思考,更要找出重点、关键之优先思考,以决定对事情的取舍与方法的运用。有的人在考虑问题时,不分主次,只凭一般的感觉。凭感觉的思考方法,不能在诸多因素中,选择出最重要的几个因素和最可能发生的情况。

8.慎始敬终

凡事三思,要慎重地预想自己行为的后果,然后从后果来反推所面临的选择。

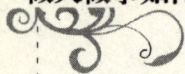

6.思考是一件重要的事情，别掉入思考的陷阱

科学家的"天线"应该放远一点，不要只盯着那些时髦话题。

——杨振宁对一些中国科学家的忠告

思考是一件重要的事情，最费神，也要冒风险。有的人为什么会失误，其中的原因在什么地方？许多情况下是由于思考方式不正确，如事先没有收集到准确的信息，没有找到其他更好的方法等。但有的时候，思考失误的原因不在于思考过程本身，而在于思考者本人的主观想法。研究者已发现影响人们思维的一系列的缺陷或陷阱，有些是错误的感觉，有些是偏见，有些是我们思维中非理性的因素。之所以称其为"陷阱"，是因为它们不易察觉，它们就融于我们的思维过程中。

思考有4大陷阱，需要我们认真对待：

1.现状陷阱

有人曾做过一个实验，请10个人出来，每人发给一份小礼物，礼物有两种，分别是漂亮的杯子和好吃的巧克力。这两种礼物价值相同，并且每个人都可以和别人互相交换。按理说，应该有1/2的人去和对方交换，实际情形只有一个人这么做了。这是怎么回事呢？就是现状效应在发生作用。这种现状效应是一种陷阱，隐藏在每个人的头脑中。它是一种自我利益保护心理。

要打破"现状"，就要采取行动，而行动本身又意味着风险，承担风险就有可能面临指责。维持"现状"，在多数情况下是因为这是减少我们心理压力的途径，但在同时也失去了成功的机会。

日常经历还告诉我们，当选择越多时，我们越容易受现状的影响。公司里碌碌无为的员工一般并无多大风险，但如果有新点子，却做错了事的人则有可能招来指责，甚至被扣奖金、炒鱿鱼。许多公司在实施收购后，都不愿意冒险立即采用一种全新、合理的管理方法，其中典型的理由是"等形势稳定后再说"。其实时间拖得越久，现有的结构影响就越牢固，改变起来就越难。

如何对付现状陷阱呢？

（1）牢记所订立的目标，随时审查自己是否被"现状"困扰，现有的情形是否是成功的障碍；

（2）不要夸大自己的成本或努力，这样做只是自欺欺人；

（3）去寻找其他的方法，并权衡利弊；

（4）记住对现状的渴望随着时间改变而改变，将来的情形与今天的现状不可同日而语。

2.结构陷阱

宾夕法尼亚和新泽西是美国境内相邻的两个州，为了减少车辆保险费用，两个州对法律都作了一些修改。其内容是：如果驾车者放弃对某些交通事故的起诉权，他们就可以少缴纳一些车辆保险费。

在表达方式上，宾夕法尼亚州的法律规定："你拥有所有交通事故的起诉权，除非你另外声明。"新泽西州的法律规定："你拥有自动放弃某些交通事故的起诉权，除非你另外声明。"

结果，在宾夕法尼亚州只有25%的人选择了有限的起诉权，新泽西州的比例却高达80%。仅仅是法律条文的措辞不同，新泽西州就多花费了两亿美元的诉讼费和车辆保险费。这就是结构陷阱的影响。

如何设计问题的形式，在一定程度上会影响我们的决定。如何防止这种结构陷阱呢？

（1）不要机械地接受问题；

（2）尽量由自己提出问题；

（3）不断地怀疑问题；

（4）把别人的意见和自己的看法作一比较，如果适用就采纳下来。

3.沉锚陷阱

现在请一组人都回答下面的问题:

(1)新加坡的人口超过 2000 万吗?

(2)你猜新加坡的人口有多少?

再请另外一组人回答:

(1)新加坡的人口超过 1 亿吗?

(2)你认为新加坡的人口有多少?

实践证明,人们在回答第二个问题时,无形中受到了第一个问题的影响,第二个问题的答案随着第一个问题数字的增大而增大。这个简单的实验足以说明人们心中一种常见而有害的现象,即"沉锚效应"。

当我们考虑作一个决定时,大脑会对得到的第一个信息给予特别重视。第一印象或数据就像沉入海底的铁锚一样,把我们的思维固定在某一个地方。

沉锚效应有多种表现形式,它有时是别人无意中的一个建议,有时是晚报上的一个数字。

怎样避开沉锚陷阱呢?

(1)从不同的角度看问题;

(2)不被某个人的意见左右;

(3)寻求不同的意见、方法;

(4)向顾问、咨询员提供广阔的思维的条件。

4.有利证据陷阱

有一家公司的总经理,他要作一个是否取消增加机器设备计划的决定。因为他担心公司的出口业务的增长会放缓,又担心出口的货币可能会贬值,从而影响产品竞争力,并最终会减少出口量。在作决定前,他向最近刚刚否定了一项建设计划的老朋友请教。最后朋友劝他,赶紧取消机器设备的采购计划。一时之间,这位总经理陷入了茫然之中,不知道自己该怎么办。

在这个时候,不能急着作出决定,因为有可能会掉进"有利证据"的陷阱之中。这种"有利证据"陷阱会诱使人们寻找支持自己意见的证据,躲避和自己意见相矛盾的信息。

怎样绕过有利证据陷阱呢？

（1）审查自己对各种信息是否给予了相同的重视；

（2）征询别人的意见时，不要找那种模棱两可的对象；

（3）努力向自己意见相反的方向着想；

（4）审视自己的动机，我是在收集信息作出正确的决策，还是在为自己的决定寻找有利证据？

当我们在作思考时，偏见、错觉都会影响思考的每一个环节。如果我们意识到这些小把戏的存在和它们的危害性，至少可以测验和约束自己，找出主观错误，采取行动来避免独立思考的陷阱。

第三部分

好习惯·思考习惯

五　生活习惯

保证身体健康是人类生命的巨大工程，它需要具有生命全程的最佳设计，将人生存的优势调整到一流状态。

几年前，有学者提出一种既非病人又非健康人，介于两者之间的"第三种健康状态"，简称"亚健康"。这种状态表现为：自感不适，经常有疾病缠身，但却找不到病因，试着治疗却又总不对症，越治越糟糕。

很多的英年早逝的例子告诫人们，导致过早死亡和丧失工作能力并浪费大量保健经费的许多疾病都是不健康的生活方式造成的，如果尽早在年轻时采取预防措施，这些病完全可以避免。

一个人想要成功，学会存钱是不可缺少的过程。如果你没有存款，有两种坏处：第一，你将无法获得那些只有手边有些现款的人才能获得的那种机会；第二，在遇到急需现款的紧急情况时，将无法应付。

1.保持身体的健康，你才有资格谈将来

他除了健康，什么也不缺；我除了健康，一无所有。

——贫穷无奈的尼泊尔农民因德拉·巴哈杜尔把自己的肾脏卖给了一名孟买百万富翁

健康的身体是一个人获得长远发展的保证。事业的忙碌使许多人不知自爱，常常在无意中损害自己，欺骗自己。他们外出办事总是饮食无定，有时竟一点东西也不吃，就是吃也不注意营养的均衡，毫无一副成功者必备的神定气闲的样子。他们还总是想方设法缩短、再缩短自己睡眠和休息、娱乐的时间，显示出一种为了成功而拼命的架势。由于他们经常摧残自己的身体，所以，他们的头发早白，额上的皱纹早现，心灵极易早衰，沉沉暮气早早到来，似乎不知道实现自己的宏伟计划，需要相应的体力作为支撑。所以，一个人对自己的体力切不可随意消耗，对自己的身体要注意保养。

有一次，美国商人巴布森乘飞机到以色列参加一项商务谈判，到达的那天刚好是周六。在美国，巴布森倍受交通堵塞之苦，因而看到这里街上汽车稀少、交通顺畅，他感到很奇怪。"你们首都的车辆就这么多吗？"他问他的犹太商人朋友谢文利。

谢文利解释道："你可能不了解犹太人的习惯，我们从每一周的周五晚上开始，一直到周六的傍晚为止，是禁烟、禁酒、禁欲的时间，一切杂念都要抛开，一心一意地休息和向神祈祷，人们一般都呆在家里，所以街上往来的汽车比平时少了很多。从周六的晚上起，才是我们真正的周末，我们可以尽情地享受。"

巴布森羡慕地说："你们犹太人真懂得休息与享受。"

谢文利不无得意地说道:"因为我们明白只有健康的身体,才能享受快乐的人生。要想有健康的身体就必须吃好、睡好、玩好,健康是犹太商人最大的本钱。我们犹太人虽然立国已经有2000年了,并且长期在外流浪,遭人歧视和迫害,但并没有因此而绝种,这与我们注重养身之术是分不开的。"保证身体健康是人类生命的巨大工程,它需要具有生命全程的最佳设计,将人生存的优势调整到一流状态。

我们经常可以看到一些人,他们年龄还不到四十岁,但看起来却显得老态龙钟,精神憔悴,他们开始工作、创立事业时也有着巨大的资本,比如强健的体魄、雄壮的体格和智慧的脑力。但是,他们在功成名就,有一定的经济实力后就不再去追求成功,而是过起了花天酒地的生活,久而久之,引发许许多多的病症,将原有的资本挥霍得一干二净,最后成为一个失败者,再也无法显示伟大的力量。

还有不少人,由于日趋紧张的生存环境和竞争意识,迫使他们付出高额的健康成本来适应生存的需要。他们终日东奔西走,忙忙碌碌,日夜工作,不注意积蓄自己的体力和脑力资本,不注意保持自己强健的身体,操劳过度。自己的年龄正处于黄金阶段,事业处于巅峰时期,却大病缠身,卧床不起,最后病逝。

那种"鞠躬尽瘁,死而后已"的敬业精神,固然值得我们敬仰。但是,如果只顾拼命工作而赔上了自己的健康,生命中的光和热还没有全部发挥出来就过早地离开人世,这就有点得不偿失了。所以,人生存在世间,健康是第一位的。保持身体的健康,你才有资格谈将来。

很多人为了节省金钱,便无视身体上必需的营养。他们往往站在饭店的柜台旁,匆忙吞一块面包,喝一杯牛奶,便算解决了一餐。他们以为这样省时又省钱,殊不知如果走进一家好的饭店,从容地享用一道美味而有营养的食物,然后休息片刻,这对于他的身体和其他方面大有裨益,这样做才是真正的合算。否则,不但没有节省,反而是一种最令人痛惜的浪费。

一个人最经济合算的做法,就是积蓄大量的体力和精力,以作为获取成功的长久资本。世间没有别的东西比我们的身体更为宝贵,我们必须不惜一切代价来保护好它,保证我们在工作上不断进步。

是健康使得郭富城和蔡依林在舞台上热劲四射;是健康让比尔·盖茨及李嘉诚在经营企业上冲劲十足……体弱多病、步履蹒跚的人想进入卓越之林,那几乎是不可能的。

所以精力充沛之人的四周,几乎整日充满各种各样的机会,忙得令他们分身乏术。若能抓住机会且善于利用机会,便走在成功大道上。有些人有热情、有信念,也拥有成功的做法,更不与价值观抵触,可惜就是缺乏那股活力,无法进行所要做的事。所以要成功,就得保持在体能上、心智上和精神上的活力,那才能使我们尽情地发挥。

以下是保持健康的5点建议:

1.到医院定期检查

今天的医学十分发达,各种仪器能探测出潜伏在我们身体内的疾病,只要我们定期检查,就会提前发现问题。

2.有效地节制欲望

干事业和各种人打交道就难免应酬,而应酬时要有所节制,不能想怎么做就怎么做,酒、色、财、气、赌等陷阱,更不能跌入其中,否则伤身坏体,害人害己。

3.忙中偷闲做运动

生活的快节奏,让我们感到疲于应付,你不妨每天根据自己的时间、场所,做一些适量的运动。生命在于运动!运动能充沛精力,增进活力,运动的结果,能促进血液循环系统,排出身体内的废物。养成经常运动的习惯,跳舞、散步、跑步或游泳都是很好的选择。运动还能为我们消忧解烦。当我们烦恼时,不妨做些体力活,体力与脑力互相交替,能令我们的身体充满活力。

4.餐桌上合理膳食

要身体健康,就要保证摄入足够的营养。平时餐桌上可以选择四大基本类食物:面或饭的谷类制品;肉、家禽或鱼;水果或蔬菜;奶类制品。至于数量方面,由于每个人对各类食物的消耗不同,例如南方人要吃米饭才饱,北方人要吃面食才饱,但只要每餐都包括以上四大类食物,就可以达到饮食均衡的目的。

任何一种有热能的食物都能充沛我们的精力，糖类能迅速补充精力，因此，当我们饥饿时可以吃一些水果，它含有丰富的营养，继续供给身体所需的养料。此外，要对如茶、咖啡、巧克力、可乐饮品少用为佳，虽然茶有提神作用，但副作用亦有不少，特别是作呕及神经紧张，咖啡里含的咖啡因会令人上瘾，习惯了我们就会越饮越多。有时候，我们为了迅速恢复体力，不妨吃些碳水化合物食品，因为它比脂肪及蛋白质更易被身体吸收，能迅速进入血液。

5.夜晚充足睡眠

晚上睡得好是健康必需，如果睡眠不足，第二天起床会头痛、疲倦，影响一天的工作，注意力分散。睡眠时间多久才适当？这就看个人而定，有人5个小时就够了，有人需要9个小时，而通常以8小时为适中。一个人如果连续72小时不睡，身心两方面都会有危险。医生说，一晚不睡会减低你的记忆判断力及反应。

有规律的生活是所有人达到成功的最得力助手，是每一个渴望在人生竞技场上赢得胜利的人应该追求的。

2.警惕亚健康状态，摆脱亚健康的困扰

1.个人财务 2.职业压力 3.责任太多 4.婚姻 5.性 6.健康 7.小孩 8.孤独 9.亲戚 10.邻居

——媒体总结的现代人的十大压力

"昨晚我又上了一个通宵的网，现在好困呀。上课又得和周公下棋了。"

"连续加了三个通宵的班了，我快虚脱了。"

"我感觉好困呀，四肢无力，软绵绵的，总是提不起精神来。工作起来没有激情，如果被老板看到我这样子，不炒了我才怪。这可怎么办呀？"

"我一上课就觉得累，可能是没睡好吧。"

"一到家就想躺在沙发上或床上，根本就不想再动了，什么吃饭呀，聊天呀，打电话呀这些东西，理都不想理。"

"我就是晚上睡不好，难以睡着，根本上没有'熟睡'的状态，一有什么风吹草动，醒得最早的肯定是我。又老是做噩梦，老是被吓醒，可醒来就没有再睡着的可能了。所以天天晚上睁着眼睛数绵羊。唉！"

类似上面的对话或抱怨我们经常可以听到，是他们病了吗，可是看起来又不太像。其实这些症状就是现代医学界提到的最多的"亚健康"。

"亚健康状态"是医学界提出的一个新概念。很长时间以来，人们对健康的认识只停留在不生病的状态就算是健康。医学研究的对象是"病"和"病人"。但是，几年前，有学者提出一种既非病人又非健康人，介于两者之间的"第三种健康状态"，简称"亚健康"。这种状态表现为：自感不适，经常有疾病缠身，但却找不到病因，试着治疗却又总不对症，越治越糟糕。

"亚健康"症状的高发人群常常是年轻人。据有关资料报道，世界上的人口中有近半数处于第三种状态。健康并不能长驻人的一生，而在健康与疾病走

廊徘徊的"亚健康状态",却几乎每个人都曾遇到或伴随自己相当长的岁月。

一、引起身体"亚健康"的 10 个原因

1.交通拥挤,办公桌太靠近,造成人们生活和工作空间过分窄小。

2.空气、垃圾、工业噪音和辐射等污染,严重损害人们的生存环境。

3.工作过量,身心透支,人成为金钱的奴隶。

4.工作跟不上的人,面临被淘汰的威胁,为了保住饭碗,不得不承受沉重的压力和矛盾。

5.信息爆炸,变化加速,人们得终身学习,掌握新知识,创造新思维,不得闲暇。

6.人际关系因各种利益冲突变得复杂,使每个人建立和处理人际关系时变得更加谨慎和困难。

7.机械化、形式化的生活、工作和学习,占据了人们的大部分时间,使人与人之间的情感交流相对减少。

8.社会生活的复杂化、多变化,给人们的恋爱、婚姻、家庭生活的稳定性带来更多冲击,使人们的情感联系减少,从而降低了人们对情感生活的信心。

9.人们自身的某些不足和遗憾,往往成为自我折磨的理由。

10.生命的脆弱,在深层次上减弱了人们奋斗进取的激情,甚至有人觉得生命荒诞与无谓。

二、"亚健康"的 20 个临床表现

1."将军肚"早现。30~50 岁的人,大腹便便,是成熟的标志,也是高血脂、脂肪肝、高血压、冠心病的伴侣。

2.脱发、斑秃、早秃。每次洗发都有一大堆头发脱落,这是工作压力大、精神紧张所致。

3.频频去洗手间。如果你的年龄在 30~40 岁之间,排泄次数超过正常人,说明消化系统和泌尿系统开始衰退。

4.性能力下降。中年人过早地出现腰酸腿痛,性欲减退或男子阳痿、女子过早闭经,都是身体整体衰退的第一信号。

5.记忆力减退,开始忘记熟人的名字。

6.心算能力越来越差。

7.做事经常后悔,易怒、烦躁、悲观,难以控制自己的情绪。

8.注意力不集中,集中精力的能力越来越差。

9.睡觉时间越来越短,醒来也不解乏。

10.想做事时,不明原因地走神,脑子里想东想西,精神难以集中。

11.看什么都不顺眼,烦躁,动辄发火。

12.处于敏感紧张状态,惧怕并回避某人、某地、某物或某事。

13.为自己的生命常规被扰乱而不高兴,总想恢复原状。对已做完的事,已想明白的问题,反复思考和检查,而自己又为这种反复而苦恼。

14.身上有某种不适或疼痛,但医生查不出问题,而仍不放心,总想着这件事。

15.很烦恼,但不一定知道为何烦恼;做其他事常常不能分散对烦恼的注意,也就是说烦恼好像摆脱不了。

16.情绪低落、心情沉重,整天不快乐,工作、学习、娱乐、生活都提不起精神和兴趣。

17.易于疲乏,或无明显原因感到精力不足,体力不支。

18.怕与人交往,厌恶人多,在他人面前无自信心,感到紧张或不自在。

19.心情不好时就晕倒,控制不住情绪和行为,甚至突然说不出话、看不见东西、憋气、肌肉抽搐等。

20.觉得别人都不好,别人都不理解你,都在嘲笑你或和你作对。事过之后能有所察觉,似乎自己太多事了,钻了牛角尖。

三、摆脱"亚健康"的困扰

亚健康是个大概念,包含着前后衔接的几个阶段:其中,与健康紧紧相邻的可称作"轻度心身失调",它常以疲劳、失眠、胃口差、情绪不稳定等为主症,但是这些失调容易恢复,恢复了则与健康人并无不同。从亚健康产生的原因我们可以看到,社会环境压力和人的自我调节能力是与亚健康密切相关的外部和内部因素。因此,要摆脱亚健康的困扰,你应当:

1.保证合理的膳食和均衡的营养。其中,维生素和矿物质是人体所必需的

营养素；

2.人体不能合成维生素和矿物质,而维生素 C、B 族和铁等对人体尤为重要,因此每天应适当地补充多维元素片；

3.调整心理状态并保持积极、乐观；

4.及时调整生活规律,劳逸结合,保证充足睡眠；

5.增加户外体育锻炼活动,每天保证一定运动量。

绝大多数脑力劳动者平日里运动少,饭量小,食物越来越精,对维生素和各种矿物质的摄取常难以满足需要。为了尽快摆脱亚健康状态,建议每日摄取一定量的维生素和矿物质补充剂。每日花费不多,如已经在市场上存在十几年的老牌多元维生素金施尔康,每天一粒只要一块钱,但可以有效补充人体所需的维生素 A、B、C、D、E、叶酸,矿物质钙、磷、镁、碘、铁、锌等等,帮助改善体质,增强抵抗力,全面巩固健康基础。所以主动补充营养素也是帮助远离亚健康的有效途径。

3.给自己放个假,享受生命中的休闲时光

如果有足够的钱,我不会选择远离自然的五星级宾馆把自己囚禁起来,
更不会为了看些东西而连轴转,哪里人多往哪里挤。

——法国自由撰稿人玛丽

现在,人们的休闲日子越来越多。一年 365 天,我们拥有了将近 1/4 的假
期。从每年的 1 月 1 日新年元旦的假期开始算起,春节是最大的节日,大约
有 10 天休假。接着是"三八"妇女节,女子们要放假。然后是"五一"节,"五
一"期间最长假期已长达到 7 天。紧跟着"六一"国际儿童节,这是孩子们的
假日。随后是中秋节和国庆节,这两个节日不论阳历阴历,都是值得庆祝的
节日,假期至少也在 7 天。再加上 54 个星期的双休日,全年的假期共有 108
天。这一百多天的假期就是我们的休闲时光。所以,很有必要对这么长的时
间进行管理。

新世纪的今天如何休闲得更好? 在全新的休闲新概念以及网络无所不能
的这个时代,种种新鲜事物对我们形成了强大的冲击力。休闲方式的"落伍"
对消费观念、价值空间、思维趋向已发生质的变化的休闲一族来说,已经不能
容忍! 如射箭馆、滑翔场、陶吧、网吧、蹦极、潜水……休闲新时尚,它们正以新
的游戏魔力吸引着人们。这些紧紧追逐时尚潮流、热情拥抱新技术的休闲项
目,除了能供人们愉悦地休闲外,它还能给人以智慧、勇敢、艺术情操的磨炼
和陶冶。

所以,21 世纪的休闲时尚正在向每个人走来,不管你是否能够适应这种
崭新的流行趋势,它所代表的,将是新世纪奉送给我们的"流光溢彩"的休闲
娱乐方式。

时下,一些新的消费热点正在悄然萌动,并显露出越来越热的趋势。比如在职人士自费掏钱接受再教育蔚然成风;节假日出门旅游渐成时尚……享受个性、享受自然、享受夜晚、享受健康、享受知识,已成为现代都市人休闲消费的全新理念。

1.享受自然

都市人装饰居室,追求清新自然,壁挂的图案多是自然风景画,就连窗帘、床单也用上了自然景物的图案。穿着打扮也流行大自然色调,男装颜色以深褐树皮色、森林草原等色调为主,运动装的款式和颜色也与户外主题相呼应。另外,逢双休日远足户外,享受自然,也是现代都市人休闲的一大主题。

2.享受个性

如今,在北京、上海等大城市,一些年轻人结婚不再时兴用轿车,而是蹬着人力三轮车,走街串胡同,再进洞房,从而淡化了往日排场大、花费大的婚庆现象,给婚礼增添了浓郁的民俗色彩。再比如冰城哈尔滨,严冬里,女士们将冷香型香水视为新宠,在身上喷洒点冷香水,虽说有些"逆季节而动",但那隐隐的一丝凉意却令人心情舒畅,尽显"冷美人"风采。

3.享受知识

随着知识经济时代的到来,"再穷也不能穷教育,再苦也不能苦孩子"已成为时间管理者的共识,对子女的教育投资不断加大。一方面,高校的扩招,使读大学的人数日益增多;另一方面,企业实行竞争上岗,政府机构分流,使越来越多的时间管理者感受到前所未有的压力,纷纷上夜校、电大或到高校进修,享受知识的沐浴,从而提高自己的文化水平和业务水平,跟上时代发展的步伐。

4.享受夜晚

夜深了,一些都市人不甘在家寂寞,或携妻带子或呼朋唤友,到茶坊、酒吧、饭馆去品味多彩人生。也有的到保龄球馆一展身手,到电脑网吧去尝一尝"触电"的感觉。而大都市的"书吧",每到夜深人静时,则成了一些"爱书族"徜徉的地方。时下,像雨后春笋般涌现出来的各种健身、休闲、娱乐场所,为享受夜晚的时间管理者提供了丰富多彩的去处。

5.享受健康

花钱买健康,已成为都市人的新追求。喝要纯净水,吃要绿色食品,补要讲究"微调轻补、四季有别"。林林总总的健身、按摩器材受人青睐,体育健康、健美健身成了都市人生活中不可或缺的一部分。

6.时尚的休闲活动

香港一份杂志评选出了当今最受欢迎的 10 项休闲活动,它们分别是钓鱼、爬山、击剑、耕田、出海、骑马、跳舞、驾驶飞机、学习绘画和打高尔夫球。

(1)钓鱼是一种训练个人耐力的消闲活动,其装备很简单,一支钓竿,一把鱼饵加一个小水桶就可以出发了。

(2)登山也是一种时尚的运动,既可以锻炼意志和体魄,也可以同时欣赏大自然的美景和呼吸新鲜空气。

(3)击剑本是中世纪欧洲贵族爱好的一种武艺训练运动,现在又风行起来。

(4)耕田可以说是一种返璞归真的时尚,在空气污染严重、生活节奏紧张的都市呆久了,难免怀念乡村的田园生活方式。

(5)扬帆出海是西方很时髦的玩艺,同时也是颇为讲究技巧的活动。

(6)在绿草如茵的草地上策马奔驰,使人得到惬意、浪漫的享受。

(7)跳舞是陶冶性情、愉悦身心的一种活动,也是一种技艺高深的形体艺术,一旦爱上,的确让人难舍难弃。

(8)驾驶飞机翱翔蓝天,可能是每一个人的梦想。但是由于客观条件的限制,只有很少人有机会实现这个梦想。

(9)琴棋书画是古代衡量一个人是否受过良好教育的标志,在当今生活节奏紧张的条件下,抽空学学画画、写毛笔字是既高雅又怡情养性的活动。

(10)打高尔夫球现在已被人们熟知了,但由于费用过于高昂,被人们称为贵族运动,离普通民众较远。

7.网络休闲

互联网的发展为时间管理者的生活提供了许多便利条件,我们应该充分利用这一变化,使自己的休闲更科学、更时尚,从而改变我们的娱乐生活,让

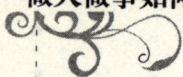

我们从中获得更多的快乐。比如,如果你是一个喜欢泡酒吧的人,又不具备整天泡酒吧的经济实力,那就在家里实现你的休闲愿望吧。家中的电脑会采用虚拟现实的技术,在你的居室中模拟出酒吧的浪漫情调,让你得到真实的酒吧快乐。无论是男士还是女士,面对无所不能的网络世界,在休闲时再没必要去逛商场选购时髦的服饰,你可以在电脑上随心所欲地设计中意的款式,再在电脑上模拟自己的形象走上几步,看看自己设计的款式魅力如何。

随着众多旅游网站的涌现,"网络旅游"这一崭新的概念频频出现在我们的面前,一时间,传统的游山玩水也由于与网络的结缘而显出几分时尚另类的风情。网上旅游省心、省力、个性十足,这使得人们的休闲人性化、个性化、自由化的"旅游大革命",不仅仅是让你坐在家中便可领略祖国的大好河山,还可让你的足迹踏遍世界各地。同时,它最大的好处还是可以让你在网上选定你想去哪儿,怎样走,住哪里,买什么东西,网站绝不干涉你的任何行动。实际上,技术休闲娱乐这种方式离普通百姓已不遥远。美国著名杂志《财富》曾载文预测,技术娱乐休闲将在 21 世纪的休闲生活中独领风骚。谁都无法预料新技术会有多么神奇的发展速度。说不定有一天,你会发现技术休闲娱乐已经不够刺激。

利用休闲,自由自主放松你的心灵。在各种方式的休闲活动中,只有充分放松自己,才能使平时的紧张心情得到调适,精神压力得到缓解。时代到了今天,我们在充分享受休闲时光中,让自己的心灵得到另一种形式的放牧,使自己的精神舒缓、心胸开阔、自由又自主。

只有懂得休闲的人,才会更好地工作和生活!以上种种休闲方式,都将为你带来很多益处,它是活力、热情、自由,也是自信、自爱与超脱。

4.养成良好的饮食习惯

放纵食欲的人从某种意义上说等于用自己的牙齿挖掘自己的坟墓。

——托·富勒

有句俗话说得好"做人靠胃",意思就是说,做人要想身体好,饮食一定要好。对于工作繁忙的人更是如此。食物的功能在于供给我们活动所需要的能量,所以,你的饮食习惯应该以此为唯一目标。

很多人并不注重饮食的搭配,无意中吃了很多的"减寿"食品,这样就增加了自己患病的可能性。一份搭配合理的饮食,能够使一个人的身体更加健康。人体的维持需要各种不同的营养物质的支持,这就需要不同种类的事物相搭配,如果只是凭自己的口味爱好挑食的话,就很难让身体摄取到足够的营养。按照营养学家的建议,一个人每天摄取的不同食物至少应达到 15 个品种。首先是粮食如米、面或玉米(或豆类及其他杂粮),它能够为人体提供所需的淀粉,而且粗细粮的搭配,对提升肠胃功能也有帮助。第二种是动物油、植物油(花生油、豆油等)之类的油脂类食品,它不仅能够为食品增加香味,还能提供身体所需的氨基酸等营养物质,近年来橄榄油也越来越受到人们的喜爱。第三种必不可少的就是能够提供蛋白质的如肉(瘦肉、鱼等)、豆制品、奶制品。第四种是包括葱、蒜、香菜等调味品。第五种就是各种水果,要保证每天吃两种以上的水果。

如果把消化系统想象成一座工厂,为了要使它能够正常运转,必须供给它不同的原料。如果配料不当时,则工厂很可能无法完成制造任务,或是制造出一些有瑕疵的产品;甚至有些原料会积存在各个角落,以致工厂的墙壁开始膨胀,最后可能导致墙崩屋垮,整个工厂不是完全不堪使用就是需要进行重大修缮。

随着科学家对人体越来越了解，关于饮食方面的资讯也越来越丰富。我们也应该注意有关饮食方面的资讯，注重合理的营养。营养是健康的重要因素，以下几点是可以帮助你达到饮食平衡、营养丰富的方法：

第一类是新鲜水果和蔬菜。新鲜水果和蔬菜应该占所吃食物中的最大比例。它们含有相当丰富的维他命和高效物质，而人体最容易吸收这些物质。

第二类有益食物是碳水化合物，诸如面包、谷物和马铃薯等。

第三类是富含蛋白质的食品，诸如瘦肉、鱼和乳酪。少吃油炸食品，同时也应避免多吃糖，像糖果和可乐之类的食品，长期食用过剩的精粮、高脂、高盐、高糖类食品会引起一些心血管病症。因此，我们应该粗细粮皆吃，荤素搭配。

此外，我们还应摄取不同的食物，以供应身体不同的需要，不要偏食。

起居保健不随便打乱生物钟。"天人合一"的学说是祖先们在几千年的实践中总结起来的科学，起、睡定时，每天 5 点半就起床，不恋床。午间小憩，晚上 10 点必就寝，生活极有规律，以保持生物钟的正常运行。

俗话说："冬吃萝卜夏吃姜，不用医生开药方"，良好的饮食习惯是健康生活的保障。越早养成良好的生活习惯，以后获益就越大，不仅可以避免中年体衰，而且即使到了老年还能够保持矍铄的体魄和精神状态。很多的英年早逝的例子告诫人们，导致过早死亡和丧失工作能力并浪费大量保健经费的许多疾病都是不健康的生活方式造成的，如果尽早在年轻时采取预防措施，这些病完全可以避免。

5.学会存钱，只有存钱才有备无患

有人存钱是一种习惯，有人存钱是一种乐趣，有人存钱是一种理财，有人存钱是一种理念。

——存钱是一门学问呀

对你，对我，对他，对所有的人来说，存钱是成功的基本条件之一，但是在那些原来没有存钱经历的人的心目中，眼下最迫切的一个大问题就是：我要怎样做才能存钱？

存钱只是个习惯的问题。人往往在习惯法则的约束下，塑造了自己的个性。任何行为在重复做过几次之后，就变成一种习惯。而人的意志也不过是从我们的日常习惯中成长出来的一种推动力量。一种习惯一旦在大脑中固定形成之后，这个习惯就会自动驱使一个人采取行动。例如，如果遵循你每天上班或经常前往的某处地点的固定路线，过了不多久，这个习惯就会养成，不用你花费脑筋去思考，你的习惯自然会引你走上这条路线。更有趣的是，即使你在动身之初是想前往另一方向，但是如果你不提醒自己改变路线的话，那么，你将会发现自己不知不觉又走上原来的路线了。

养成存钱的习惯，并不表示你将会限制你的赚钱能力。正好相反——你在应用这项法则后，不仅将把你所赚到的钱有意义地保存下来，也使你步上更大机会之途，并将增强你的观察力、自信心、想象力、进取心及领导才能，真正增加你的赚钱能力。

债务是位无情的主人。光是贫穷本身就足以毁掉进取心，破坏自信心，毁掉希望，但如果再在贫穷之上加上债务，那么，成为这两位残酷无情监工的奴隶的人，注定失败。

只要头上顶着沉重的债务，肩上扛着沉重的债务，再坚强的汉子也会被压垮，而无法把事情办得完美，无法受到尊重，不能创造或实现生命中的任何明确目标。

拿破仑·希尔有一位很亲密的朋友,他的收入是每个月 12000 美元。他的妻子喜爱社交,企图以 12000 美元的收入来充 2 万美元的面子,结果造成这位可怜的家伙经常背着大约 8000 美元的债务。他家里的每个孩子也从他们的母亲那里学会了乱花钱的习惯。这些孩子到了考虑上大学的年龄,但由于这位父亲负债累累,他们想上大学已经是不可能的事了。结果造成父亲与孩子们发生争吵,使整个家庭陷于冲突与悲哀之中。

很多年轻人在结婚之初就负担了不必要的债务,而且从来不曾想到要设法摆脱这笔负担。在婚姻的新奇味道开始消退之后,小夫妇们将开始感受到物质匮乏的压力,这种感觉不断扩大,经常导致夫妻彼此公开相互指责,最后终于走上法庭离婚。

一个被债务缠身的人,一定没有时间也没有心情去创造或实现理想,结果是随着时间流逝,最后开始在自己的意识里对自己作了种种的限制,使自己被包围在恐惧与怀疑的高墙之中,永远逃不出去。

"想想看,你自己及家人是否欠了别人什么,然后下定决心不欠任何人的债。"这是一位成功的人士所提出的忠告,因为他早期有很多很好的机会,结果都被债务所断送了。这个人很快地觉醒过来,改掉乱买东西的坏习惯,最后终于摆脱了债务的控制。

大多数已经养成债务习惯的人,将不会如此幸运地及时清醒及时挽救自己,因为债务就像流沙,能够把它的受害者一步一步地拉进泥浆。

只有储蓄才能有备无患。

一个人要是负了债,而又想要克服对贫穷的恐惧,则他必须采取两项十分明确的步骤:第一,停止借钱购物的习惯;第二,立即逐步还清原有的债务。

在没有了债务的忧虑之后,你将可改变你的意识习惯,把你的努力路线重新导向成功之路。养成把你的收入按固定比例存起来的习惯,即使只是每天存一元钱也可以,同时还要把它当作是你明确主要目标中的一部分。很快的,这个习惯将控制住你的意识,你将获得存钱的乐趣。

如果在任何习惯之上建立起其他更令人渴望的习惯,那么原来的习惯将会被取代。花钱的习惯必须用存钱的习惯加以取代，以便形成财政上的绝对独立。

光是停止一种不好的习惯或者恶习是不够的，因为，这种习惯将会再度出现，除非它们在意识中的原有地位已被性质不同的其他习惯所完全取代。如果你决心获得经济上的独立地位，那么，在你克服了对贫穷的恐惧感，并在它的位置上发展出存钱的习惯之后，要想积聚一大笔金钱，相对来说比较容易些。

这儿告诉你一个冷酷的事实：在讲求物质文明的时代里，一个人就像是一粒沙子，随时会被环境中的狂风吹得不见踪影，除非他隐藏在金钱力量的背后。

一个人想要成功，学会存钱是不可缺少的过程。如果你没有存款，有两种坏处：第一，你将无法获得那些只有手边有些现款的人才能获得的那种机会；第二，在遇到急需现款的紧急情况时，将无法应付。

有一位小伙子，他虽然没有什么特殊的才华，但他养成了存钱的好习惯。他常说，此生不想功成名就，但也不能庸庸碌碌。几年以前，小伙子从老家来到北京，进入市郊一家印刷厂工作。他的一位同事在离厂不远的一家工商银行开了一个户头，养成了每周存款 100 元的习惯。在这位同事的影响下，小伙子也在这家工商银行开了户头。四年后，他有了 2 万元的存款。这时，他所工作的这家印刷厂发生财务困难，面临倒闭的噩运。小伙子立刻拿出存下来的 2 万元来挽救这家印刷厂，也因此获得这家印刷厂一半的股份。他采取了严密的节约制度，协助这家工厂付清了所有的债务。到了今天，由于他拥有一半的股份，除了工资，他另外每年可从这家工厂里拿到 3 万元的红利。

许多商人不会轻易把他们的钱交给另外一个人去打理，除非这人能够证明他有能力照料自己的钱，并能妥善地加以运用。这种考验是十分实际可行的，但对那些尚未养成储蓄习惯的人来说，可能就要经常感到很难堪了。

机会如风，散落在空气中的每个角落，但只能提供给那些手中有余钱的人，或是那些已经养成存钱习惯，而且懂得了其他一些良好的品德的人。

卡耐基先生有一次说，他宁愿贷款 100 万元给一个品德良好，且已养成存钱习惯的人，而不愿贷款 1000 元给一个没有品德及只知花钱的人。如果你没有钱，而且也尚未养成存钱的习惯，那么，你永远无法使自己获得任何赚钱的机会。

一个男人因为忽略了养成存钱的习惯，以至于终生工作劳苦，无法摆脱。这是一个悲惨的景象。然而，在今天物质文明高度发达的社会里，仍有无以数计的人，过着这种生活。生命中最重要的就是自由。如果没有相当程度的经济独立，一个人就不可能获得真正的自由。

为了争取自己更大的权利，获得更大的自由，唯一的方法就是养成存钱的习惯，然后永远保持这个习惯，不管你做出多大的牺牲。

赶快存钱吧！